权威·前沿·原创

皮书系列为
"十二五""十三五"国家重点图书出版规划项目

BLUE BOOK

智库成果出版与传播平台

广告主蓝皮书

BLUE BOOK OF ADVERTISERS

中国广告主营销传播趋势报告 No.9

REPORT ON THE PROMOTION TREND
OF CHINA'S ADVERTISERS No.9

黄升民　杜国清　陈　怡等／著

社会科学文献出版社
SOCIAL SCIENCES ACADEMIC PRESS（CHINA）

图书在版编目（CIP）数据

中国广告主营销传播趋势报告. No. 9 / 黄升民等著
. –– 北京：社会科学文献出版社，2020. 12
（广告主蓝皮书）
ISBN 978 – 7 – 5201 – 7590 – 6

Ⅰ. ①中…　Ⅱ. ①黄…　Ⅲ. ①商业广告 – 市场营销学
– 研究报告 – 中国　Ⅳ. ①F713. 86

中国版本图书馆 CIP 数据核字（2020）第 222679 号

广告主蓝皮书
中国广告主营销传播趋势报告 No. 9

著　　者 / 黄升民　杜国清　陈　怡　等

出 版 人 / 王利民
责任编辑 / 张建中　周　琼

出　　版 / 社会科学文献出版社·政法传媒分社（010）59367156
　　　　　　地址：北京市北三环中路甲 29 号院华龙大厦　邮编：100029
　　　　　　网址：www. ssap. com. cn
发　　行 / 市场营销中心（010）59367081　59367083
印　　装 / 天津千鹤文化传播有限公司

规　　格 / 开　本：787mm × 1092mm　1/16
　　　　　　印　张：19. 75　字　数：291 千字
版　　次 / 2020 年 12 月第 1 版　2020 年 12 月第 1 次印刷
书　　号 / ISBN 978 – 7 – 5201 – 7590 – 6
定　　价 / 158. 00 元

广告主蓝皮书出品方

中国传媒大学广告学院

国家广告研究院

广告主研究所

《中国广告主营销传播趋势报告 No. 9》
课题组

课 题 组 组 长 杜国清

课题组副组长 陈　怡　李永山

课 题 组 成 员（排名按姓氏拼音为序）

安　琪　蔡清清　曹　雪　陈　莹　陈　智

陈金阳　董　楠　董皓楠　方贤洁　高国华

高馨睿　何睿之　贾　茗　简紫因　金雪儿

蓝梦婷　雷雪妍　雷雨萌　李月月　林加炜

刘　璇　刘桂林　刘骏晟　米玛玉珍　潘梦瑶

冉桓宇　萨尔达尔　申璐璐　王昳昀　王一鸣

谢新宇　徐嘉欣　许楚涵　严隽怡　杨　柳

余瑞沁　张　晴　张　全　张心淼　张允竞

王珂珂　赵　青　郑　婷　郑婕茜　邹佳丽

主要作者与出品机构简介

黄升民 中国传媒大学资深教授、博士生导师，中国广告博物馆馆长，《媒介》杂志总编辑，曾任中国传媒大学广告学院院长。1998 年被人事部批准为有突出贡献的中青年专家。国务院学位委员会新闻传播学学科评议组成员，中国广告协会学术委员会常务委员。主要研究领域为媒介经营与产业化、消费行为与生活形态、中国当代广告史以及广告学其他领域。代表作有《中国广告活动实证研究》《广告观——一个广告学者的视点》《媒介经营与产业化研究》《国际化背景下的中国媒介产业化透视》《数字电视产业经营与商业模式》《新广告观——产业立场/市场观点/竞争意识》等。

杜国清 中国传媒大学教授、博士生导师。中国广告学专业的第一位博士，深耕广告与品牌领域 25 年，主要从事企业数字营销和品牌传播研究、广告与公共关系研究、广告市场生态研究、企业文化与企业形象传播研究等。创办广告主研究所、《市场观察·广告主》杂志与《新趋势》公众号，连续 15 年出版《广告主蓝皮书》。担任中国电视艺术家协会广告艺术委员会执委、中国广告协会法律咨询委员会委员、中国国际公共关系协会学术委员会委员、电通·中国广告人才培养基金项目专家。曾任中国传媒大学公共关系系主任、广告主研究所所长、《市场观察》杂志主编。代表作有《广告即战略》《企业发言人策略与实务》《新媒体激变》《品牌传播理论与实务》等。

陈　怡 广告学博士，中国传媒大学国家广告研究院院长助理，中国电视艺术家协会广告艺术委员会秘书长。主要研究领域为数字营销与品牌传播、广告市场生态。代表作《品牌传播理论与实务》《广告主新媒体策略》等。

广告主研究所

中国传媒大学广告主研究所 2001 年成立，是国内第一家定位于广告主领域的研究机构，主要从事以企业营销传播活动为核心的研究，包括营销及品牌战略研究、品牌传播与广告投放活动研究、广告主媒体策略研究、广告主与广告公司及媒体的合作研究、企业文化与企业形象传播战略研究、营销公关活动研究、中国广告市场研究，等等。研究所所长是中国传媒大学广告学院杜国清教授，核心成员均为中国传媒大学广告学院中青年教师和博士、硕士研究生。广告主研究所面向业界和学界，及时发布研究报告，出版系列专著和教材，享有广泛的影响力和良好的口碑，成为国内外营销传播领域重要的科研平台和交流平台。研究所核心研究项目包括"中国广告市场生态调查""中国广告主营销趋势调查""中国广告主数字媒体运作研究"等，主要研究成果有《广告主蓝皮书——中国广告主营销传播趋势报告》《中国户外媒体发展趋势研究报告》《新媒体激变——广告 2.0 时代的新媒体真相》《2015 中国县域市场研究蓝皮书》等。

国家广告研究院

国家广告研究院（National Institute of Advertising，NIA），由广告行业最高行政主管单位国家工商行政管理总局批准，2011 年 12 月在中国传媒大学设立。作为国家级广告研究机构，国家广告研究院集纳全国的广告研究力量，为政府决策提供学术支持，打造广告学术交流平台，培养广告高端人才。

2012 年至今，国家广告研究院开展并完成的主要课题包括国家哲学社会科学基金重点课题"'实施国家广告战略'研究""广告对于消费经济的拉动作用研究""广告业发展'十三五'规划研究""互联网对广告业态环境的改变及其广告监管路径研究""广告产业创新发展"等部级重点课题。

国家广告研究院与中国传媒大学等共同发起筹建中国广告博物馆,国家广告研究院全国公益广告创新研究基地在 2012 发布首部《中国公益广告年鉴(1986 – 2010 年)》并召开中国公益广告创新研讨会。国家广告研究院主办或参与了全国范围的主要高端论坛,出版研究成果和报告 10 余部。

序
2020：以复杂应对复杂　迎战未来

杜国清

从出版第一部广告主蓝皮书至今，已经过去了 16 年。虽然这期间仅出版至第九部，但是广告主蓝皮书却在国内外持续发挥其影响力，而该影响力的前提正是研究的不间断以及创新。

毋庸置疑，皮书为其研创者们提供了一个向国内外发声的平台，随着皮书整体影响力的不断扩大，皮书研创者们的思想和声音亦在世界范围内传播。聚焦到广告主蓝皮书来看，不仅实证研究从未间断，我们的基础研究和数据分析为学界和业界带来了多个层面的有效信息。我们深知，数据的原创性及研究的持续性，能够为该领域的深入研究提供重要而丰富的数据资源。

所以该书，即第九部广告主蓝皮书《中国广告主营销传播趋势报告 No. 9》最重要的一个任务就是延续这些数据资源。

具体来看，《中国广告主营销传播趋势报告 No. 9》延续了以往的实证与洞察，对 2016～2020 年中国广告主的发展态势以及未来形势预测做了详尽的阐述。文脉一如既往，清晰明了。总报告是灵魂和核心，是基础数据的延续和呈现，在总报告的引领下，本书延展出了三个重点研究报告，分别是趋势研究、热点研究、数字媒体策略研究。

行业报告主要呈现了银行、厨电、汽车等行业的变化和趋势；传播策略报告则聚焦体育营销、大视频营销以及 OTT 广告运作；案例分选报告则从多个行业聚焦了六大典型广告主品牌传播研究。

总之，17 篇专题研究报告，分别呈现在总报告、重点研究篇、行业研究篇、传播策略研究篇、案例研究篇中。

该书对从事营销传播实践、传播管理实践的一线同人有着重要的借鉴价值，对相关主管部门、广告传媒管理和运营机构也具有参考意义，对于高校教师以及研究人员来说也是一本有帮助的参考书。

伴随着技术和新媒体的活跃和创新，伴随着中国企业和中国品牌逐步走向世界，营销传播也在持续地变革和丰富。该书聚焦于这些变化，对该领域的诸多问题进行现状表述，不仅提供重要的数据依据，更努力呈现较好的思路和对策，不求为"现实发展提供巨大的实际应用的能量"，但求为策略决策、调整提供依据，在发展中不断总结，不断促进广告主蓝皮书品牌的成长，也推动团队持续成长，这是我们的愿景，也是我们的初衷。

总体而言，广告主蓝皮书有三大特征而且数年来一以贯之。

特征之一：实证性。早在第一部广告主蓝皮书发布之前，中国广告主研究已经开启并持续了 5 年。换句话说，广告主研究至今已经走过了 20 个年头。20 年来，广告主研究所通过定量和定性的广告主实证调查，形成具有年度特色的广告主系列报告。

特征之二：前沿性。广告主蓝皮书紧跟业界变化，除了总报告，还通过数字营销、移动营销、内容营销、危机公关传播、企业文化变革等专题报告积极反映当前业界发展的热点。2019 年作为中国 5G 商用元年，必将给广告主带来更多新的挑战和机遇，我们团队将围绕诸多新热点继续展现广告主发展的新趋势、新特征。

特征之三：原创性。广告主蓝皮书从调研到撰写成文皆为中国传媒大学广告学院广告主研究所课题组实施并完成，属于原创著作，在皮书系列中有着独特的定位和鲜明的特色。

一直以来，我们坚持多角度、立体化呈现中国广告主的观念和策略。从广告主的营销广告观念、营销传播策略、媒体广告策略、公关传播策略到行业广告主特征等角度，力求全面呈现中国广告主的发展演变。广告主蓝皮书不仅判读过往、洞察未来，还力求透过复杂多变的现象，把握品牌和广告主发展的本质。

说到趋势，离不开对广告主所处"广告生态系统"的认知和把握。广告市场与技术、媒介、文化等多因素交织在一起，构成了开放交流的生态系统。在我们看来，数字化、社会性、适应性这三大生态特征还将持续深入演化。2019～2020 年，诸多行业的广告主及其支持机构的发展态势将呈现前所未有的复杂性。

数字化方面。中国是全球领先的数字化大国，8 亿中国互联网用户的多样性与分化将加速广告主的数字化转型，一方面体现为数字化媒体投放量的持续攀升，另一方面体现为企业营销的数字化升级。不仅是数字营销和数字媒体策略，而且以广告主为中心的全方位数字化全面延展。媒体在数字化转型方面依然保持多角度尝试，推出各类数字化产品，通过全媒体转型，推进多元产业形态发展。广告公司的数字化变革则从对原有业务进行数字化拓展，到更多参与广告主品牌数字资产的沉淀。

社会性方面。不仅体现在政府出台政策的力度和行业组织的自治度方面，最重要的还体现在经济形势的不确定性以及消费者的复杂多变使政策体系和思维变革面临更为复杂的社会性。社会性是广告市场的根本属性之一，体现在制度安排、政府监管、经济与文化环境等诸多方面。从监管到共治的趋势以及部门规制修订面临挑战是当前广告领域的两大特征。而经济环境的锻造使广告主的预算走向日趋审慎，总体以低增长和持平为主。根据我们的研究，除刚需行业如通信业、金融业、商业及服务业广告预算继续保持增加外，其他行业均不同程度地减少。大部分企业会面临市场需求疲软、竞争加剧的局面。

适应性方面。数字化和社会化正是适应性调适引发的结果，广告生态系统间诸多要素相互作用，共同发力，启动并完成新一轮的变革，广告审美规范、社会道德、消费者需求等隐含规约都将对广告主及其支持机构产生作用。一方面，随着消费者广告信息需求日渐占主导，广告主及其支持机构通过加强对媒介的整合以及与自媒体的合作，以及通过数据整合，让广告投放更加精准，使自身与消费者的沟通更加便利和多元。另一方面，数据造假、数字欺诈、数据垄断、行业壁垒、隐私权和归属权的运用等带来挑战。而目前区块链作为去中心化的信任机制，提供了一种解决问题的方案，为数据的

打通带来了曙光,但其发展仍停留在初级阶段。

此外,国内外错综复杂的形势以及多样化危机都使中国品牌的国际化之路、下沉之路、上长之路受到影响。危机已经成为企业经营面临的常态,和传播密切相关的声誉管理和传播战略将再次成为热点,从危机管理到企业文化都面临新的冲击。

在这样的趋势下,各行各业的广告主和品牌将面临种种大考和分化。伴随生命周期的演进以及激烈的竞争,依托新技术的诸多智能行业依然挺拔向上,而传统行业在复杂的蜕变中寻求突破。

展望2020,位于核心位置的广告主将在复杂中来应对复杂,将呈现更多样发展态势,锤炼自身能力的同时快速分化。总体来看,广告主务必以复杂应对复杂,而不能简单一刀切。越是处于低谷,越是不能轻易放弃传播计划。有研究表明,广告不仅在经济繁荣时期而且在经济萧条期都能发挥促进销售的作用。实证研究表明,缩减广告投放的企业和没有缩减广告投放的企业相比,在经济恢复后的产品销量之差显而易见。

过去十年,总体收紧的态势没有影响广告主遵循竞争法则和品牌生命周期去深度拓展、赢得市场。从广告主建设品牌的角度看,无论是在经济低谷还是特殊的战争时期,坚持品牌培育都是明智之举。大家耳熟能详的联合利华在二战期间的表现已经成为经典案例,即使面对政府的反对,联合利华始终持续为其品牌做广告。而当战后其他品牌卷土重来时,居于行业首位的联合利华早已无法被撼动。

近年来,随着数字营销的深入,效果广告大行其道,也引发了前所未有的争议。如何定义广告?引发销售的广告和沉淀品牌的广告,其区别在哪里?广告主的战略资源该如何配置?在困境中思考这些问题更显其价值。回归商业常识来重新思考变局意义重大,然而,要明确的是,面对复杂,简单绝不是最佳决策,用复杂面对复杂,构建出多样和多元的体系至关重要。

作为本书核心著者之一,我不仅要感谢团队的每一位伙伴,感谢你们一路走来,感谢你们年轻的活力和坚持的勇气;还要特别感谢广告主研究所一直以来的所有支持者——既有支持我们实证研究的一线营销广告人,更有营销广告经理人、品牌传播管理者，你们真诚的分享、深入的研讨都持续有力地影响了我们、激励了我们；还要感谢国内外多所大学的同行与研究者们，无论是国际传播还是国家形象传播，无论是企业文化传播还是城市营销，无论是公共关系还是计算广告，都给予了我们更宽广的视野和坚持研究的决心；最后，还要感谢社会科学文献出版社的王绯老师和编辑老师们对该书给予的美好付出，没有你们就没有这本独到皮书的今天。

摘　要

本书是广告主蓝皮书的第九部。作为系统考察中国广告主营销活动的实证研究报告，广告主蓝皮书是中国传媒大学广告主研究所年度核心研究成果的结集，一直受到业界和学界的关注。

广告主蓝皮书由知名广告学专家黄升民教授以及杜国清教授、陈怡博士牵头，由广告主研究所专项课题组负责调研与撰写。全书围绕广告主营销传播活动，分别从新媒体营销传播运作、媒体策略、行业研究、传播案例等多个角度来透视和把握广告主的营销传播活动特点和趋势。

本书由广告主营销传播研究报告（总报告和重点研究篇）统领，对广告主在多种行业以及热门领域的营销传播运作进行洞察和分析，就目前营销传播界的热点、焦点话题进行了探讨。相比于以往的广告主蓝皮书，本书结构更加立体，层次更加丰富，注重深度（战略）的挖掘和细腻（战术）的表现，是广告主研究领域的前沿性和趋势性成果。

本书为国内外营销传播、广告传播、公关传播等领域的专业人士全面了解中国广告主营销传播发展动态提供了翔实的、具有前瞻性的观点、案例和数据。

关键词： 广告主　营销活动　媒体策略

目 录

皮书数据库阅读**使用指南**

总 报 告

General Report

B.1

广告主营销传播对策
与创新报告（2016~2019）

摘　要：　2016~2019年我国宏观经济依然存在巨大的下行压力，广告
市场作为经济的风向标和晴雨表，同样经受着较大的压力。
2016~2019年广告主营销推广费用占销售额的比例一直在低
位运行。在此背景下，广告主的营销传播如何破局？2019年
以来，广告主的营销理念、基本的营销策略、媒体策略等方
面均呈现新的变化，广告主在压力之下创新勃发。展望未来，
技术与数据、品牌升级与全球化、合作模式等将是广告主关
切的重点。

关键词：　广告主　营销传播　消费市场

2016～2019 年国内从转型升级的攻坚期跨入改革开放 40 年的关键时期，经济从稳中向好但仍存在较大增长压力的困局中挣脱，在全世界范围内的不确定中迎来新一轮的发展契机。党的十九大报告指出，我国社会主要矛盾已经转化为人民日益增长的美好生活需要和不平衡不充分的发展之间的矛盾，社会主要矛盾的转变给企业带来新的机遇。在国内与国外、政治与经济、社会与文化相互交织的复杂变革环境中，消费需求、消费结构、消费习惯发生调整并呈现多层次共生的状态。广告主不仅承担着自身升级发展的责任，还肩负着以品牌引领经济转型升级、推动中国品牌走上世界舞台的重任。

一　消费市场转型升级，营销基本策略稳中有变

中国消费市场①正经历着整体转型升级，体现在消费需求升级、新消费人群崛起和消费渠道转型这三个方面。广告主研究所课题组调研发现，提到消费需求的升级，37% 的受访广告主认为消费者更加注重服务体验，服务性消费需求不断攀高；35% 的受访广告主提到对产品品质的要求，这也有别于之前一味追求奢侈产品消费，中国消费者开始有了自己在产品选择上的理性思考，高性价比、能够改善生活品质、富有个性和创新性的产品会备受推崇；另外有 7% 的广告主也提到消费者对品牌消费的需求增加，消费者对品牌的认可度日渐提升，这对于国产品牌和新兴品牌来说无疑是一个绝佳的发展时机。

消费人群结构不断变化，具有更大购买潜力的新消费人群崛起。根据波士顿咨询公司（BCG）与阿里研究院的调研，未来三大力量将推动中国消费增长：上层中产及富裕阶层消费者②、新世代消费者③和网购消费者。未

---

① 波士顿咨询公司（BCG）与阿里研究院：《中国消费趋势报告——三大新兴力量引领消费新经济》，2015 年 12 月 24 日，https://www.sohu.com/a/50233514_119834。
② 上层中产阶层指的是家庭可支配月收入在人民币 12500 元与 24000 元之间的消费者群体；富裕阶层指的是家庭可支配月收入在人民币 24000 元以上的消费者群体。
③ 新世代消费者是指出生于 20 世纪 80 年代、90 年代以及 21 世纪初的年轻消费者群体。

来五年内，上层中产及富裕阶层消费者将贡献81%的城镇消费增量，新世代消费者将带来65%的消费增量，而网络消费者将带来42%的消费增量。[①]尼尔森网联2015年全年消费者信心指数调查数据显示，消费者的消费意愿上涨至48%，达到四年来最高，[②]消费者的消费欲望丝毫没有受到经济下行的影响。

消费渠道也经历了深刻的转型。CNNIC的数据显示，2016~2018年，我国网络购物用户规模从4.48亿人发展到6.10亿人，其中手机网络购物用户规模从4.01亿人发展到5.92亿人，手机网络购物的使用比例由2015年的54.8%提升至2018年的72.5%。网络尤其是移动端的发展将会持续改造中国的消费渠道结构。与此同时，线上渠道的快速发展并未导致线下渠道的衰落，以零售为代表的广告主开始关注线下销售渠道如何更好地和线上渠道进行融合发展，以阿里巴巴、京东为代表的电商力量也开始赋能线下，助力打造融合共生的新零售体系。

（一）消费升级促进产品策略升级，广告主重视产品创新力和品质化

提供优质且符合消费者需求的产品是广告主整个营销策略的基础，也是企业经营的根本。在广告主研究所的课题组调研中，多家广告主和4A广告公司的一线工作者都认为：面对消费升级的趋势，以研究消费者需求、喜好和消费习惯为基石的产品策略应当成为整个大营销策略的重中之重。

中国广告市场生态调研长达16年的连续数据显示，产品策略是被访广告主最为倚重的营销策略，重要性远超渠道、促销和价格策略（见图1）。2016~2018年广告主在产品策略上突出表现为：更加重视产品的创新力以满足更加丰富多样的消费需求，以及不断升级产品品质、优化服务体验以跟进消费的高端化和体验性趋势。首先，企业在提供产品和服务的过程中严格

[①] 波士顿咨询公司（BCG）与阿里研究院：《中国消费趋势报告——三大新兴力量引领消费新经济》，2015年12月14日，https://www.sohu.com/a/50233514_119834。

[②] 严旋：《直击中国消费市场未来最大的机遇》，《中欧商业评论》2016年第4期。

把控质量，通过赋能产品技术，努力提高市场中流通产品的品质，建立起一批较为优质的带有中国烙印的优质品牌。其次，根据供给侧改革的重点，有针对性地调整不符合市场需求的产品设置，将公众需求度高、密切度高的需求品提上生产议程，构建新型的消费品标准体系，通过标准化的实施促进整体行业品质的提升。

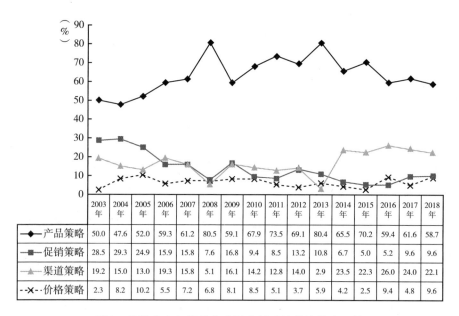

（%）	2003年	2004年	2005年	2006年	2007年	2008年	2009年	2010年	2011年	2012年	2013年	2014年	2015年	2016年	2017年	2018年
产品策略	50.0	47.6	52.0	59.3	61.2	80.5	59.1	67.9	73.5	69.1	80.4	65.5	70.2	59.4	61.6	58.7
促销策略	28.5	29.3	24.9	15.9	15.8	7.6	16.8	9.4	8.5	13.2	10.8	6.7	5.0	5.2	9.6	9.6
渠道策略	19.2	15.0	13.0	19.3	15.8	5.1	16.1	14.2	12.8	14.0	2.9	23.5	22.3	26.0	24.0	22.1
价格策略	2.3	8.2	10.2	5.5	7.2	6.8	8.1	8.5	5.1	3.7	5.9	4.2	2.5	9.4	4.8	9.6

图1　连续十六年被访企业最为侧重的营销策略比较

在产品层面，广告主的创新主要表现为产品品质的提升、新技术的应用和跨界合作产品等新形式。

首先，当前各个行业已有品类和产品竞争激烈、垄断市场逐渐形成，消费者从满足日常需求向满足细分和小众需求转变，这使得广告主不断开发新品类产品，获得竞争优势。在所有产品品类中，品质成为消费者最关心的因素之一。为了引领新消费趋势，广告主不遗余力地推出新的升级产品。传统行业中的品牌不断加强消费者细分市场的渗透力：食品饮料行业中的蒙牛推出高品质的鲜奶品牌"每日鲜语"与"新鲜工厂"；达利旗下休闲膨化品牌可比克推出"可比克纯切薯片"新品；酒类行业中的青岛啤酒推出全麦白啤，主打"精酿生活方式"；等等。家电行业在产品布局上更关注高质量、智能化、技术含量和健康环保等因素，格力大松 IH 电饭煲引发热潮，LG 发布拥有曲面外观、画质性能更加高的 OLED 电视，老板电器也推出搭载 ROKI 智能烹饪系统的吸油烟机，实现智能厨电与物联网技术相结合。

其次，产品技术的迭代越来越快，为消费提供持续的动力支持，汽车行业中自主品牌集体发力，吉利、长安等通过技术升级来提升电动汽车的使用体验，效果明显，无论销量还是美誉度都在快速增长；3C 行业中，4K 屏和曲面屏开始广泛应用，搭载麒麟 980 处理器的华为 Mate 20 上市，市场反应优秀。创新的技术与升级的产品满足了消费者的需求，为产品与服务的销售最大化提供了有力保证。

最后，跨界合作推出联名产品，从最初的快消、时尚行业扩张到其他大众消费品。例如，微软和海尔推出了一款跨界合作智能冰箱，不用打开就能通过移动设备识别冰箱内的食物剩余，并采用语音控制。这也预示着在智能技术和其他新技术的推动下未来跨界合作的方向和可能。

（二）渠道融合共生势不可挡，新零售、社交力赋能营销体验一体化

在互联网诞生之前，消费者的生活轨迹主要存在于线下，广告主没有办法较为全面地进行即时性的监测和统计。进入互联网时代，消费者在网络上留下各类行为数据，特别是移动互联网的普及，使消费者的线上线下需求无缝对接，线下产生的消费需求，可以在下一秒转换到线上；在线上产生的消费需求，也可以即时转换到线下。移动互联网带来了线上线下一体化，消费者在移动互联网环境中的每一个行为和接触点都会被记录下来，消费者生活轨迹进一步数据化，并且消费者生活轨迹数据呈现即时性、全面性的特点，这对于广告主开展营销活动具有巨大的价值。

在网络电商发展初期，线上渠道对于传统企业来说主要起到品牌产品展示和认知构建功能，销售功能弱化。电商平台全面发展之后，线上渠道代替线下渠道实现大部分销售功能。随着阿里巴巴、京东等电商平台费用和品牌

营销流量价格的上涨，线上渠道的成本提升，与线下渠道的利益分配冲突也越来越剧烈。如何搭建销售渠道成为广告主2016～2018年最关心的问题之一，线上电商渠道的迅猛发展不断塑造着销售渠道的新形态，更多的广告主开始思考线下线上渠道如何在功能上达到平衡。

2016年10月，马云首次在阿里巴巴云栖大会上提出："纯电商时代很快会结束，未来将没有电子商务这一说，只有新零售，也就是说线上线下和物流必须结合在一起，才能诞生真正的新零售。"作为新零售的提出者，阿里巴巴开发出Buy＋VR购物体验，积极与传统零售商银泰、苏宁、百联等进行战略结盟，整合线上线下渠道；阿里巴巴还帮助雀巢打造"另一面咖啡馆"；随后，又推出无人商店"淘咖啡""盒马鲜生"实现线上线下融合，实体店建立消费者好评，引流到线上消费。

互联网重塑了零售业的业态，随着互联网人口红利逐渐消失，电商线上获取用户的成本逐渐提高，而线下实体店在互联网冲击下努力找寻自身优势，吸引用户进行体验。但单一的线上或者线下不能提供更加良好的消费者体验，因此无论是互联网企业还是传统企业都在积极进行新零售的实践。如国美推出了国美App，连接国美线上线下的产品，旨在提高消费者体验，并完善线下门店体验。一直以线上销售为主的小米在经历企业发展触底之后，积极进行线下渠道的布局，实践"新零售"，采取的战略是线下的小米之家和线上的小米商城实现同款同价。未来全渠道的融合共生势必会成为发展的大趋势。同时在不同渠道的功能区分上，广告主也在打破销售或体验单一诉求，线上线下都可以起到消费者认知构建、品牌形象建设和最终销售的目的。

传统企业认同新零售是未来发展的一个趋势，积极跟随趋势进行布局和探索，逐渐进行渠道的转变和升级。

表1 部分广告主关于新零售的访谈摘要

广告主	访谈摘要
某酒业品牌负责人	新零售是未来行业营销的趋势之一，未来一定是线上线下融合，线上解决购买的便利性、效率、多元性，线下带来的是体验、氛围

广告主	访谈摘要
某服饰品牌负责人	新零售是未来的一个趋势，预计未来线上线下应该是一半一半。我们已经开始尝试线上线下打通，有自己的体验店。以前新零售这个概念没出来的时候叫O2O体验店，就是线上线下打通。口号不如实践，我们先尝试着做，边发展边修正
某饮料品牌负责人	新零售是一个趋势，这是互联网企业提出的。互联网对消费者的洞察一直走得比较靠前，所以我们也一直跟随。我们在OT（该企业所有现代零售渠道的总称）下设置了MT部门，主要负责新零售和大电商的服务。目前新零售的渠道还是以试水为主，转变不可能那么快

新零售生态实现了传统线下渠道与电商平台的融合。电商平台洞察消费者网络行为，找到了流量红利之后的新突破口。2018年7月，社交电商拼多多成功赴美上市，其背后倚靠着强社交关系。强社交关系通过社群能够激活用户，为广告主带来直观、持续、有转化率的流量。社交带来的流量被视为移动互联网上最重要的免费流量。人际关系之间的信任加权，会使社群的说服作用更强，最终产生购买行为。某快消品广告主在访谈中表示："当前消费市场中呈现更加个性化的发展势头，消费者的购买决策受到包括其所在社群在内的多方面因素的影响。"2018年以来，随着微信小程序的迭代和再度登场，社群的挖掘空间将被进一步扩容，社交力成功赋能广告主的渠道营销。

（三）营销变革与竞争加剧，"品效合一"因时制宜

长期以来，广告主的广告营销活动致力于品牌建设和销售效果转化，在不同行业和企业发展的不同阶段各有侧重。但随着营销大环境的变化，消费者忠诚度越来越低，越来越难以把握，市场上各品牌竞争也在加剧，广告主不得不投入更多费用不断进行产品曝光，以强化消费者的品牌记忆。广告主在广告活动中认可将品牌知名度的提高作为广告效果的评判标准，但品牌好感度的下滑也说明了广告主对于长期持续的品牌传播效果信心不足。

随着数字营销时代的到来，以互联网为代表的数字载体让传播与营销一

体化成为可能。销售转化的可评估性大大提升，再加上日益增加的企业经营压力，广告主开展品牌传播活动的同时也希望实现可观的销售转化，营销传播实效性的重要程度日益凸显。广告主调查数据显示，2014 年以来，被访广告主对广告活动主要目的的看法是，品牌力与效果力具有同等重要的作用。

中国广告生态调查数据显示，一直以来，提高产品或品牌的知名度是广告主希望通过广告活动达到的第一目的，而销量/市场占有率等营销业绩指标却成为广告主判断广告活动有效性的第一标准，这个矛盾也让我们看清了广告主对销售转化过度追求。

在这一背景下，品效合一近三年来不断被市场各方提及。如何实现品效合一也成为广告主普遍的困惑，广告市场各方也在积极探索采用技术和数据提升广告精准传播和销售转化的解决方案。

2018 年经济和市场的不确定性给广告市场各方一个理性的提醒。2018年中国广告主调研数据显示，提高或保持产品/品牌的知名度和迅速促进产品的销售是广告主希望通过广告活动达到的主要目的，分别占到 72.1% 和 64.4%（见图 2），其中代表效果力的销售量和市场占有率占比有所下降，代表品牌力的品牌知名度占比有所上升（见图 3）。经济和市场环境的不确定性让广告主更加倚重用广告手段来提高或保持产品/品牌的知名度。

广告活动直接带来的销量转化可以在短期内缓解企业经营压力，而品牌力的建设与传播则更有利于企业的长期发展，二者在广告主营销传播活动中都具有重要的意义。实际上，有别于促销活动的直观效果，广告活动的作用更多体现在心理层面的劝服性与增强显著性，塑造和改变消费者对于品牌的认知和态度，增加品牌在消费者购买决策中的影响力，进而达到更加长期而稳定的销售转化效果。中国广告主营销趋势调查数据也印证了这一点，2017 年以来，广告主更加看重广告活动对市场渗透率提升的影响（见图 3）。换言之，广告主希望通过广告活动来提升未来的市场份额。越是在不确定的背景下，广告活动对于未来市场信心提振和品牌发展的作用愈发凸显。

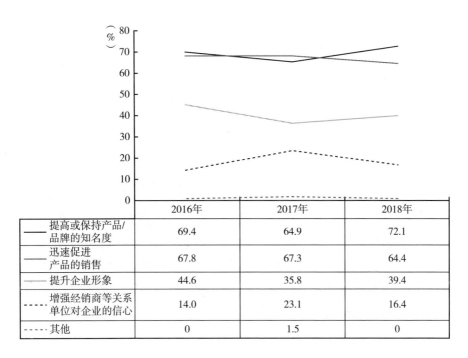

	2016年	2017年	2018年
提高或保持产品/品牌的知名度	69.4	64.9	72.1
迅速促进产品的销售	67.8	67.3	64.4
提升企业形象	44.6	35.8	39.4
增强经销商等关系单位对企业的信心	14.0	23.1	16.4
其他	0	1.5	0

图2 被访广告主希望通过广告活动达到的主要目的

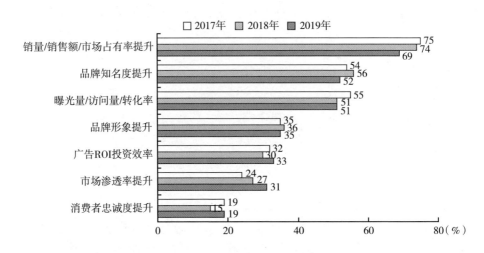

图3 2017~2019年广告主判断广告活动有效性的标准

二 广告主的营销传播总基调：积极迎战不确定性

（一）经济不确定性增强，广告主营销传播投入低位运行

2018 年中国经济的关键词是"不确定性"。在国际层面，美联储货币政策正常化给新兴市场带来冲击，中美贸易摩擦升级，国内经济政策波动性增强，从而使中国经济的不确定性不断强化，企业及投资者对整体经济形势的信心减弱。2018 年广告主对国内整体经济形势的信心指数回落到 2009 年以来的最低点。对广告主的深度访谈显示，信心回落主要源于 2018 年国内外形势的不确定性，企业普遍认为短期内整体经济可能继续下行，整个形势将会慢慢扭转。在这种环境下，企业需要付出比以前更大的努力保持平稳过渡，谨慎应对市场和竞争是主基调。

中国广告市场生态调研数据显示，2016 年以来，广告主营销推广费用与企业销售额的占比略有波动，2017 年出现了短暂的回升，2016 年是近 15 年的最低点（见图 4）。

某知名家电品牌广告宣传总监在接受广告主研究所课题组走访时说：

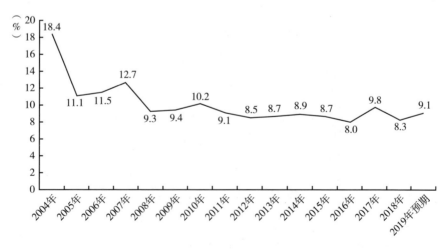

图 4　连续 16 年被访广告主营销推广费用大约占企业销售额的比例情况

"营销费用目前主要包括广告费用、人员费用、促销费用、物流费用、技术服务费用等，年报上营销推广占毛利的 15%～20%，我们现在广告投放降了 50% 以上，因为没那么多费用，在本身企业赢利不够的情况下，最先砍的就是广告……在营销方面遇到的最大挑战是家电市场整体比较低迷，营销费用遭到更多压缩。"

广告主还面临着急剧变化的消费者环境和媒体传播环境。消费者和传播环境的变化对企业营销传播的影响更为直接。数字化对社会的冲击、渗透和改变是深刻的、全面的。当前媒体环境高度碎片化和多元化，原先统一的、集中的、高效的"大媒体、大传播"时代成为历史。而数字媒体的双向传播能力放大了消费者的声音，消费者越来越难以把握，越来越难以"被营销"。

（二）解决营销费用的投入与分配难题

1. 广告主经营承压，一味缩减营销传播费用不可行

在经济不景气或者企业自身发展遇到困境之时，通过缩减营销传播费用的"节流"方式并不是企业渡过难关的最佳选择。

全球最大广告主宝洁在经历了两年大幅削减营销传播费用后，截至 2016 年 6 月 30 日，宝洁的年销售额为 653 亿美元，反而比上一年下降了 8%。在经济下行、企业经营承压的背景下，相比直接削减营销支出这种简单粗暴的方法，广告主应当关注如何用更合适的投入换取更好的效果回报，而不是对费用预算单纯地进行削减或者增加。

2. 营销传播费用的分配成难题，因地制宜调整营销传播策略是明智之举

在营销传播费用缩减的大环境下，广告主首先遇到的就是营销费用分配的难题。在有限的营销传播费用预算中，往往第一个受到影响的就是媒体广告费用，正如某广电集团高管所说："广告主在遇到困境的时候砍的第一笔钱就是广告费。"

中国广告主营销趋势调查显示，广告主 2019 年预期各项营销推广费用增加比例均下降，公关和终端推广下降最为明显。近五年的数据显示，广告主营销费用在不同营销手段上增加的比例，终端推广、软广、公关一直处在

前三（见图5）。由此可见，在经济预期较弱、行业发展压力大的背景下，企业还是会将预算倾斜到与销售效果直接相关的终端。

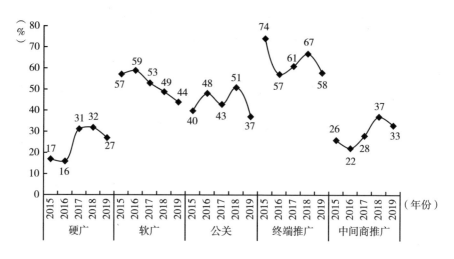

图5　各项营销推广费用增加的广告主比例

不同的营销推广方式在广告主的营销活动中扮演着不同的角色，仅仅依据经营压力和销售目标来制定营销费用分配方案，显然不是最理性的选择。媒体广告的作用侧重于宣传和告知，公关传播更加强调与消费者的沟通和关系维护，中间商推广主要针对渠道建设，而面向消费者的终端推广可能在直接促进销量转化上更起作用。不同产品、不同品牌、不同时期与阶段都应该有不同的营销推广费用分配方案，广告主应该依据当下自身的经营状况、竞争环境，推广产品或品牌的所属行业特征、生命周期，以及营销推广的主要目标等因素来综合考量营销推广费用分配。

部分企业营销预算缩减之后的考核体系也会发生变化，比如某些药品企业由广告与整体销量挂钩转为单品广告与单品销量挂钩。这使得单品的销售额不足以支持太多的广告推广费用。企业内的单品决策委员会直接负责每个产品的广告投放，决策者会越来越谨慎。部分汽车企业也采取了将预算与车型销量挂钩的方式。

从区域营销预算分配上看，保证主战场营销投入是广告主的共性。近三年，一、二线城市一直是广告主最看重的营销区域，也是优先考虑增加营销费用的市场，尤其是二线城市考虑增加营销费用的广告主比例最高。对于三、四线市场及下线市场，广告主认为增量市场价值在减少，不再是可以跑马圈地的空白市场，销售终端向下延伸扩张潜力减小，企业市场经营遇到挑战，竞争性加剧。从不同预算规模的企业来看，呈现两极化，大企业下沉到更低的市场，中小企业向上试图争取高端上线市场。超大企业继续关注一线城市，也不放弃对三、四线的继续下沉，向更广泛的下线市场如县、乡镇渗透。大型企业优先考虑增加二、三线城市营销费用。中小企业相对更关注一线市场的向上竞争。

三　移动互联时代广告主营销传播观念的变革与实践

随着传播技术手段的日新月异，尤其是全面移动互联时代的到来，广告主营销传播的新工具、新模式层出不穷，更新颖的营销新方法也不断被开发使用，各种营销要素的活力迸发。在这样的营销大环境之下，一方面，广告主从观点层面认可移动营销的效果和地位。另一方面，广告主也从组织、运营、策略各方面积极开展实践：打通内外部营销链条，全局性地把握营销传播；不断尝试新的营销形式，增强与消费者的互动效果；聚焦优质媒体流量入口，进行泛娱乐化内容跨界，打造不同媒介场景的链接。

（一）移动营销的效果得到认可，地位日渐提升

2016年以来，广告主对移动营销的效果愈发认可，移动营销在企业营销体系中的地位日渐提升。中国传媒大学的广告主调查数据显示，从2014年开始，被访广告主对于"数字媒体在企业营销推广中的地位在上升"的认可程度已经达到80%以上，特别是2018年，这一比例已经上升到了86.4%。2018年被访广告主对"移动互联网将成为企业整合营销传播的核心平台"这一观点，同意的广告主占比为72.1%，不同意的广告主占比为8.7%，相比2017年同期下降了5个百分点。

广告主在互联网媒体上的花费占比近五年平稳上升，主要来自移动互联网的贡献。广告主研究数据显示，2016年移动互联网广告首次超越PC广告，移动互联网广告花费在整体网络媒体广告花费中占比达到59%。2018年移动互联网广告在整体网络媒体广告中的占比已经接近70%，预期2019年占比将继续增长（见图6）。

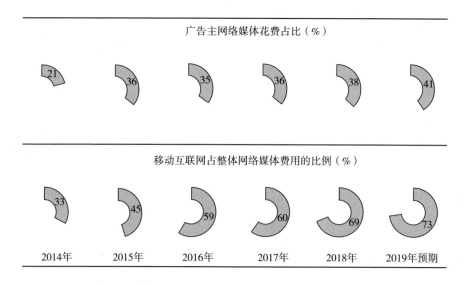

图6　2014～2019年预期，被访广告主互联网广告投放及移动互联网广告占比情况

（二）广告主移动营销从零散投入到体系化运作

广告主对于移动营销的运用不仅体现在费用分配比例的提升上，更体现在从向单个移动媒体零散投放转向为体系化投放上。目前，市场已形成一套全面覆盖、分工明确的全移动营销布局，主要包括移动广告营销、移动购物营销及移动社会化媒体/App营销三大部分。[①] 在大数据技术和LBS技术结合的发展背景下，广告主移动营销从移动场景入手，移动营销上创新不断，达到理想和高效的传播效果。中国某一线厨电企业广告主表示："移动场景

---

① 艾媒咨询：《2016上半年中国移动营销市场专题研究报告》，2016年10月。

营销要回归产品属性，要找到产品和品牌在消费者既有认知中所处的位置，在离消费者决策最近的地方开始传播并产生影响；营销要渗透到年轻消费者的生活方式中，融入生活方式代表的场景中，找到品牌在这些场景中的表达方式，并利用消费者随时随地使用移动设备这一特点，进行即时的、适配场景的品牌曝光。"

（三）打通企业内外部营销节点，广告主重视全员全产业链营销

随着以自媒体为代表的移动媒体的发展，企业品牌和消费者的接触点呈现出多屏多端、全时互动的特点，影响品牌口碑的信息来自四面八方，企业内部各个部门甚至个体员工，企业外部供应、生产和销售链条上各个节点都可能成为传递品牌信息的出口。因此，全员全产业链营销的理念开始受到重视并被贯彻到营销传播具体工作之中（见图7）。

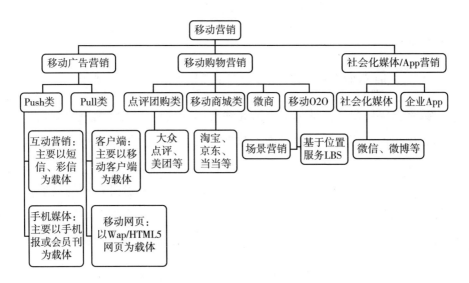

图7　广告主移动营销的主要方式

在企业内部，全员营销体现在三个方面。第一，营销管理部门内部的各细分业务组织职能边界逐渐模糊，需要不同业务组在工作上相互支持协作来完成一个大的营销活动策划。课题组在调研中了解到，部分企业对营销部门

的组织架构进行了调整，例如将线上数字营销业务单独划分出来，与品牌策划、媒介公关、销售支持等业务组协同工作。第二，企业更多通过内部宣传将产品、客户和营销思维在全体员工的意识中打下烙印，实现企业作为一个营销主体的整体性。第三，每个企业员工都可能成为企业宣传的小节点，触发更大的营销传播效应。

同时越来越多的广告主不断加强对全产业链的把控，针对上游的原材料企业、中游的加工企业和下游的销售终端进行的营销传播显得尤为重要，一方面可以增强这些环节对企业的信心，另一方面共同的利益关系也使这些环节在潜移默化中成为企业对外宣传的新出口。例如课题组在调研中发现，某著名服装品牌除了面向消费者进行营销传播的双微号外，还会定期制作内刊和大量宣传资料发放给上下游企业，同时他们有专门的服务号来对加盟商和专卖店进行内部宣传。值得注意的是，2015年以来更多的企业开始为经销商提供营销支持，甚至有专业营销服务公司开展此业务，为企业经销商提供更加标准化和专业化的营销服务。

（四）借力消费者大数据提升广告投放精准度和体验性

数字新媒体消费者数据的丰富性和立体性为广告主营销决策带来了巨大的应用价值，广告主可以借助大数据优化渠道，打通线上线下营销，改善用户体验，实现精准推送，优化创意，洞察和开发新市场等。广告主广告投放的理想状态是将精准的广告信息在适当的时间通过精准的渠道传递给精确的消费者。投放的内容选择、媒体选择和消费者需求识别是投放是否成功的重要影响因素。广告主结合消费者大数据在精准营销实践方面有了长足的发展。

首先，广告主依靠大数据精准识别消费者特征，包括人口统计学指标和需求特征；其次，不同时间不同地点消费者的消费需求、广告的接受度有差异，广告主结合消费者的时间、空间等场景数据，为不同特征的消费者提供相应的信息内容；最后，广告主可以结合消费者的媒体使用习惯，精准地选择投放渠道，进而提高目标消费者广告接受度。公开数据显示，线上广告投放的一般命中率是 1% ，而大数据精准营销的命中率在 3% 或 5% 以上。[①] 精准包含着消费者良好的广告体验，精准意味着消费者接受的是其需要的、对其有价值的、在正确时间和渠道出现的广告信息，这种传播可以最大限度减轻消费者的抵触情绪并提高消费者的广告体验，也在某种程度上提高了广告主的投放效率。

如何获取数据？越来越多的广告主将通过线下传统渠道获得的消费者信息数据和数字媒体、线上销售渠道的信息数据打通，并通过不同层级的标签勾画出消费者的画像，以此锁定品牌的目标消费人群，也完成了潜在消费人群的挖掘。海尔建立了 SCRM 用户数据平台，整合了会员注册数据、产品销售数据、售后服务数据、官方网站数据和社交媒体数据等，让数据孤岛连成大数据平台。在对数据进行清洗、融合和识别后，海尔生成了包括 7 个层级、143 个维度、5236 个节点的用户画像标签体系，使其成为精准洞察用户的基础资源。在这些数据的应用上，海尔建立了 3 类 10 个数据模型，用量化分值挖掘用户的潜在需求，对其下一步的消费行为做出预测。[②] 电梯媒体分众传媒通过对物业信息（楼龄、楼价、地理位置、住户类型等）的分析以及与百度等搜索引擎的合作，得出不同楼宇、社区消费者的不同品类消费需求和品牌偏好，从而帮助广告主精准投放；分众通过在其设备中置入Wi-Fi、iBeacon、NFC 接入互联网及移动互联网，实现云到屏、屏到端的精准互动，成为 O2O 互动的线下流量入口，并可以此为平台嫁接促销活动、营销活动、支付手段、社交娱乐、金融服务等。

（五）营销媒介移动化升级，广告主聚焦优质流量入口和场景链接

广告主将移动端作为广告营销的首选，这与整体上消费者终端使用习惯的迁移有关。人群数量及其带来的直接效果在数字化环境下反映为网络流量，这成为衡量移动营销是否取得更高效能的关键因素。移动社会化媒体、

---

① 艾媒咨询：《2016 年中国大数据营销市场研究报告》，2016 年 6 月。
② 钛媒体：《营销不是为产品找用户，更是为用户找产品》，2016 年 7 月 20 日，https://www.siilu.com/20160720/183664.shtml。

以生活服务应用为代表的功能性 App、各大新闻客户端等成为广告主争夺的优质流量入口。特别值得关注的是 2017 年的移动黑马短视频的发展。自带社交属性，集成了文字、图片、声音、影像等多种表达形式的短视频，由于互联网自身交互性、参与性等特性，乘着移动化、碎片化消费日益盛行的东风，保持强劲增长。广告主营销广告活动调研显示，大部分广告主表示，短视频充分利用受众碎片时间，也充分调动了用户的创造性，企业正在积极尝试短视频营销。

除此之外，广告主也在不断挖掘消费者不同场景中内容获取和消费需求的变化，进而打造不同媒介场景的链接，缩短消费者决策链条。例如 e 袋洗和携程的旅行场景进行链接，主张"旅行归来不抓狂，洗衣就用 e 袋洗"；e 袋洗和大姨妈 App 女性用户生理期不适场景链接，号召"生理期间不湿手，洗衣就用 e 袋洗"，消费者在特定的媒介场景下自然而然地接受广告主的营销信息。

四　广告主媒体广告集聚策略凸显

当前品牌与消费者的关系、消费者需求和消费习惯都发生着深刻的变化，消费者是广告主在品牌构建和传播过程中的重要环节。课题组调研发现：2016 年 44.9% 的广告主会依据消费者需求的变化来制定广告预算，这一比例自 2013 年之后不断上升；在广告投放媒体的选择上，2018 年有 81.7% 的被访广告主将媒体受众与消费者的吻合度作为媒体选择的主要依据，远高于其他选项。

（一）依据消费者动向，跨屏互动与整合成热门媒体策略

广告主在广告投放媒体选择上呈现更加贴近消费者、更加精准、注重性价比的趋势。广告主调查数据显示，2014 年以来，媒体受众与企业目标消费者的吻合程度稳居广告主选择媒体依据的首位，而且连续小幅爬升；媒体性价比的选择率连续五年攀升，近三年稳居广告主选择媒体的第二依据。相比之下，视听率/发行率/点击率等选择率呈下滑趋势（见图8）。由此可见，

更加精准地触达目标消费者，花更少的钱产出更优质的效果，已经成为当下广告主在媒体选择上的主要标准，以消费者为中心的跨屏、互动与整合也成为广告主愈加青睐的媒体策略。

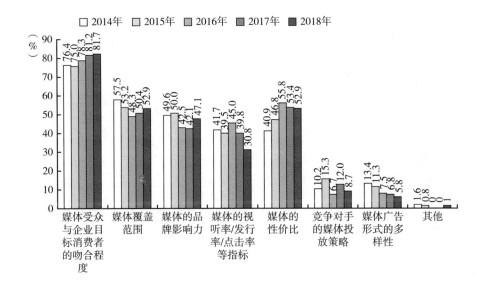

图8　2014～2018年广告主选择广告投放媒体的主要依据

随着互联网电视发展逐渐成熟，多屏互动与整合也将进入一个新的时期。一方面，消费者的多屏媒介接触习惯更加凸显，Millward Brown 数据显示，2016 年中国"跨屏"用户占互联网用户总数的 91.8%。互联网电视的加入，进一步打通过了电视端大屏、PC 端中屏和移动端小屏，帮助广告主实现了更大程度上的跨屏场景覆盖。① 另一方面，跨屏 ID 的识别和底层多屏数据打通是多屏时代下程序化购买的核心。② 程序化电视购买作为程序化购买的一个新分支，将和 PC、视频、移动、社交产生联动，大大提高人群分析及画像的精准度。

---

① 悠易互通、知萌咨询机构：《2016 互联网电视程序化购买趋势报告》，2016 年 9 月 30 日，https：//www. useit. com. cn/thread－13487－1－1. html。
② 《跨屏有方　移生未来　程序化新视界引爆沪上》，梅花网，2016 年 9 月 22 日，http：//www. meihua. info/a/67738。

（二）广告主媒体组合向"互联网＋户外＋电视"三大平台集聚

媒体广告策略一直以来都是广告主营销传播策略的重中之重。从投放费用来看，广告主调查数据显示，2015～2018年广告主媒体广告费用占营销推广总费用的约1/3，是广告主营销推广费用中最大的支出项。近年来，广告主的媒体策略呈现一些新的变化，而这些变化，无一例外围绕着使媒体的广告投放能够发挥更大效果这一命题展开。

广告主最突出的媒体策略就是聚焦互联网、户外和电视三大平台。传播声量是广告主在选择媒体时的一个重要因素，大传播声量的媒体平台是广告主投放媒体广告的重点。课题组研究发现，2015～2018年，被访广告主媒体广告投放费用排前三位是互联网、电视和户外。2015年，这三种媒体的分配比例合计达到70.1％，而广告主2019年互联网、户外和电视的费用分配比例合计将达80.3％（见图9），广告媒体费用的集中度继续提升。

（三）聚焦头部内容，内容营销进入新时代

广告市场生态调研数据显示，优质内容的营销传播价值受到广告主高度认可（见图10），2016年认同"内容营销会被更多的企业运用在营销中"这一观点的被访广告主比例超过了90％。

而随着多方力量的介入、市场需求的膨胀，内容资源呈现爆发式增长。其中，头部资源和优质内容是所有广告主追逐的目标。

爱奇艺前首席内容官马东在2016年36氪创业生态大会上提出，内容就像一座金字塔，头部内容只占5％，前20％的叫优质内容，而剩下的都是普通内容，只有少数头部内容能拿到最高的价值，长尾效应在内容领域并不成立。[①] 选择哪些内容、如何权衡、怎样运作并发挥内容营销的价值是摆在广告主面前的一道难题。

---

① 《马东说做头部内容才赚钱，长尾理论并非处处适用》，搜狐财经，2016年7月8日，http://mt.sohu.com/20160708/n458428148.shtml。

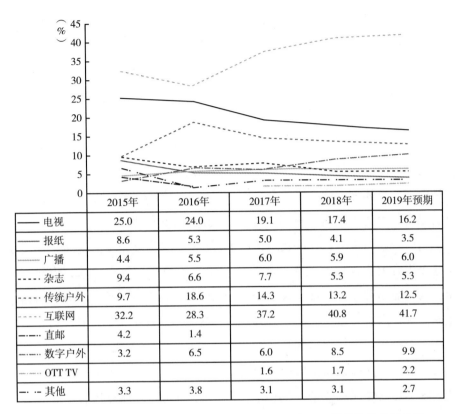

	2015年	2016年	2017年	2018年	2019年预期
—— 电视	25.0	24.0	19.1	17.4	16.2
—— 报纸	8.6	5.3	5.0	4.1	3.5
—— 广播	4.4	5.5	6.0	5.9	6.0
---- 杂志	9.4	6.6	7.7	5.3	5.3
---- 传统户外	9.7	18.6	14.3	13.2	12.5
---- 互联网	32.2	28.3	37.2	40.8	41.7
—·—· 直邮	4.2	1.4			
——— 数字户外	3.2	6.5	6.0	8.5	9.9
—·—· OTT TV			1.6	1.7	2.2
—·· 其他	3.3	3.8	3.1	3.1	2.7

图9　2015~2019 年被访广告主媒体广告投放费用在不同媒体间的费用分配

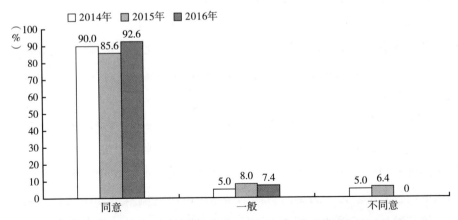

图10　2014~2016 年被访广告主对"优质传播内容是取得良好营销传播效果的关键"这一观点的态度

1. 抢占头部内容，兼顾"热度"与"温度"

互联网使内容生产更加去中心化、渠道更加扁平化，随着传统影视制作人的入驻和大量资本的涌入，内容产业近几年呈现井喷状态。课题组发现，大部分企业面临的最大困惑是如何选择：选择什么平台？选择什么内容？风险有多大？

头部内容以其价值集中性、资源缺乏性、选择便捷性使得广告主争相抢占。与此同时，头部内容资源稀缺性、高热度也带来了性价比下降、消费者收视疲劳、媒体配合度下降等新问题，广告主对热点的追逐仍在持续，但同时有温度、价值观正确的内容也更多地被纳入评价体系。

某广告公司董事长在课题组访谈中说道："内容首先要有热度，热度就是这个内容要火，要有人看。其次内容要有价值观，要有追求，倡导正能量，与企业品牌的价值观契合。企业选择内容，首先内容要火，其次价值观正确。现在内容质量高低不一，有些内容甚至是三观不正的。在广告主实际的内容营销运作中，内容和品牌契合度应该是广告主需要着重考虑的因素，广告主应该选择以正向价值观为导向、与品牌调性相符、与目标受众相契合的内容。还需要注意的是，'热度'能带来'温度'，热点内容对品牌营销有着促进作用，能够形成内容与品牌的深度连接。"

2. 广告主联合优质内容，营销传播花样百出

在联合 IP 的运用上，广告主渐入佳境、花样百出。在植入方面，除了传统的将已有产品植入剧和综艺节目的方式，还出现了根据剧情创造新产品的方式。广告主不仅通过植入来运用 IP，还有在拥有 IP 授权后和线下产品、活动结合起来的做法。

广告在影视和综艺中的植入方法多种多样。影视渐入式的植入较传统意义上的硬广投放会减弱观众抗拒心理，让观众通过剧情慢慢了解产品调性，了解品牌。2017 年的网络大剧《三生三世十里桃花》中的桃花醉就是产品植入的创新尝试。为了满足品牌商的需求，品牌在剧本创作阶段就开始介入，桃花醉是小说中涉及的酒，随后泸州老窖研制开发"桃花醉"同款产品，打破了先产品再植入的模式，产品在剧集播出后上市，迅速成为销量爆

款。此外新技术手段的运用也让品牌植入有了更多空间。《爸爸去哪儿5》利用 AI 视觉识别，可以在几秒钟内扫描上千分钟的视频内容，从中挑选出与品牌契合的场景和人物，选择广告植入位置。这就意味着广告主可以在节目拍摄完成后再跟片方协商进行植入。

除了在剧中植入，对 IP 的衍生应用也是广告主借势 IP 的一种方法。某饮水品牌负责人表示，他们不仅在《欢乐颂》电视中植入，自己也做了一些自媒体的传播，买了一些 KOL 的传播，还为《欢乐颂》拍了外传，虽然投放费用较高，但整体传播效果超出了企业预期。此外也有广告主在 IP 植入外制作衍生内容，效果还不错。还有部分企业并不参与电视剧的植入，而只拿电视剧授权。以《欢乐颂》为例，某品牌以"安迪的厨房"落地做推广活动，销售效果也很好。

3. 广告与原生内容相连，打造完整的内容营销生态链

伴随消费者对互联网产品体验要求的增加，广告互动形式的丰富，广告主一直在致力于降低用户反感度和排斥度，提升品牌价值感，原生广告[1]以其与内容、消费者需求、展示场景的相互渗透和密切相关性，被广告主的目光锁定，WARC 针对亚太地区的品牌和广告商所做调查显示，67% 的受访者对原生广告持积极态度；根据 BIA Kelsey 对美国市场 2013~2018 年原生广告投放的预测，2016 年原生广告将正式超过传统展示类广告并将主导今后的广告市场。[2] 除了广告主，许多媒体也围绕内容开发原生广告新形态，如 2016 年天猫、淘宝的平台内容化趋势，影像技术被用于更多营销场景。2016 年奥迪在入驻知乎机构账号后在"为什么说奥迪是灯厂"这个问题下

---

[1] 指以互联网为载体，从用户角度出发，其形式、风格、设计与展示平台相一致的广告，广义的原生广告还包括广告内容、含义与展示平台或使用场景充分融合的广告。目前原生广告的主要形式以信息流原生广告为主，兼有部分视频、动画特效广告。本定义来自易观智库发布的《中国原生广告应用与发展专题研究报告 2016》，2016 年 7 月。维基百科对原生广告的定义是："广告商在用户体验中通过提供有价值的内容试图抓住用户的眼球，虽然是付费广告但尽量做到看上去像正常内容。"

[2] 《做 2016 年营销预算之前，关于原生广告你必须知道的》，梅花网，2016 年 2 月 4 日，http://www.meihua.info/a/65636。

亲自解答，专业与人性化反馈使其成为该问题得票最多的解答，另外奥迪也在知乎日报上线两篇文章，从历史与体验的角度展示了奥迪独家的观点与信息，达成与用户的高效对话。

除了用有热度、有温度的内容打头，品牌信息与内容紧密契合，更完整的内容营销生态链也正在为广告主熟练运作，包括定制化内容、内容的搭载与延伸等。正如广告主研究所课题组访谈中的某广告公司董事长所言："营销是基于品牌，要搭载内容扩大知名度、影响力和美誉度。内容营销就是以内容为载体，借助多种营销传播方式和手段实现品牌营销目标，采用识别优质内容、寻找品牌与内容的契合点、多屏整合与话题引爆三步进行内容营销。通过打造完整的内容营销生态链，让 CPM 有温度，从而引爆内容营销。"

2015～2017 年美的冰箱连续三季携手综艺《拜托了冰箱》开展深度互动式营销，首先深度结合节目内容，通过特型口播、产品摆放、产品功能植入等绑定明星，提高年轻群体的关注，其次整合腾讯视频首页、双微平台开展与消费者的互动，美的冰箱成为场景、内容中必不可少的组成元素；使美的在品牌形象、传播声量方面获得极大提升。

五　消费者赋权语境下，营销手段多元创新

广告主在当下的营销传播语境中面对的是"被赋权的消费者"，他们拥有更多的媒体渠道去了解产品，拥有更多的自主选择权，同时自媒体平台的发展使消费者能够发表自己对产品或服务的看法，消费者甚至成为一个产品的营销传播活动是否成功的关键影响因素。消费者为中心导向的营销观念始终是广告主整个营销战略的核心。

在此基础上，广告主开始从对消费者的群体性营销逐渐过渡到对单个消费者的个性化营销阶段，每个顾客不再只是千人一面的虚拟节点，而是一个具有自我个性特色和喜好的"真人"。在消费者不断被碎片化的信息分散注意力，对传统广告营销手法产生"抗体"的时代，广告主只有不断尝试使用更加多元的营销手段和更具创新性营销方式，力求最大限度地贴

合这些更加"真实主动"的消费者的媒介信息接收特点和产品或服务消费新习惯，才能在消费者的心中留下对品牌的深刻印象，赢得最终的营销之战。

（一）终端推广费用增加，广告主倚重口碑营销、展会营销和事件营销

2015~2018年，广告主在面向消费者的终端推广上有了更多的投入，这也体现出面对经济环境的不确定性和竞争的加剧，广告主对于消费者的重视在不断提升。中国广告生态调研数据显示，2015年被访广告主营销推广费用中，面向消费者的营销推广费用达到了25.3%，与费用比例排在第一的媒体广告费用占比相差约10个百分点。2018年广告主面向消费者的营销推广费用占比达到34.7%，预计2019年占比为36.6%，该营销推广费用超过媒体广告投放费用占比，跃居第一位（见图11）。

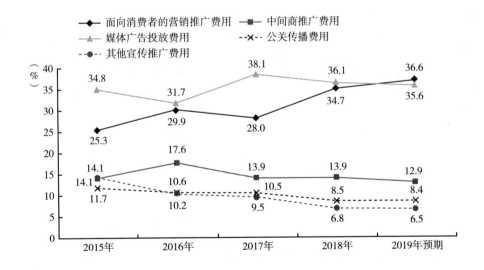

图11 2015~2019年预期广告主营销推广费用分配情况

2015~2018年，被访广告主除媒体广告传播手段外，所采用的品牌传播类型中，口碑营销一直是最为倚重的手段，广告主的选择率一直高于

70%；其次，展会营销和事件营销选择率也较高。

建材行业广告主们在课题组调研中表示，展会营销可以帮助广告主在行业内有效提升品牌知名度，同时有助于广告主了解行业的发展状况；更重要的是，展会提供了广告主同经销商沟通交流的机会，也让经销商更理解品牌。某知名品牌酒业运营商和某饮料行业国内知名品牌广告主表示，展会也提供了同一些消费者直接沟通互动的机会，也可以促成一部分消费转化，但更重要的是参与和举办展会可以增强经销商对品牌的信心。展会上邀请媒体参会，也是一种借力的品牌传播方式。汽车行业的广告主也非常青睐展会，以便和消费者有直接的接触，增强消费群体对产品的直观了解和体验。

成功的事件营销无非广告主从无到有打造出影响力巨大的事件，对于短期销售往往具有很强的助推作用，如乔布斯打造出的具有全球性影响力的"苹果发布会"和阿里巴巴打造出的每年能在全国范围内掀起抢购热潮的"双11"；或是广告主成功捕捉到了热点事件与自身品牌或产品的结合点，借助热点事件的影响力达到良好的营销传播效果。

（二）消费者更加重视服务和体验，体验营销成热门营销手段

在消费升级的大背景下，消费者越来越重视在购买行为中的服务与体验，体验营销成为当下不可或缺的营销传播手段。中国广告生态调研的数据显示，2016年以来，约60%的广告主运用过体验营销的传播手段，仅次于口碑营销和展会营销。在问及消费者需求变化时，有37%广告主提到了消费者更加注重服务，对消费体验有更多更高的需求。

另外，随着技术在营销传播中的应用日益广泛，体验营销的方式也更加多元丰富。正如某一线房地产集团营销负责人所说，无论是直播还是VR、AR，都会给营销传播带来变化，以后营销的体验感会越来越强，新的技术也会不断被引用到营销传播当中。三星学苹果开启了线下体验店，电商起家的亚马逊开起了实体书店，企业一切活动必须围绕目标顾客的价值体验来展开。你只要牢牢掌握消费者的需求变化，牢牢掌握他们的消费动机以及生活

形态，并围绕一个消费者在乎而且有别于竞争对手的价值，给消费者一个完美的全程体验，你一定会在竞争中胜出，占有一席之地。①

广告主在体验营销的运作中存在一个普遍的误区，即过分注重短期体验营销活动的打造，而忽视日常的消费者体验。体验营销的核心在于通过优质的服务和体验，让消费者对品牌产生更加深刻的认知，促进购买行为。单纯依靠噱头和技术，策划"一次性爆款式"的体验营销活动，只会让消费者对品牌形成过高甚至错误的体验认知，进而在长期的品牌接触中产生落差感，反而对品牌产生负面影响。

宜家的体验营销一直走在市场的前列。一方面，宜家会不定期策划各种新奇的体验营销活动，如将地铁候车站甚至车厢打造成宜家场景，或者直接在街头布置样板间供路人体验等。另一方面，宜家也十分重视消费者与宜家最日常的接触场景——门店与卖场，通过各种细节和形式让消费者在宜家购物的过程体验到"家"的概念。

（三）KOL、短视频、电竞成为触达年轻消费群体的三大抓手

1. KOL 营销，口碑、销量一箭双雕

2015 年淘宝正式提出"红人经济"，2016 年网红经济发展迅猛。2016 年红人产业产值（包括与红人相关的商品销售额、营销收入以及生态其他环节的收入）接近 580 亿元人民币，超过 2015 年中国电影总票房，相当于国内最大连锁百货百联集团 2015 年全年销售额。②

广告主调查显示，超过半数的广告非常认可 KOL 在企业营销中的作用，约 1/3 的被访广告主不置可否，明确反对 KOL 在企业营销中应用的广告主比例已经从 2017 年的 16% 降低至不足 5%。

KOL 之所以能够成为营销传播活动的重要角色，并且受到广告主青

---

① 包·恩和巴图：《大品牌时代的四大陨落》，中国营销传播网，2014 年 10 月 31 日，http://www.emkt.com.cn/article/621/62149.html。

② CBNdata：《2016 网络红人大数据报告》，2016 年 5 月 23 日，http://www.199it.com/archives/474935.html。

睐，关键在于其兼具了群体传播的影响力和大众传播的覆盖力。一方面，每个 KOL 的背后都有一个特定群体，KOL 可以深度触达群体内的成员，而基于群体传播中的群体意识和群体压力，成员对于营销信息有着更高的信任度。另一方面，KOL 可通过社会化媒体打破传播渠道的群体边界，同时所有群体成员对营销信息形成二次传播，会进一步扩大营销传播的覆盖范围。

从 2016 年起，KOL 的活跃阵地不再局限于微信和微博平台，逐步扩展到社交视频领域，直播和短视频也成为 KOL 的核心平台。历时三年，广告主的 KOL 营销也愈发成熟，一方面通过打造多平台的垂直类 KOL 矩阵实现全方位多次触达的传播效果，另一方面，从热衷泛娱乐 KOL 到泛娱乐和专业化 KOL 并重，分阶段进行系统化传播。

KOL 营销不仅在传播上能够实现事半功倍，更关键的是，广告主利用 KOL 的粉丝效应实现带货销售模式。特别是食品饮料、餐饮、服装服饰、化妆品、日用品、旅游娱乐等行业已经成为 KOL 带货模式的重度行业并且收益颇丰。

2. 短视频营销，积极试水，喜忧参半

2015 年，papi 酱开始在秒拍、小咖秀等平台发布短视频作品，引发广泛关注。2016 年 papi 酱以 2200 万元卖出第一条广告，同年抖音上线，2017 年快手上线。CNNIC 报告显示，截至 2018 年 12 月，短视频用户规模达 6.48 亿，网民使用比例为 78.2%，短视频已经成为网民新的集聚高地。拥有大流量的任何阵地都会被广告主挖掘出营销价值，短视频用户群体庞大，营销的受众规模大，且用户黏性强，营销价值凸显。广告主们也都纷纷试水短视频营销。

目前广告主尝试短视频营销主要包括短视频平台上的硬广投放、内容植入、内容定制，联合网红开展营销活动，在短视频平台注册账号并开展日常运营等几种方式。广告主在开展短视频营销过程中，根据不同企业规模和不同营销活动需求，会与网红/KOL、短视频平台、MCN 机构三方开展合作。随着短视频平台服务和运营的日益完善，广告主将更青睐与短视频平台直接合作。

以抖音为代表的短视频平台呈现爆炸式的增长，广告主对这种运作也有一些担心。部分广告主表示，短视频带来的效益和持续的品牌加分并不高，并且也考验消费者的记忆力。还有广告主表示目前还处在观望状态，仍在思考短视频作为传播载体与企业形象是否契合的问题。广告主调查的数据也说明了广告主这种犹豫、观望的心态，2018 年被访广告主对"短视频成为企业营销的常规手段"这一观点，持中立的态度占比 41.4%，赞同的观点占比 43.3%，反对观点占比 15.4%；2018 年被访广告主对"直播成为企业营销的常规手段"这一观点，持中立态度占比为 45.2%，赞同的占比为 31.7%，不赞同的占比为 23.1%，说明广告主的态度两极分化明显。

课题组调研中访问某一线日化广告主，他表示目前使用直播仍处于初级的试水阶段，各个企业都没有想好怎么利用直播平台打造产品的知名度，最终实现销售转化，效果评估体系也不完善，其实还没有一个企业真正能把直播做得特别好。直播营销仍有巨大的潜力可以挖掘。

3. 电竞营销成为品牌沟通新战场

2017 年国际奥委会官方宣布，认证电子竞技运动（Esport）为正式的体育项目，电竞是国内一项正在蓬勃而起并潜力无穷的新兴产业。尤其是在亚洲年轻人的日常交际中，电竞已经演变为一个能迅速破冰并增强社交黏度的话题。在电竞正式化愈发显著的今天，许多品牌也开始注意到电竞这片营销战场。相比于生命周期较短的电影和网综，电竞不但有着更长线的生态系统，电竞营销也代表着更高的性价比，有利于品牌做得足够深入。

赞助电竞的品牌从 IT 行业发展至汽车、日化、食品饮料、零售、物流等行业，各大传统品牌也开始寻找电竞的商业价值，包括游戏内植入、职业战队赞助、赛事冠名等。由腾讯主办、VSPN 承办的顶级电竞赛事穿越火线职业联赛 CFPL，已先后与百事、红牛、维他柠檬茶等数家知名品牌合作。"王者荣耀"游戏的总决赛则吸引了雪碧冠名，宝马提供指定用车，vivo 成官方赛事用机；肯德基则与"王者荣耀"达成战略合作，携手发布《王者荣耀》主题套餐"人气荣耀餐"。在手游《绝地求生》中，诸如京

东、顺丰速递、别克轿车、摩拜单车等广告主，均已开展融入度较高的营销合作。此外，快消品行业正纷纷成为电竞队伍赞助商，如赞助 LGD 战队的老干爹辣酱、赞助 VG 战队的天喔茶庄、赞助 iG 战队的 Cherry 键盘等。

对于广告主而言，选择影响力出众的电竞头部 IP 是重要的第一步。首选自然是市场中的"爆款"，如关键词成功跃升为年度流行词之列的腾讯系产品《王者荣耀》《英雄联盟》《绝地求生》。凭借 IP 本身在大众消费者中的知名度与影响力，品牌营销自然事半功倍。

电竞头部 IP 除了自身赛事之外还能够延伸出许多来自动漫、影视、文学、体育等领域的周边衍生品，能够为品牌主实现更丰富的营销支持。以《王者荣耀》为例，目前建立了多个级别不同的赛事及赛事衍生品，实现了线上线下的完整覆盖，为品牌主创造不同的营销空间；同时延伸出的《王者出击》真人秀，在首期播出时一天内就斩获了 2.4 亿的播放量，将许多的综艺用户也网罗其中。

分 报 告

Sub-reports

重点研究篇

B.2

广告主营销传播趋势
（2016~2019）

摘　要：　2016~2019年移动互联网快速发展并深刻影响着消费领域和
传播领域，广告主将线上线下数据打通，逐步实现消费者生
活轨迹的数据化。在此背景下，广告主在传播通路、传播形
式、传播内容三大维度上实现数据化和智能化，优化消费者
体验的同时升级广告投放精准性和效果评估的准确性。具体
而言，广告主倚重社交、视频和电商三大营销传播平台，通
过原生化和场景化传播创造融入式体验、搭建新连接、触发
用户分享。未来广告主将迎来智能营销时代；中国广告主将
面临产品服务增值、品牌升级与全球化营销等挑战；在技术
加速迭代、新概念层出不穷、媒介更趋泛化的环境下，广告

主亟须厘清传播本质，在与营销传播服务商合作中迎接新的转型和模式。

关键词： 营销平台　原生传播　场景传播　营销趋势

当前消费者全面移动化，消费者注意力大量转移到移动端。广告主选择聚集消费者大量注意力以及消耗消费者大量时间的媒体才能够实现有效触达从而提升营销传播效果。消费者的注意力和时间分配分为主动性分配和被动性分配。主动性分配即消费者可以主动选择媒体，如消费者可以自由选择将时间分配在电视、报纸、互联网等媒体上。而有一些媒体带有强制属性，比如户外媒体，消费者在上下班途中等生活场景不得不接受，如果户外媒体还能够兼具互动性和趣味性，那么这种户外媒体的传播价值就会大幅度抬升。当前户外媒体不仅注重创意和制作水平，更是借助移动互联大大提升了互动性和趣味性，因此最近三年户外媒体一直得到广告主的青睐。在消费者主动分配注意力的媒体中，社交、视频和电商已经成为广告主营销传播运作的三大主力平台。如何在数据价值可见的传播渠道上创造出更优秀的营销效果成为广告主新的课题。通过调查研究我们发现，创新传播形式和优选传播内容成为广告主成功抢占消费者注意力和心智资源的不二法门。

一　原生化和场景化助力优化消费者体验

（一）原生化思维，创造融入式体验

原生广告并不是一种或几种广告形式，而是广告传播的一种思路，即以用户体验为出发点。原生广告的特征有两点：其一是原生广告出现在受众主动接触内容的时候，可以是文字信息、图片或音频和视频；其二是原生广告与内容融为一体，受众在主动关注内容的情况下自然而非强制性地接触到原生广告内容，进而提高广告内容的接触率和接受度。比如今日头条、微信朋友圈中的信息广告，视频内容中与剧情内容配合出现的贴片广告和创意中插广告等。我们认为原生化是一种传播思维，是一种注重用户体验的传播形式。广告主利用原生广告进行营销能最大限度地挖掘媒体价值，融入媒介环境，为品牌创造营销引爆点，引发消费者的情感共鸣。

	形式原生广告					内容源生广告		
	搜索广告	信息流广告	原生视频广告（除信息流）	推荐与互动广告	其他广告	视频内容	图文内容	其他内容
媒体形式	搜索引擎或具有搜索功能的平台	视频、资讯、社交、电商、工具等凡是有内容流的平台	视频、短视频等平台	应用商店、安全软件、电商、工具等平台	操作系统及所有平台	视频、直播等内容形式	资讯、导购、社交等平台	游戏、图片与视频美化等平台
售卖形式	CPC、CPS	CPC、CPM、CPE、非标合作	CPM、CPV及非标合作	CPA	CPT、CPM	CPM为主及非标合作		
主要形式	搜索关键词广告	所有出现在内容流中的广告，形式与上下文一致，包含图文及视频形式	创意中插、压屏条、角标广告、后期植入边看边买等广告	推荐位、热门榜单及转盘红包等激励广告	开屏广告、关机广告、锁屏广告等	冠名、联合赞助前期植入、口播定制视频等	软文、图片内容植入、自媒体推广	游戏道具、图片滤镜等
特点	精准触达、库存量大、ROI较高软性植入、定制化程度高、互动性和可玩性更高广告位形式相对固定，标准化程度高					精准触达、广告信息价值更高与内容高度融合，高曝光，话题性强，用户体验好广告没有固定形式和位置，可自由定制		

图1 中国原生广告市场主要广告特点与售卖形式

资料来源：艾瑞咨询《2017年中国原生广告市场研究报告》，https://www.iresearch.com.cn/Detail/report? id=3095&isfree=0。

从投放模式上看，目前大部分广告主通过与媒体平台合作的方式定制原生内容，并实行策略化定制投放。原生广告逐步通过实时竞价系统实现广告交易的程序化和规模化。程序化原生广告是以移动端投放为主，广告主通过程序化投放平台，以实时竞价的方式，结合媒体用户大数据标签，通过程序

化交易大批量购买原生广告展示机会，并在媒体内容信息流中插入广告主品牌推广内容。

随着智能终端的多元发展、内容产业的爆发式增长，原生化的传播形态将更加丰富。在智能化背景下，原生化传播也将与线下场景进行打通整合，在运营方面也必将兼顾传播和营销两大效果，原生化传播不仅传播精准更能带来增值服务和实现销售转化。

（二）技术和创意加持，场景营销提升话题性、互动性、转化率

场景营销是体验营销的一种，具体来说，场景营销更强调针对目标消费者在具体场景中所具有的心理状态或需求进行营销活动，换言之，其核心是引导、唤醒或回应特定时间、地点的消费者需求，它可以是一篇文章、一个事件或一个现实场景。

场景化已经成为广告主营销传播运作的大趋势，根据场景的形态可以分为三大类型。第一类，广告主构建数字媒体场景，创造全新的消费者体验。例如，写字楼的楼宇液晶电视屏幕播放由薛之谦代言的广告。早上 8 点到 9 点，上班时的版本是薛之谦敲门说"女神，记得保持一天清爽柔顺，下班见哦"。下午 4 点到 6 点，下班版本广告是薛之谦说"女神，你下班了，你的头发变得毛躁，变得油腻，竟然变成路人了，其实我的心愿是你发根清爽发尾柔顺一整天"。广告内容迎合消费者上下班不同场景，其实更能触动消费者的购买欲望。

第二类，通过移动媒体和数据支持搭建线上体验和线下场景的链接。比如，精选美食电商平台 ENJOY 在 2015 年 6～8 月在北京、上海等城市与打车软件 Uber 发起了"一键呼叫日料便当"活动，只要在指定时间点打开 Uber App 按下"UberBENTO"按键填写申请表，就有机会获得最近的 Uber 车辆送货上门的日料午餐。同时获得奖品的消费者需要在 ENJOY 上传对美食的评论，完成整个跨界场景体验。基于大数据的移动端程序化购买与场景营销相结合，形成融合时间、地点、行为场景的移动场景营销。移动端支付的飞速发展，也为广告形式的转变提供了契机。

第三类，利用跨界联合重构不同场景之间的链接，能够为品牌带来全新的联想，引导消费者分享消费和体验的场景，使其成为广告主获得新用户的入口。例如，2018年1月北京首都机场的贵宾室也变身为"家居卖场"，乘客在候机时，如果看中了贵宾室的硬装或软装，都可以随时扫描二维码下单。中高端家居购买者非常重视体验，互联网家居分享直购平台与北京首都机场的贵宾室联手推出跨界场景体验服务，为消费者尤其是中高端消费者对于家居产品的体验要求提供了解决方案，也为家具企业带来了新的用户群。移动支付和场景营销的结合，不仅给消费者带来了更好的体验，也能高效实现消费转化。

广告主一直以来注重线下营销活动的开展，特别是在技术和创意的推动下，线下场景营销也有了较大的发展。从2016年开始，快闪店作为创意类零售体验的形式受到广告主追捧，平均每年复合增长率超过100%。快闪店在设计上满足消费者的感官刺激，引导消费者利用口碑进行二次传播。消费者出于好奇及对易逝美好事物的珍惜，对这种"新兴"的零售方式表现出极大的热情，快闪店外一般都是人潮涌动的景象。从企业角度来讲，消费者甘心耗时排队本身就是对企业的认可；为了控制人流，很多快闪店需要提前预约，在收集用户信息上可谓轻而易举；店面体量小，总成本低，风险可控。这种方式实现了买卖双方的共赢。

二　优质内容成为营销传播事半功倍的突破口

内容营销愈发得到广告主的重视。2018年中国广告生态调查结果显示，被访广告主对"内容营销会被更多的企业运用在营销中"这一观点，持赞同看法的占比近85%，持反对观点的仅不到5%。

（一）两大优质内容：情感故事和娱乐活动

关于如何合理组织品牌故事要素，学者Bruce阐释了几个要点：兼顾品牌故事内外、关注消费者的故事、用朴实的语气说故事、将品牌策略通过一

定的技巧写入故事、幽默感的应用、激发消费需求、为人们提供生活的建议、用心说故事感动消费者、可信。① 广告主讲的故事或多或少包含这些元素。

在消费升级的大背景下，消费者越来越重视与品牌之间的情感联系。大部分被访广告主认为，通过建立情感共鸣，可以引发用户主动讨论、参与，促使受众进行多对多的裂变式传播，进而整合用户，将其纳入开放传播环节中的一环，从而达成传播效果最大化的目标，这也是情感营销所要达到的最终效果。2017 年 3 月 20 日，网易云音乐在乐评里面看见了营销的机会，结合地铁营销，把点赞数最高的 5000 条优质乐评印在杭州市地铁 1 号线和整个江陵路地铁站各处招贴上。"你那么孤独，却说一个人真好。""最怕一生碌碌无为，还说平凡难能可贵。"句句戳心，引发了很多网友的共鸣，于是他们在朋友圈疯狂传开。用户评论是网易云区别于其他音乐 App 的主要特色，也是用户表达情绪的渠道之一，点赞量高的音乐评论仿佛就在为广大用户代言，每一条评论后面都有消费者自己的故事，网易将热门评论拿出来做广告这一方式无疑很讨巧。方太一直是会讲故事的广告主，方太水槽洗碗机《妈妈的时间机器》作品，不仅取得广告大奖也一度成为社会热点话题。方太在这个广告中将水槽洗碗机比作"妈妈的时间机器"，抓住了用户真正的痛点——时间，跳出产品本身的功能概念，传递让妈妈实现梦想的品牌理念。在传统品牌的营销升级过程中，方太在"因爱伟大"的理念之上，在碎片化的媒介下不断寻找与消费者的沟通方式，在积极与消费者沟通的过程中和消费者产生共鸣，获得了消费者的认可。

借助优质的媒体内容进行传播也是广告主常用的策略。由于消费主流群体的年轻化趋势，文娱、体育等泛娱乐化的媒体内容则成为最吸金的媒体内容。广告主在营销过程中势必要适时而动，更多的借助综艺节目、影视剧、音乐、文学、游戏和娱乐体育明星等娱乐化的内容和元素来与消费者构建联

---

① Bruce D. "Story Telling Wins Hearts: Ten tips for creating captivating brand stories", *Markeing Magazine*, 2001, (8) 106: 30.

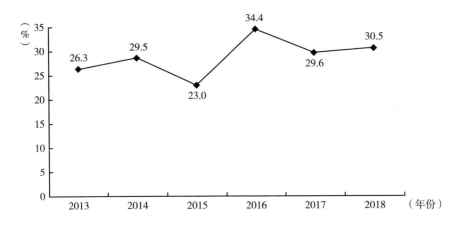

系。以体育营销为例，大型赛事成为消费者和广告主关注的热点，特别是奥运会、世界杯这样周期举办的全球顶级体育赛事，有自然且深度触达广泛消费者的优势。2013~2018 年的调研数据显示，广告主的体育营销也呈现周期性的变化，在 2014 年世界杯、2016 年奥运会、2018 年世界杯这些体育大年，广告主的体育营销都呈上升的趋势（见图 2）。

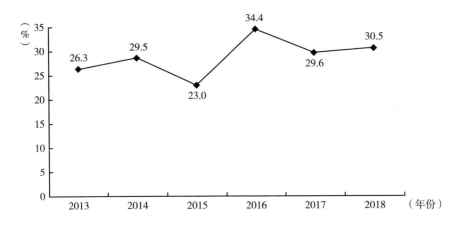

图 2　2013~2018 年广告主采用体育营销进行传播活动的比例

同时，调研显示，广告主对体育营销多持积极的态度，借由其受众面广、具有较强的传播力的优势，体育营销能给品牌带来正面的推动力。2018年，广告主围绕着世界杯这一优质体育资源展开了一系列营销活动，更有广告主借势发力挑战天价赞助，世界杯战场激战程度更胜往昔。

2018 年，据公开数据，世界杯期间中国品牌的广告投入达 8.35 亿美元，占近 35%，全球位居第一。在与世界杯合作赞助中，企业从各个不同方面出发，力图触达与品牌产品契合的场景或消费者。除了天价赞助比赛，广告主为了在众多世界杯营销中脱颖而出，挖掘世界杯资源与其他资源展开联合营销，强调独特的品牌调性，吸引消费者注意。如蒙牛签下著名球星梅西作为品牌代言人，启动主题为"自然力量·天生要强"的品牌升级行动，联合 9 位流量明星，推出 7 张系列海报，借这次契机逐步建立起世界级品牌影响力。同时，还推出首款世界杯主题包装产品——蒙牛自然 Natural 风味

酸牛奶。海信则独辟蹊径，采用传播差异化策略，将体育与明星代言结合，全球化赛事和全球化明星联合营销，达到效果最大化。在世界杯开幕期间，选定英国知名演员本尼迪克特·康伯巴奇作为海信电视的代言人，打造海信激光电视广告，在央视体育频道黄金时段对于本尼的形象进行露出，利用明星的粉丝效应展开话题营销，这让海信在同质化的球星话题营销中脱颖而出，借助"本尼"的个人影响力，搭建粉丝与明星的互动平台，赢得众多粉丝的品牌好感度，收获了良好的市场反馈。赞助赛事和球队需要大量的资金投入，具有较高的门槛和风险，一些企业选择借势营销打擦边球，抓取世界杯热点。青岛啤酒推出世界杯定制款啤酒，在天猫旗舰店内售卖"欢聚俄罗斯为世界举杯"的纯生定制加油罐产品，其中法语、阿根廷语等定制款"加油罐"均已售罄。世界杯刚开始时，世界杯定制款就已经销售了2000多吨，对定制限量款产品来说，其销量表现不俗。

（二）跨界营销新玩法，联合之势锐不可当

1. 成熟品牌再激活，成长品牌造声势

成熟品牌是指那些已经具备一定规模，建立了较为完善的渠道，拥有固定客户的品牌。成熟品牌之间的合作会有很多的优势之处：首先，因成熟品牌本身已携带品牌价值，可以让合作双方在短时间内避免重塑跨界产品或服务的形象，直接受益于合作转化而来的效益；其次，成熟的品牌已存在一套可操作的业务流程，不会因为合作的改变而产生巨大的推广失误；最后，成熟品牌间的合作可以为双方赋能，使双方散发出新的品牌力量。

以快消品行业为例，在2018年9月6日举行的上海中华老字号文化节上，上海知名老字号冠生园食品确认：59岁的大白兔奶糖将和56岁的美加净跨界合作。两大家喻户晓的上海老字号推出联名款美加净牌大白兔奶糖味润唇膏。

以彩电行业为例，一方面，大同小异的产品设计与功能体验已经不能吸引新一代消费群体的关注；另一方面，传统营销推广方式无法勾起消费者的购买欲望。面对传统营销模式面临的困境，TCL首次联合台湾著名茶饮品牌

鹿角巷展开跨界营销，TCL推出的C7剧院电视的目标人群定位是"80后""90后"一代新中产；鹿角巷以其艺术风格、出色的奶源和美味吸引了许多年轻人，两者的目标消费人群特征相吻合。一时间，"电视与奶茶"的话题在社交网络平台爆炸式传播。TCL将C7剧院电视与鹿角巷紧密、有机地结合，使老品牌焕发新活力。

成长期的品牌都在寻求突破发展瓶颈的方法，传统的成长期品牌采用稳扎稳打的营销方式，需要经过一定时间的积淀，才能获得传播效果和销售效果的回馈，而通过跨界营销的方式为自身赢得较多的关注与流量成为这些品牌取得效果的一种新捷径。

顺丰花1亿元为员工定制了耐克SHIELD系列，虽然是内部定制，并不对外销售，但是这场品牌联名所带来的广告效应可谓是双赢，顺丰不仅登上了微博热搜榜，更提升了品牌形象；太平鸟携手可口可乐登上纽约时装周，并凭借为"国潮"正名的强势姿态斩获了大量好评；与此同时，喜茶还与美图秀秀一起推出了限时喜茶滤镜——一款AR拍照表情，它能够识别人脸并在背景和人像前加入一些可爱的Emoji元素。

跨界依旧是成长品牌钟爱的营销方式，不少出乎意料的组合让人眼前一亮。这些跨界的行为对于用户而言，不仅能够接收新锐的生活态度，更能感受新潮的审美方式。在这个跨界满天飞的时代，如何打破传统模式，提高品牌新鲜度，变得越来越重要。

2. 热门IP强联手，反差调性引关注

热门IP自带优质内容的优势，一直是广告主跨界的主选之一，2018年营造具有反差效果与热门的IP跨界是一大亮点。

单纯的IP植入和硬性广告越来越少，更多的是把产品和IP的文化调性相结合。例如，星座领域中的第一人气IP"同道大叔"与江小白进行跨界合作，把小聚和谈资、酒及星座结合到一起，推出带有同道大叔IP形象的"星座酒"，并进行了大规模的话题宣传，让整个合作充满趣味性。

伊利优酸乳以"喝优酸乳，捉妖送福粒"为主题，联合淘宝推出"胡巴打call"，用户在手机淘宝搜索"优酸乳捉妖记"即可收到胡巴的视频来

电，视频结尾附赠福"粒"优惠券联动产品促销。这一方面降低了用户的抵触心理，另一方面吸引了更多用户参与，产生更多 UGC，最终触达末端销售窗口，取得了很好的效果。

被访广告主认为，跨界营销中跨界的是品牌，而不是简单的资源互推、logo 曝光。真正的跨界营销很多都是产品层面上的合作，甚至还有深入供应链、技术框架层面上的定制，真正形成品牌价值的合力。

3. 娱乐营销辟蹊径，收割流量夹带粉丝入场

2018 年，从火爆的热门大剧到品牌植入，再到综艺冠名，娱乐营销一直都是品牌主不可或缺的重要营销方式之一，在收视公众精细化的趋势下，娱乐营销也涌现了一些新的玩法。

与以往单纯邀请明星为产品和品牌代言不同，2018 年越来越多的广告主开始将产品和明星进行深度关联，以"粉丝经济"为刃，充分挖掘明星的商业价值，促进销售的高转化率。其中，主要有以下三种表现形式。

第一，推出明星限量定制产品。这种表现形式与以往只是将明星形象简单置于产品包装上不同，目前的定制产品会深化明星在产品中的露出，附赠定制海报、明信片等周边产品来满足粉丝的期待。例如华为 nova 2s 所推出的张艺兴定制版手机，除了每台手机拥有独一无二的粉丝编号外，手机外壳上刻有张艺兴的签名，手机还内置了张艺兴的私人语音音频、定制壁纸、定制主题以及专辑歌曲等来吸引粉丝购买。

第二，通过设定梯级门槛的形式来刺激粉丝进行购买，从而转化到实际销量。例如妮维雅在 2018 年开展"越呵护越宠爱"的粉丝福利活动，通过设立"店铺粉丝关注量""商品销量"等阶段目标，来开启如专属 H5、专属视频、点亮环球港双子塔等奖励，以吸引粉丝为支持偶像而"买单"。

第三，将节目进程或者赛制与产品融合。随着偶像选秀节目的火爆，将产品转化成"选票"，直接决定选手的去留开始成为一种新的营销方式。这种方式增强了粉丝的参与度，提升了产品的销量。例如农夫山泉维他命水赞助的节目《偶像练习生》，将购买产品所获得的投票码与选手排名直接挂钩，刺激了粉丝的购买欲，使农夫山泉线上销售出现断货的情况。此外，农

夫山泉还与粉丝群和后援会建立联系，提供应援，以提升旗下其他产品的销量。

抛弃过往豪掷成本的姿态，2018 年的娱乐营销更加注重销量的转化效率，充分发挥明星价值、利用粉丝资源使品牌的口碑与销量稳态共赢。

三　广告主营销传播趋势展望

（一）技术与数据筑基织梦，广告主将迎来智能营销时代

2016 年 3 月 AlphaGo[①] 与围棋冠军李世石的围棋人机大战引发全世界瞩目，最终 AlphaGo 以 4∶1 战胜李世石，这也让人 AI（Artificial Intelligence，人工智能）技术获得了前所未有的关注度，而其他如物联网、可穿戴设备、虚拟现实、3D 打印、浸入式计算等一系列新技术波正在冲击和挑战着既有概念和模式，同时也在向品牌营销传播领域悄然渗透。2016 年 MarTech 大会上，营销领域著名分析师 David Raab 和 Gerry Murray 都不约而同地指出当前营销行业最重要的话题是"认知计算和机器智能在营销领域的崛起"。[②]

智能营销时代依托技术与数据浇铸的垒基。2016 年技术的关注度再升温，7 月任天堂发行了一款基于 AR（Artificial Reality，增强现实）技术和 LBS（基于位置的服务）技术的手机游戏 Pokemon Go，该游戏一经推出便凭借场景化、实时互动性掀起全球狂欢，服务商也在提供相应的营销技术支持，如电通安吉斯在 CES Asia（亚洲消费电子展）上结合了虚拟现实、机器人科学、人脸识别、实时情绪解读等最新数字技术，展出 2 倍于去年规模

---

① AlphaGo：一款围棋人工智能程序，由 Google 旗下 DeepMind 公司开发，该程序利用"价值网络"计算局面，用"策略网络"选择下子，其主要工作原理是"深度学习"，即多层次的人工神经网络和训练。

② 《人工智能对营销行业的影响已悄然而至，你有所准备吗（上）》，今日头条，2016 年 7 月 21 日，http://www.toutiao.com/i6309597700539023873/。

的总计 12 款消费者营销创新产品。① 技术与营销的关系从未如此密切，
Gartner 报告显示，67% 的营销部门将在两年内增加与技术相关的预算，预
计 2017 年，企业首席营销官花在技术上的时间和精力将超过首席信息官，②
广告主广泛使用技术来优化营销策略（见表 1），如 BMW 在其第一款电动
汽车 car9 发布会中引入 iGenius，iGenius 的技术优势在于能够记忆储存并发
问题且提供解决方案，直接减少了后续公司在经销商和客服人员方面的培训
投入。③

表 1　2016 年广告主营销传播活动中技术运用情况

广告主营销传播活动	主要运用的技术
嘉年华邮轮集团联合 AT&T、三星推出 VR + 旅游体验活动	VR 技术
百度麦当劳桃花甜筒召集有缘	百度人脸识别技术、LBS 技术
Intel 助力 Lady Gaga 打造多变彩妆	Real Sense 实感技术、脸部 3D 投影技术
BRICK 的技术健身之路	3D 打印技术
百事可乐推广樱桃口味无糖可乐	GIF - ITI 技术
日本尼桑发明智能办公椅　推广汽车自动泊车技术	自动驾驶技术、自动停靠技术
希尔顿和 IBM 联合推出机器人门童	AI 技术

移动互联成就了更庞大的数据谷仓，"数据是基础性资源，也是重要生
产力"，④ 技术力量的迸发使海量数据的洞察、挖掘和活化成为可能，更加
高效的自动化、程序化营销在所难免。如随着广告投放方式的改变，数字广
告的程序化购买方式将渗入电视媒体。根据 eMarketer 的预测，电视广告程
序化购买支出未来几年预计将呈爆发式增长；再如，借助机器写作软件

① 《电通安吉斯集团 CES Asia 展出 12 款消费者营销创新产品》，中国广告网，2016 年 5 月 11 日，http://www.ad - cn.net/read/5425.html。
② 李北辰：《当技术嵌入营销，营销人的出路在哪》，iDoNews，2016 年 5 月 19 日，http://www.donews.com/idonews/article/8551.shtm。
③ 《人工智能为营销界带来的 7 大改变》，梅花网，2016 年 4 月 12 日，http://www.meihua.info/a/66485。
④ 《李克强：数据是基础性资源，也是重要生产力》，中华网，2015 年 5 月 27 日，http://news.china.com/domesticgd/10000159/20150527/19748459.html。

Automated Insights，三星、Comcast 和雅虎每秒钟甚至可以产出数百万篇的新闻稿；Meshfire 的 AI 产品 Ember 可以基于社交媒体数据，优化广告主商业触达范围，同时过滤虚假的账号和信息，甚至可以找到最适合用于分享给订阅者的内容。[①]

技术、数据成为双引擎，智能营销是大势所趋。不过现阶段广告主还处在"智能"与"营销"的简单相加层面：一是利用智能硬件、技术和服务的趣味性、新奇性等爆点，引发媒体报道和社会化传播，使品牌和产品成为受众讨论、热议的话题；二是众多广告主依然为数据造假、数据弱关联、数据营销成本高昂、数据价值变现困难等问题所困扰。未来，智能化将贯穿广告主营销战略全链条，从武装营销观念到优化营销传播策略，真正融入品牌与目标受众的沟通互动中。

（二）中国制造升级背景下，中国广告主的产品服务增值、品牌升级与全球化营销

全球制造产业竞争环境下，中国制造的人口红利优势、成本优势等正在不断流失，中国制造转型升级迫在眉睫。2015 年 5 月国务院印发《中国制造 2025》作为中国实施制造强国战略的第一个十年的行动纲领，"制造强国"、"中国创造"、"智能制造"、"绿色制造"、"中国质量"和"中国品牌"等六大关键词几乎涵盖了中国制造转型升级的核心方向，这也成为众多中国制造业企业的主抓重点。例如杭州老板电器 2016 年投资 7.5 亿的数字化智能制造基地全面投入使用，企业生产效率大幅度提升，制造周期明显缩短；未来五年美的空调将大手笔投入，把所有工厂改造为标准化全智能工厂，预计未来三年对智慧家居累计投入将超过 150 亿元。[②]

"中国制造 2025"和"互联网＋"不可分割，要使中国制造向智能化

---

① 《人工智能为营销界带来的 7 大改变》，梅花网，2016 年 4 月 12 日，http：//www. meihua. info/a/6648。

② 《2016 中国智造"金长城"奖名单》，网易财经，2016 年 10 月 14 日，http：//money. 163. com/16/1014/18/C3C123ON00253B0H. html。

的方向发展，必须依靠互联网，依靠云计算，依靠大数据。① 互联网是中国制造升级的推动力，它使"一刀切"式生产向大规模的个性化生产转变；同时互联网也是关键拉动力，它整合了全球资源、设备、人力、智能，打通了数据和信息壁垒，实现了虚拟世界和物理世界的融合，最终使机器实现自组织生产和自我进化，极大地提高了生产力，并且深刻地重塑整个商业社会。②

在"中国制造"升级为"中国智造"背景之下，产品服务价值升级、品牌升级和跨文化传播将成为中国广告主新营销的必由之路。"中国制造的品质革命，要靠精益求精的工匠精神和工艺创新，其中关键是以客户为中心。"③ 随着经济增长动能转向消费，新一波消费升级带来的是消费受众对高端、高品质、高性价比、高附加值、个性化的产品或服务的需求，这一变化对广告主的产品服务提出增值要求，例如 2016 年上汽大通发布"我行@ MAXUS"平台，正式宣告首款 SUV 进入 C2B 定制化时代，在 C 端沟通用户，B 端形成智能工厂、分布式制造技术，让大规模个性化定制成为可能④；英国虚拟网络运营商 Giffgaff 将在线社区销售模式引入客户服务、创意众包、新产品运营中，拥有相当比例的忠实、乐于贡献的用户。

追求产品与服务的增值之外，越来越多的广告主放眼海外进行产业布局，2016 年前三季度，中国已公布的跨境并购总额同比增长 68% 至 1739 亿美元，首次成为 1～9 月全球跨境并购最大收购国，⑤ 产业出海也将带动中

---

① 《"中国制造"升级之路怎么走？总理这样说！》，中央政府门户网站，2016 年 8 月 12 日，http://www.gov.cn/xinwen/2016-08/12/content_ 5099075.htm。
② 《2016：中国制造的关键一年》，网易财经，2016 年 1 月 22 日，http://money.163.com/16/0122/04/BDTJB2RD00253B0H.html。
③ 《李克强："中国制造"的品质革命要靠工匠精神》，人民网，2016 年 5 月 23 日，http://politics.people.com.cn/n1/2016/0523/c1001-28372678.html。
④ 《20 亿投入 C2B：上汽大通差异化闯 SUV "红海"》，同花顺财经，2016 年 9 月 9 日，http://stock.10jqka.com.cn/20160909/c593536378.shtml。
⑤ 《中国首次成为全球跨境并购中的最大收购国》，网易财经，2016 年 10 月 9 日，http://money.163.com/16/1009/13/C2UJO1E2002580S6.html。

国品牌全球化营销大势，例如，华为以中国品牌与自主品牌相结合的方式，成为较早进入海外市场的国产智能手机品牌，目前其全球品牌认知度达到76%，[①] 目前全球营销势头依然不减，国际化传播平台、全球性热点仍是华为进入国际主流视野的重要营销方式。2016年伊始华为签约了莱昂内尔·梅西、亨利·卡维尔和斯嘉丽·约翰逊三位全球顶级明星，涉足时尚、体育、娱乐等领域，力图打造符合国际主流审美、利于品牌长远发展的国家化形象，而随着国内市场增势空间收窄，小米、金立、魅族、酷派等国产品牌也对海外市场虎视眈眈。另外，本土公司收购海外营销传播集团或广告技术公司（见表2），也为中国广告主全球市场营销传播提供侧面支持。海外市场是新的竞技场，而摆在中国广告主面前的问题是如何形成与国际市场接轨的营销传播观念和方法论，在解决问题的过程中，跨文化沟通、制度和市场壁垒等都是绕不过去的门槛。

表2　2016年国内企业并购海外营销传播或广告技术公司情况

收购方	时间	收购对象	收购金额
汇量科技（移动广告平台）	2016年3月	NativeX（美国移动广告技术公司）	2450万美元
华谊嘉信（大型整合营销传播集团）	2016年6月	Smaato（第三方广告平台）	1.48亿美元
北京梅泰诺通信技术股份有限公司	2016年9月	BBHI集团（全球互联网广告供应端平台公司）	约60亿元人民币
	2016年10月	Media. net（印度广告自动投放公司）	约9亿美元
以奇虎360为核心的中国企业	2016年11月	Opera旗下针对消费市场的浏览器业务	5.75亿美元

---

① 李然：《品牌全球化，华为如何做？》，LeMore营销实验室，2016年5月18日，http://mp. weixin. qq. com/s/OIjxPo9LCaW7w2z1z0tO6A。

（三）技术加速迭代、新概念层出不穷、媒介更趋泛化，广告主越需厘清传播本质

当今的营销传播环境多元与激变并存。一是技术迭代。营销技术革新更迭的速率一直在加快，例如各大公司刚使用集中式的客户数据平台（CDP）以及海量数据池等技术时，新一波的情境式营销即将到来，然而不待技术成熟，当更先进的机器学习技术迅速地出现在人们的视线中时，新的潮流马上接踵而至，[①] 留给广告主消化营销技术的时间越来越短，他们热衷新科技的运用，同时也因为越来越快的技术迭代而更加焦虑。

二是新概念层出不穷。多体现在对产品或技术的包装上，用新概念引导消费者购买，而所谓的技术无法形成对概念的实质性支撑。例如目前最为风靡的智能概念，手机、冰箱、衣服甚至马桶都贴上了智能的标签，而厂商更是为消费者描述了一个科幻的生活场景。实际上，现阶段的智能化大有言过其实之嫌，譬如将冰箱行业成熟的自动调节温度技术说是智能化技术，其实只是自动变频技术的翻版。

三是媒介更趋泛化。越来越多的工具或技术以跨界应用、软硬融合的特殊媒介属性介入信息传播领域，以谷歌眼镜为代表的智能可穿戴设备就是一例。市场研究公司 Ovum 为法国广告巨头 Criteo 进行的一项调查表明，日常事务和精密定位数据成为营销人员关注的最有价值的数据，[②] 可穿戴设备作为最为重要的数据，同样也是信息传播的媒介，如此说来媒介的范畴在不断拓展泛化。

美国作家兼市场营销学教授肯·伯恩哈德说："调查显示，大多数人都高估了市场的变化速度，而低估了没有发生变化的重要性。市场变化和消费者行为变化并不是一夕之间就发生的，而是日积月累才发生了巨变。"变

① 《营销技术领袖 Brinker 谈营销技术颠覆性创新》，搜狐网，2016 年 6 月 29 日，http：//mt. sohu. com/20160629/n456918674. shtml。

② 《可穿戴设备数据正在变成营销者的金矿》，网易科技，2016 年 5 月 4 日，http：//tech. 163. com/16/0504/10/BM7D9PK100094OE0. html。

化、更迭是常态，不变的是营销传播的本质，即消费者价值的创造与递让，环境越是变化，广告主越应厘清营销传播的内核，为消费者创造价值。正如某一线厨电企业品牌中心总经理所言："中国的智能化到底是真正的智能化还是华而不实的炫技？有没有尊重用户需求？每个企业最重要的是关注用户需求，我们是烹饪设备，解决的无非就是烹饪过程体验更好、烹饪结果更好、过程更加便利，把这些关键问题和环节做好，用消费者能听懂的语言进行沟通，不需要做一些违背用户需求的方式来证明自己的技术有多强大。"

（四）"去乙方化"甚嚣尘上，广告主与营销服务商合作模式面临转型

中国广告生态调研数据显示，与广告代理公司合作时间在1年以内的被访广告主占比过半，而项目与合作的自然终结是广告主中断合作的最主要原因，项目服务费成为占比最多的合作付费方式（见图3）。从以上调研结果可知广告主越来越倾向与广告代理公司采用项目制的短期合作模式。广东一家外资4A广告公司高层表示，其公司多年来服务的主要客户也进行了营销业务上的分流，代理模式从独家代理变成了三家代理公司分包业务，行业普遍认同将营销业务分给不同的代理公司的合作模式。

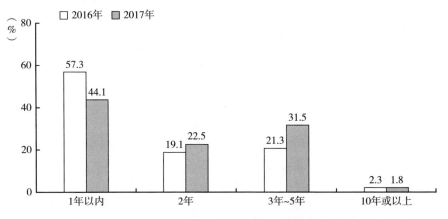

图3 2016~2017年被访广告主与代理公司合作的时间

当然广告公司面临的挑战还不止这些，在经济下行、预算缩减和数字化转型的大环境下，两股"去乙方化"风暴正在营销圈酝酿：媒体自营广告和品牌自营内容的崛起和快速发展。"甲方"提出需求、"乙方"制作创意并进行媒体投放，尽可能多且有效地覆盖目标消费者——广告业一直以来的这种运作模式正在受到巨大的挑战。①

数字营销协会（Society of Digital Agency）发布的 2015 年度报告显示，27% 的品牌正在进行"去乙方化"，② 2016 年中国广告生态调研数据显示，广告主对于"选择专业的数字技术营销公司是数字媒体运用的趋势"这一观点支持率下降了 8.7 个百分点，也反映了即使在并不擅长的数字营销领域，广告主对"乙方"的信赖度和认可度依然在下降。首先，随着内容在营销传播流程中占据越来越重要的位置，具有优质内容生产和经营能力的媒体开始跨过代理公司，直接服务于广告主的营销内容策划和运营。多数广告主都表达了希望直接和媒体合作进行更有创意的营销内容的生产，缩短中间的代理流程，以更加高效准确的进行沟通。其次，广告主更加愿意将营销传播的主动权掌握在自己手里，通过打造对外传播的自媒体矩阵、内部组建营销团队甚至收购专业营销公司等形式来更好地支持自己的品牌营销工作。某国有银行品牌负责人表示，除了部分广告业务会交给广告公司代理执行，更多都是自己的创意团队运营，广告公司对于银行的运营模式了解不够。

广告主是否真的可以完全抛开广告代理公司，完全做到"去乙方化"？我们首先要看到其背后的深层动因。首先，媒体传播大环境的变化要求营销有更加快速的反应，使得传统乙方的低效被诟病；其次，营销领域广告主与代理公司在信息资源上的不平衡状态被打破，人才流动的加速使更多代理公司的从业者进入媒体和广告主，广告主也在不断学习成长，自身的营销知识更加专业；最后，"实效和价值"成为营销的重点，以创意制胜的传统 4A 公司在数字化转型中受到挑战。从根本上说，是否"去乙方化"的关键在

---

① 徐婧艾：《百事这样的大客户都要自己做创意了，广告公司你们怎么看？｜什么改变了广告业》，好奇心日报，2016 年 9 月 20 日，http：//www.qdaily.com/articles/32381.html。

② 栗建：《再见了，4A 公司》，CMO 俱乐部，2016 年 10 月 25 日，微信号 cmochina。

于企业自身能否创造比广告公司更优质、更专业的营销价值和效果，而企业自建内容与营销中心，相当于自己养了一个小型的广告公司，需要从经济效益、管理模式等多方面来进行考量。当下广告公司在消费者洞察和品牌运作的专业度上依然保持着优势，且在媒介日益碎片化的今天广告公司凭借其掌握的媒体资源仍能最大限度地帮助广告主进行资源整合，减少沟通成本。

对于广告主来说，更加重要的是以更低的成本和更高的效率实现最有价值的品牌营销，未来整个广告生态也必将随着广告主与代理公司、媒体合作模式的变革迎来新一轮的整合转型，新型代理合作模式逐渐涌现的情况下，传统合作模式面临着转型和突破。

有些广告主已经在探索更多的新合作模式，如深圳某医药类大型集团选择直接与广电媒体进行项目股权置换的合作模式，不花一分钱，用项目的股份来换取媒体的长尾广告位资源。另一家广州上市广告公司也提到在与广告主的合作中，正在尝试采用一种通过企业股份置换部分广告代理费并且保持长期深度合作的模式。但该负责人表示该模式由于风险性较大，目前尚不具备可复制性。不管是以项目为周期的"一次性"合作模式，还是股权置换等创新式的合作模式，都是广告主对于传统合作模式的突破。而哪种合作模式更加适应当下的营销传播环境，能够给广告主带来更多的价值，以及新兴的合作模式如何复制，都还需要广告主进一步的摸索。

B.3

广告主的广告观与广告投放
三大热点

摘　要： 面对经济与社会传播的新形势，广告主在营销传播过程中不断进行适应性调整。在营销传播工具和方式层面，广告主面临单选与多选、软广与硬广的抉择；在营销目标和效果层面，广告主在追逐与坚守、技术与创意、精准与规模之间持续平衡，进而形成了多元而复杂的广告观。

关键词： 广告观　媒体组合　广告创意　精准广告

一　广告主营销传播的五种广告观

（一）追逐与坚守：追逐热点成潮流，不忘聚焦与持续传播核心品牌价值

随着社交媒体和自媒体逐渐成熟，口碑营销、社交化媒体营销、病毒式营销等基于受众在社交媒体和自媒体上的分享性和互动性的营销手段受到广告主青睐。而在这些营销手段中，制造热点或是追逐热点"搭便车"的方法凭借其话题性强、传播速度快、曝光度高和成本低廉等优点，成为广告主十分热衷的营销捷径。正如课题组调研中某广州上市数字营销公司副总经理所说，从各种稀奇古怪的角度把热点事件与所服务的品牌联系起来，几乎已经成了每一个广告主必做的功课。但一味盲目地"蹭热度"是否真的有利于企业和品牌的营销传播，其短期的效果对于长期的品牌传播是不是功大于

过？这些都是广告主应该更加理性思考的问题。

广州某 4A 资深广告人与课题组分享时认为，要真正创造品牌价值，就需要有规划的、长期持续的、聚焦的品牌传播。在互联网时代，每天都有大量不同的热点事件产生并出现在消费者的视野中，广告主一味追热点蹭热度，从短期来看是为自己的品牌实现了又一次的借势曝光，但是从长期来看，这种分散的、诉求不明的传播内容只会让消费者对于品牌的认知度更加模糊，从而减损品牌价值。广东某上市广告公司高层管理人员在访谈中认为，像肯德基、麦当劳这样有历史的品牌，尽管经常出现这样那样的危机，但是从来都不会倒下，就是因为它们的品牌价值已经深入人心，这仅仅靠社会化媒体的离散化传播是达不到的。

广告主应该更加理性地看待热点，将热点当作品牌传播的一种辅助工具，而不是被热点牵着走，完全丢弃自己的品牌传播诉求。"逢营销必热点"和"逢热点必营销"的观念应该有所改变，追逐热点只是品牌传播中很小的一部分，并且营销热点需要有所选择，合适的热点内容和恰当的传播形式才能更好地为品牌加分。而广告主当下应该更加关注的问题是如何坚守品牌核心价值，聚焦品牌传播诉求，制定长期持续的品牌传播规划。

（二）技术与创意：重视技术与数据，但创意不可或缺

"这是最好的时代，这是最坏的时代"，用来形容当下的广告市场的技术环境再合适不过了。近年来技术这把"双刃剑"的快速发展，对广告市场产生了很大的影响。一方面，技术带来了更加丰富的媒介形式，带来了更加多元的传播手段，也带来了大数据和精准营销；另一方面，技术日新月异的发展极大地抢夺了广告市场特别是广告主的注意力，过分重视技术和数据而忽视创意成为当下广告市场的一个普遍现象。

课题组调研发现，某国际 4A 广告公司原创意总监认为，当下的广告市场几乎没有真正的创意，只有技术，如今做的只是在技术层面进行所谓的创新玩法，本质上是空洞的。广东某 4A 广告公司总经理也说，尽管创意始终是广告的核心竞争力，但是当下客户的焦点转移了，客户更看重你怎么玩互

联网和移动互联网，更看重你技术如何，你跟客户谈创意他们没有兴趣，只有谈最新的技术才能引起广告主的关注。

对于广告技术和创意的关系，某国际 4A 广告公司原创意总监给出了自己的见解："技术和创意的关系如同手背与手心的关系。技术似手背，而创意如手心，人们往往第一眼会看见手背，但人与人的沟通是从握手开始，手与手相交，心与心相印。"

热门的移动直播、VR 等技术在营销传播中的应用五花八门，但是真正效果上佳的寥寥无几。对于一个好的营销传播活动，技术和创意都是必不可少的部分，只注重技术上的创新和噱头，不会真正打动消费者。更加理性地看待新兴技术带来的热潮，以消费者洞察为本，以创意为核，以技术为器，方是解决之道。

（三）单选与多选：媒体与消费者日益碎片化、多元化，选择合适的媒介组合更加困难

当下媒体环境和消费者环境愈加复杂，媒体形式不断创新和分化，消费者的媒介接触习惯也愈加多元化、碎片化和个性化。通过单一媒体进行营销传播的方式已经不能满足广告主的营销传播需求，不同媒介之间的整合营销传播已经成为业界的共识。

正如某电子产品企业高层所说，真正懂市场的人是布局所有信息接触点，而不是仅仅聚焦在新媒体。不同媒体影响的人群具有差异性，企业客户要做的不是取舍，而是重新考虑在不同的渠道用合适的方式去传递企业信息。每一个媒体都有自己的受众群体和独特的传播特性，面对纷繁复杂的媒介环境，如何选择合适的媒介组合进行整合营销传播成为广告主投放广告的最有挑战性的问题之一。

广告主研究所认为，选择合适的媒介组合最关键的是要回归到消费者洞察上。对目标消费者媒介接触习惯和消费心理的深入洞察，能够帮助广告主更准确地找到更加合适的媒介组合。

课题组访问上海地区某上市广告公司董事长，他给出了两个建议：一是不

要过分追求数量，因为广告主预算有限，在各类媒介上蜻蜓点水、雨露均沾式的投放效果并不明显，在成本上升、需求下降的环境下广告主应该更关注传播的效率，一定要把目光聚焦在精品的媒介和内容上；二是预先做好媒介效果评估，创新也伴随着风险，没有经过市场检验的形式和内容充满着不确定性。

（四）软广与硬广：传统硬广价值不可忽视，软广与硬广结合互补更加有效

广告主研究所 2016 年中国广告生态调研数据显示，高达 92.6% 的广告主都认为"优质传播内容是取得良好营销效果的关键"，表明内容营销的价值已经得到了绝大部分广告主的认同。

内容营销凭借其不可否认的营销价值受到广告主的狂热追捧，也正因如此，在优质内容稀缺的背景下，要抢夺一个好 IP 付出的代价是极大的，广告主付出的代价和最后品牌实际收益是否平衡，还是充满不确定性的。华为花费 1.5 亿元人民币与浙江卫视《梦想的声音》深度合作，而首播收视率仅为 0.33%，位列同档第 20 名。现在 IP 内容很贵，做出一个好的甚至是现象级的内容营销案例更困难，过高的代价和风险让软广反而不如相对稳定的硬广效果好。此外，内容植入形式的不当也会造成信息传递的缺损和偏差，而硬广能够完整、清楚地传递品牌诉求和产品功能，刚好也能够弥补软广的不足。

另外，我们要看到硬广价值不断被挖掘。央视和湖南卫视 2017 年度硬广研发和推出力度更大，如央视通过"国家品牌"计划"吸金"约 67 亿元人民币，去年仅为 48 亿元人民币，湖南卫视也通过新套装"行业码头"等形式计划"吸金"12.57 亿元人民币。

所以单纯地追求内容营销而将硬广打入冷宫的做法是不可取的，广告主需要理性去看待软广和硬广的营销价值，平衡地运用这两种营销方式。

（五）精准与规模：精准投放效果受到质疑，广告的精准与规模需平衡

近两年宝洁以效果不如预期为由调整了在 Facebook 上的投放费用，此

举引发业界对于精准营销效果的广泛讨论。在数字营销时代，精准投放已经成为各大互联网公司和数字营销公司的立身之本，广告主也为精准投放的噱头乐此不疲地买单，但精准背后的效果并不理想。中国广告生态调研数据显示，广告主对"数字媒体比传统媒体广告的投入产出高"这一观点的支持度有所变化（见图1）。这一方面说明广告主对数字媒体的运作有了更深入的实践和理解；另一方也反映了广告主对各种媒体的营销效果产生了质疑，开始思考为了进一步提升营销效果该如何配在各种媒体上的投入。

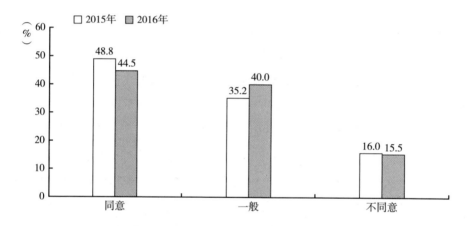

图1 2015～2016年被访广告主对"数字媒体比传统媒体广告的投入产出高"观点的态度

首先，精准投放首先依赖于大数据，而目前数据的真实性受到质疑，并且存在数据孤岛、数据挖掘技术不高等问题。在课题组访谈中，有许多受访广告主都表示怀疑当前各类数据的真实性，认为有"注水"的成分。而且即使数据方做到了客观真实，消费者在网络上所表现的行为习惯未必和现实生活中是完全吻合的，这种现实和虚拟的差别造成的"假性真实"也给精准投放的数据真实度造成了很大的影响。其次，有研究显示，品牌增长主要依靠大部分非经常性购买的消费者，而不是少部分忠诚的消费者。大数据利用相关性分析进行用户画像，得出用户特征，精准营销主要针对具有相关性的受众进行触达，精准程度是依靠数据运算和反复的投放试错，完全追求精准就会失去规模性，也就失去了营销和广告的意义。再次，目前即使是有能力进行大数据建设的企业，对于大数据的应用依然存在很多困惑，大数据的应用是比较集中的挑战。全覆盖、高曝光的传统媒体依然有其营销价值，对于广告主来说，进行面向大众的精细化品牌传播或许比面向特定消费群体的品牌传播所产生的效果更好。

二 电视仍保持高渗透率，广告主依然重视电视媒体投放

互联网媒体快速发展，电视的收视率被分流，广告收入逐年减少，但由于覆盖范围和品牌影响力等原因，电视仍是广告主的投放重点。电视媒体具有高触达率和高公信力的特点，对品牌具有提升信任度和背书效用，如央视和湖南卫视、江苏卫视、浙江卫视等拥有优秀栏目支撑的卫视频道等。广告主希望借助强有力的光环，在触达消费者的同时，为自己品牌"背书"，以得到巨大的背景支持力。

2018年继国际品牌宝洁、可口可乐等反思近年来过度向数字媒体营销倾斜、开始重新认识电视媒体价值之后，国际广告公司也开始更加全面地评估电视广告的价值。许多广告主表示，他们准备或已经加大了电视媒体在费用分配中的比重。

在预算有限的情况下，广告主都希望投入产出效益最大化。在调研中，某知名药企品牌负责人说，该企业仍会在央视多个频道以及一些省级卫视投放广告，因为央视具有高覆盖率、高触达率和强渗透力的特点。另外，广告主也表示，企业在计划将产品和品牌推向全国时，会选择在央视和其他影响力大的卫视上投入广告，砸重金做品牌。由此可以看出，电视媒体在我国仍有较高的渗透率，能够广泛触达主流群体，电视的长尾覆盖能力、被信任度、权威性和自身的品牌背书效应依然为广告主所看重。

（一）"央视 + 卫视"双轮驱动，广告资源向头部卫视聚焦

广告主在整体的电视媒体运用上仍以央视和卫视为主，压缩省级地面和地市县级电视的费用。2016年中国广告生态调研的数据显示，2016年央视和卫视的电视整体费用占比达到了63.1%，较2015年提升了7.6个百分点，并且2017年有进一步提升的趋势。可见，广告主愈发重视对央视和卫视的投入。而从四类主要电视级别来看，卫视成为广告主花费不断加大的电视媒体类别，2015年省级卫视的广告投放费用占比首次超过中央电视台，成为电视媒体中的最主要投放阵地。2016年，省级卫视的优势继续拉大，超出央视12.9%。而同2015年相比，省级卫视费用占比上升了8.9个百分点，在电视媒体整体投放费用中占比达到38%，且广告主预期2017年省级卫视仍会保持这一优势。调研过程中，多个广告主表示，央视投放广告的性价比同省级卫视相比在下降，广告主更倾向于投放头部省级卫视。

近年来电视媒体整体收视持续下滑，各级电视媒体也有明显分化，马太效应持续。头部电视媒体，如央视和湖南卫视、浙江卫视、东方卫视、江苏卫视等一线省级卫视这些高收视率的媒体才是广告主关注的重点，二、三线卫视和地方台都受到了比往年更严重的挤压。

高位的收视率必然引来广告主的投放。回顾2015年全国卫视广告收入情况可以发现，以湖南、浙江、江苏、东方卫视为代表的一线省级卫视，其广告收入几乎占据了全国卫视整体收入的3/4（见图2），广告主的投放越来越向一线卫视倾斜，向优质资源聚焦。①

（二）广告投放向卫视的头部综艺、影视资源集中

当广告主的预算充足时，央视及一线卫视的头部资源就是各广告主的竞

---

① 《2016卫视营收半年盘：瓶颈与突破口》，中国广告网，2016年8月18日，http：//www.cnad.com/html/Article/2016/0818/20160818113507635430.shtml。

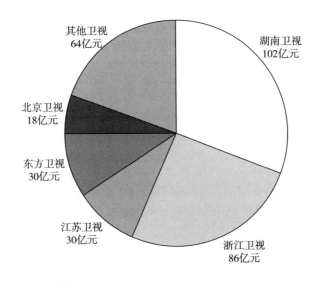

图2 2015年全年卫视广告收入

争对象。尽管观看电视的人数在减少，但央视仍然掌握着一些核心受众，其公信力和权威性对于一个品牌而言，在向全国树立品牌权威形象和推广品牌的时候，具有其独到的优势；而2016年体育大年，央视独掌里约热内卢奥运会和欧洲杯的独家版权，吸引了大量的受众。

另外，第一梯队的省级卫视以其高收视率的综艺节目和电视剧确保了其地位。例如湖南卫视的《爸爸去哪儿第四季》《真正男子汉第二季》《我是歌手》，浙江卫视的《跑男第四季》《十二道锋味》《中国好声音》，东方卫视的《金星秀》《极限挑战》《天籁之战》，江苏卫视的《蒙面唱将猜猜猜》等。央视索福瑞的公开数据显示，2016年上半年省级卫视晚间综艺节目收视率排行前19位均来自四大省级卫视，而2016年上半年省级卫视黄金档剧目收视前25中，八成以上是四大省级卫视。①

课题组访谈某知名日化企业市场部品牌与媒体负责人，针对媒体投放，该企业首选湖南、浙江和江苏三大卫视，其中以电视剧和综艺节目为重点，

---

① CSM：《2016年上半年电视剧收视率排行榜TOP25》，2016年7月5日，http：//www.tvtv.hk/archives/3912.htmlhttp：//www.tvtv.hk/archives/4011.html。

原因在于电视剧对"80后"更具吸引力,综艺节目对"90后""00后"比较有效,如该企业在湖南卫视投放了金鹰剧场、快乐大本营。

某知名车企的市场营销及公关部经理告诉课题组,企业通过赞助综艺节目,大大提升了品牌和产品的知名度。在赞助综艺节目的过程中,品牌不仅仅是一个赞助商的角色,在节目的设计、组织,节目的设置及最后的剪辑过程中都有着相当大的话语权,全程深入参与。同时在广告的植入方面,有很多有针对性的产品特征展示,比如竞技类综艺节目中对车辆运动性能的展示,以及在亲子类真人秀中有关于车辆储物空间的展示。节目也会考虑到剧情的发展情况,尽量保证观众的观看流畅性。该车企认为产品是自然融入节目当中的,是其不可分割的一部分。

三 全面移动化,"视频+社交"成主流

(一)广告投放全面移动化,2016年移动端费用占比首超PC端

媒体碎片化的环境下,消费者的注意力和时间分散于各个媒体,然而不可逆转的是,不同地域、不同年龄段的主力消费群体都在向移动互联网媒体转移。以智能手机为代表的智能媒体渗透率在不断上升。据CNNIC发布的第38次《中国互联网络发展状况统计报告》的数据,截至2016年6月,中国手机网民规模达6.56亿,网民中使用手机上网人群占比提升至92.5%,通过台式电脑和笔记本电脑接入互联网的比例分别为64.6%和38.5%;平板电脑上网使用率为30.6%;电视上网使用率为21.1%。

互联网媒体平台在广告主媒体广告投放中的领先地位早在2014年就已奠定。近年来,被访广告主在投放互联网广告时,费用分配逐渐向移动端倾斜。2016年,广告主在移动端的投放费用占比首次超过了PC端,达到54%(见图3)。

在实地走访中课题组发现,无论是快消类行业,还是房地产、金融等行

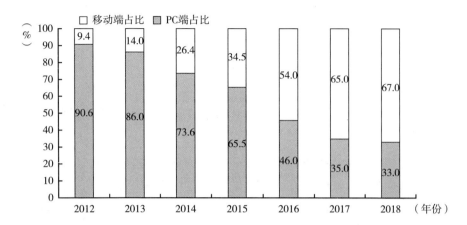

图 3 2012~2018 年被访广告主互联网广告投放费用 PC 端和移动端分配比例

业的受访广告主均表示，对以互联网媒体为代表的数字媒体的投放持续上升，且预期未来会继续向移动互联网媒体倾斜，这是大势所趋。

调研显示，广告主在互联网媒体上的费用比例持续增长，2018 年达到了历史最高，同时，广告主预期互联网投放比将持续上涨。被访广告主投放和满意的互联网媒体类型中，社交类媒体均居于首位，搜索引擎、视频类和电商类媒体分别位于二、三、四位（见图 4）。

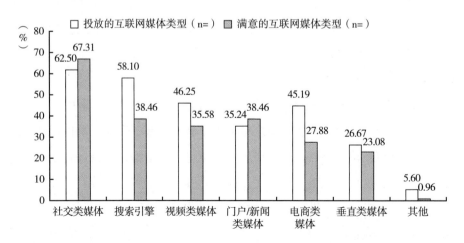

图 4 2018 年被访广告主投放和满意的互联网媒体类型

（二）广告主加大社交媒体投放力度，玩法多样，注重与消费者沟通互动

细化来看互联网媒体的运用，社交媒体依旧是 2016 年广告主最为青睐的互联网媒体类型。无论是在 PC 端还是移动端，社会化媒体都是广告主投放最多的互联网媒体类型，其投放比例分别达 58.1% 和 68.7%。中国的社交媒体营销整体均呈现快速增长的趋势，广告价值不断凸显，各种社交媒体平台广告的发展仍有较大的空间。社交网络营销具有高曝光率、高转化率和高性价比的特点；另外，社会化媒体可以将产品、品牌同用户情感链接，为消费者提供良好的体验，从而帮助广告主塑造个性化的且深刻的品牌形象。① 在广告市场生态调研中，被访广告主在 PC 端投放的社会化媒体广告满意度达到 59.5%，体现了被访广告主对社会化媒体广告效果的肯定。

调研中，某著名方便食品品牌市场部主管表示，网络是不受地域限制的，如果社会化媒体上有内容、有话题能吸引消费者参与，传播的效果会非常好。各行业广告主表示，社会化媒体的运用中，微信和微博的利用率最高，许多广告主选择同大 V 合作，以软文的形式来推广品牌和产品，在朋友圈和微博上进行病毒式传播。中国国产运动服装某驰名品牌的品牌公关部负责人谈说："现在社交媒体有很多的玩法，品牌要向年轻化转型的话，社交媒体是一定要玩起来的。"

2016 年以来在社交媒体上进行数字营销最重要的手段就是构建粉丝网络社群，将分散的目标顾客和受众精准地聚集在一起，利用社群内部成员之间实时沟通和互动等特点，提高广告主的信息传播效率，降低广告主信息传播成本，并通过社交网络进行分享，扩大品牌口碑的传播，提升消费者对品牌的好感度和忠诚度。借助具有社交属性的电商平台，如拼多多、小红书、

---

① 艾瑞咨询：《2016 年中国社交网络创新营销报告》，199IT，2016 年 7 月 4 日，http：//www.199it.com/archives/491579.html。

蘑菇街等，广告主的社交流量，可以通过种草阶段直接转化为销售。

如化妆品品牌兰蔻建立了自己的时尚瀑布流网站——兰蔻玫瑰社区，这一社区网站是从传统的 BBS 社区转变过来的，包含了"护肤测评社区""兰蔻法式轻妆"等板块和频道。兰蔻的粉丝和消费者在社区中被亲切称为"蔻蜜"，在社区中他们可以发布相关主题，包括对产品的使用体验和一些化妆小技巧等，并且可以分享到微信微博等其他社交媒体以吸引更多的粉丝。同时兰蔻也会向社区中发布较多原创内容的红人和部分消费者发送一些新品试用装，并组织优惠活动。在这个粉丝经济时代，广告主品牌也必须行动起来，通过社交媒体搭建自己的消费者社群来加强互动沟通，利用消费者的自发分享扩大品牌的传播范围。尤其是利用其中的意见领袖来引导消费者进行购买，帮助消费者建立对品牌的认知和好感度，并吸引更多的潜在消费者。

在流量盛宴宣布告停，线上流量越来越贵的情况之下，如何从现有流量中掘金成为广告主重点关注的问题。无论是在 2018 年初引起关注的新世相营销课程，还是 2018 年 7 月成功赴美上市的拼购电商拼多多，其背后都是倚靠着强社交关系。作为强社交关系连接点的社群，成为越来越重要的掘金点。

通过社群能够激活用户，为广告主带来直观、持续、有转化率的流量。社交带来的流量，被视为移动互联网上最重要的免费流量。某互联网媒体在被访中表示："我们看到微信内容生态平台数据的确是下滑的，那这肯定需要其他渠道去拉新。在整个微信环境里，拉新最好的渠道就是微信的社群和朋友圈。"同时，由于人际关系之间的信任加权，社群的说服作用更强，最终促使购买行为产生。某快消品广告主在被访中表示："当前消费市场中呈现更加个性化的发展势头，其购买决策受到其所在社群等多方面的影响。"

随着微信小程序的迭代，社群的挖掘空间被进一步扩容。背靠微信社交和微信支付的微信小程序无须下载，可进行点对点、点对面的传播，也可以完成即时购买，这就给广告主更多样的玩法以及更多的商业期待。某电商平台在被访中表示："我们正在尝试通过裂变红包或者利用微信小程序来拉新，去做一些新的玩法。"

（三）网络视频愈发成熟，广告主互联网视频广告投入增长明显

中国网络视频发展日渐成熟，聚集了大量的消费者，其广告产品和玩法越发多样，广告主的广告投入也在高速增长。数据显示，2016 年第 3 季度中国网络视频广告市场规模同比增长 43.0%。从移动视频广告市场规模来看，2016 年第 3 季度，中国移动视频广告市场规模达 54.5 亿元人民币，在整体视频广告市场中占比达 55.9%，环比增长 2.5 个百分点，同比增长 6.5 个百分点。①

视频网站及移动视频广告同样是广告主青睐的互联网媒体广告类型。2016 年广告市场生态调研的数据显示，被访广告主对视频网站的满意度达到 51.7%，对移动视频广告的满意度为 36.1%。此外，移动视频用户质量较高，数据显示移动视频用户呈现高学历特征，其中大学学历用户占比遥遥领先，而该人群是消费的主力人群之一。因而，寻求品牌年轻化的广告主们同样青睐于互联网视频网站广告。另外，网络视频广告的引流能力更强，可以实现"边看边买"，其销售转化也是被广告主看重的一点。在访谈中，某知名服装品牌公关部负责人表示，该品牌尝试投放视频贴片广告，并和爱奇艺、搜狐有合作。我国某一线饮料品牌部主管透露，在投放互联网视频广告的时候，会考虑和视频内容的契合度，如韩国代言人代言的产品广告，主要投放韩剧的映前广告。而该主管也表示，由于饮料的主要消费者是年轻人，因而网络视频广告的效果很好。

1. 视频流量转至移动端，网络热门自制内容成广告主追捧的营销 IP

在课题组实地走访的过程中，诸多企业品牌部负责人表示，这一年在数字媒体运作方面加大了网络视频广告的投放比例。多个行业的品牌部门负责人表示视频 App 和短视频是在互联网广告投放时优先考虑的选择。视频内容制作能力又上一个台阶，泛娱乐 IP 和热门剧情话题不断引爆，吸引了大量的用户注意力，由于移动设备的便携性，越来越多的 PC 端用户转而使用

---

① 《易观：2016 年 Q3 中国网络视频广告市场规模 97.5 亿》，199IT，2016 年 11 月 27 日，http://www.199it.com/archives/541007.html。

移动端观看视频节目，移动视频的用户在大量增长。数据显示，移动端互联网用户规模达到 12.8 亿，其中 10.9 亿是移动视频用户，占比达 85%。[1] 视频广告形式已在传统媒体时代证明了其有效价值，移植到网络上是一个稳妥的做法。流量和广告主预算都集中到了移动端视频上。相关数据表明，81% 的高级营销主管已经将视频运用到了市场营销活动中；未来五年内，在线视频制作投放费用将占所有在线广告费用的 33%。[2]

在视频媒体内容的选择上，更多的广告主瞄准了网络自制内容，包括网络自制综艺、网络自制剧、网络定制内容和更专业化的 UGC 内容。相较于电视媒体的视频内容投放，网络自制内容更加灵活，可选择的内容也更加丰富，成本更加低廉，同时网络渠道也使广告主能容易接触目标消费者，实现触发互动、传播分享或是直接的销售转化。爱奇艺自制综艺《奇葩说》结合辩论节目玩法，以新奇的辩题和锐利的辩论语言为美特斯邦威旗下的有范 App 打造出年轻而敢于挑战的品牌形象，并在微博上形成了大量的话题讨论，起到了很好的品牌传播效果。

在视频形式上，短视频和视频直播营销发展迅速。短视频具有时长短、制作门槛低和社交属性强等特点，广告主除了应用其展现产品之外，还用其传播品牌文化，邀请消费者参与互动以及创造趣味话题，同时广告主倾向于将短视频作为整体视频整合营销的一个环节。例如兰芝深度植入了韩剧《太阳的后裔》，在剧集播放的视频网站发布了植入片段的剪辑来提示消费者的关注，同时在 Instagram 上也发布了女主角宋慧乔代言的短视频和电视剧片段，再次加深了消费者的印象。广告主在短视频营销上的另一个特点是与网红和大 V 等意见领袖合作发布产品试用和测评等内容，借助其庞大的粉丝群体获得更多的品牌曝光；同时通过与粉丝互动发动其生产 UGC 内容，扩大品牌影响力。比如众多化妆品品牌都和艾克里里等美妆博主合作推出美

---

① TalkingData：《2015 年移动互联网行业发展报告》，2016 年 1 月 21 日，https：//www.sohu. com/a /55745845_ 378162。

② SocialBeta：《短视频营销指南报告》 （PDF），2015 年 11 月 12 日，https：//www.useit. com. cn/thread－10636－1－1. html。

妆短视频，丽人丽妆也以千万元级的价格拍下网络红人 papi 酱的第一条短视频广告。直播营销则是最火热的新兴视频营销形式，其互动性、实时性、冲击性、不确定性等属性不断挑动消费者的神经，是品牌营销提高用户参与度和黏着度的有效方式。欧莱雅在 2016 年 5 月戛纳电影节就邀请代言明星巩俐、李宇春、李冰冰等以及一批网红直播红毯实况，并通过弹幕与网友互动，在直播中使用欧莱雅产品进行软性广告植入，激发网友搜索购买明星同款，带来很好的营销效果。

就网络视频媒体运作的总体特征看，消费者数据是指引广告主网络视频营销传播的核心要素，通过对消费者大数据的分析，广告主可以更为精准地触达目标消费者。此外，广告主也着力提高网络视频广告与消费者的互动，例如更多投放互动贴片，引导消费者通过"摇一摇"等形式参与试用活动和派发赠品，并进行分享。同时，与品牌契合的优质网络视频内容和 IP 成为广告主追逐的稀缺资源，企业自制、定制和合作等形式成为原生植入的主要手法。广告主也在寻找网络视频与品牌电商更好的接入点，以实现即时的销售转化。

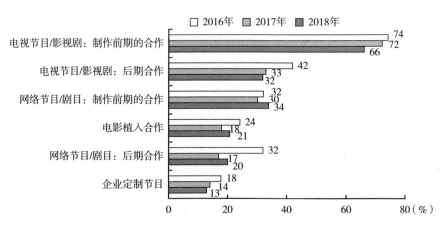

图 5　广告主植入广告投入类型情况三年对比

2. 短视频平台能否成为广告主投放风口仍待商榷

自带社交属性，集成了文字、图片、声音、影像等多种表达形式的短视频，由于互联网自身交互性、参与性等特性，乘着移动化、碎片化消费日益盛行的东风，保持强劲增长。根据 QuestMobile 发布的《2018 中国移动互联网春季报告》，移动互联网总使用时长呈增长趋势，短视频行业以 521.8% 的增速位居第一。①

2018 年，各社交平台间的厮杀最终都可以归结为对用户碎片化时间的抢夺，抖音以"社交＋平台"的特性站稳了脚跟，极大地威胁到了腾讯以及微博的地位。被访部分广告主表示，他们正在积极尝试以抖音为代表的短视频媒体。

表 1　部分广告主关于短视频的访谈摘要

广告主	访谈摘要
某家电品牌负责人	目前对抖音平台乱象的声音其实是一个伪命题,我们选择媒体的基准是,用户在哪里我们就在哪里,用户喜欢什么样的沟通方式,我们就选择什么方式
某食品品牌负责人	短视频营销是利用受众碎片时间、新兴的媒介形式,充分调动用户的创造性

虽然以抖音为首的短视频平台呈现爆炸式的增长，其背后仍然存有隐患，其隐患也让部分广告主并不看好短视频平台。抖音的隐患，一是在于创作者的用户固化正使得普通创作者抑或机构望而却步，二是在于媒体属性强化后，平台还能否对内容创作者进行再赋能尚存疑问。同时，短视频媒体的传播内容低俗无脑也是一大隐忧，一些短视频作者为了博取用户的关注和转发，不惜剑走偏锋，传播一些非主流观念，在"审丑"的道路上越走越远。在调研过程中，也有广告主表示，考虑到品牌调性，他们对短视频仍处于观望状态。某金融品牌负责人表示，目前还处在观望状态，仍在思考短视频作为传播载体与企业形象契合度的问题；某汽车品牌负责人说，他们也在用短视频平台，但是觉得带来的效益和持续的品牌加分并不高，并且短视频平台也考验消费者的记忆力。

---

① 《短视频已跃居而上　长视频 2018 年或遭遇寒冬》，搜狐网，2018 年 6 月 15 日，http://www.sohu.com/a/23599435/_99976013。

四 技术助推户外创新，电梯媒体和影院媒体增长迅速

（一）户外媒体跃升成为广告投放新高地，技术持续为数字户外加温

2016 年户外媒体成为广告主广告投放中的一匹黑马，根据广告市场生态调研数据，2016 年传统户外广告投放费用占比相较 2015 年上涨了 8.9 个百分点，达到峰值 18.60%，户外媒体在传统媒体普遍震荡下落中逆势上扬。广告主户外媒体投放费用占比在 2017 年下降后迅速回升，占比为 21.66%，排名第三，仅次互联网媒体与电视媒体。

传统户外媒体依旧占主导地位，仍是广告主投放户外媒体的主要选择，但近三年持续下降；数字媒体地位上升较快。在 2016～2018 年，传统户外的投放比例持续下降，而数字户外的投放比例呈逐年上升的趋势，2018 年较 2017 年上升了 2.5 个百分点（见图 6）。

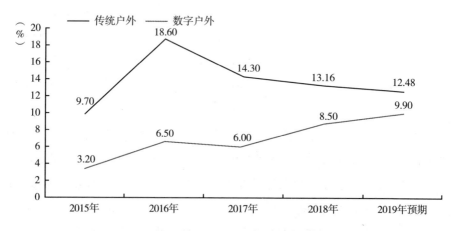

**图 6 2015～2019 年预期，被访广告主媒体广告投放费用在
户外媒体类别间的费用分配比例**

户外媒体逆流增长与其营销价值回归密不可分。在如今移动互联海量信息带来的主动选择困扰难题之下，户外媒体的技术相关性、被动强制性、场

景嵌入性等营销价值在今天的营销传播环境中再次凸显。某广告公司业务拓展及户外专项总经理谈及户外媒体，指出户外媒体的三大优势，一是抗风险优势，二是场景营销、事件营销和话题营销等容易在户外媒体上实现，三是户外媒体位置属性难以被替代，基于位置与传统媒体、数字媒体都能结合。另外，户外媒体的直接高效优势也是影响许多广告主投放的一个要素（见表2）。

表2　部分广告主关于户外媒体的访谈摘要

广告主	访谈摘要
某房地产营销中心主任	相对来说能够提高来电来访、真正客户接触项目资料的还是户外媒体
某房地产企业项目经理	地理属性是房地产行业很重要的一个标准，传统户外如道旗、指路牌等效果直接，能够引导周围的客户来访，直接带来客流量
某酒业品牌市场总监	我们会投放一些高速公路高炮，尤其在核心的高速公路地段，虽然一年花费在600万元到1000万元之间，但确实有效果，有一些经销商和大的客户就是在高速公路的高炮上看到了以后联系我们的
某电器企业品牌中心总经理	我们将媒体区分为主动媒体和被动媒体，被动媒体是人们没法回避的媒体，户外就是一种。户外广告只要有好的创意还是很有效的，我们与分众合作，两周投入1000万元绝对有效

广告市场生态调研数据显示，被访广告主在数字户外上的费用投入比例逐年抬升，且不少广告主预期未来一年将调整户外媒体投放结构，数字户外将有5个百分点左右的上涨。除了价格相对优势，数字化户外媒体持续升温更是与技术并入密切相关，人脸识别技术、近场通信、VR等新兴技术的加持，程序化购买技术同样已经被尝试运用在户外媒体的广告资源购买环节，自动化、互动性的提升使数字户外媒体的营销价值再获升级可能。

（二）聚焦被动类户外媒体，电梯媒体和影院视频增势迅猛

选择哪种户外媒体类型以达成更高效营销传播目标？2016年广告主将目光瞄准了电梯媒体、影院视频等被动类媒体上（见图7），某高端厨电企

业品牌中心总经理对于媒体有自己的理解，她认为："媒体分为主动媒体和被动媒体，对我们来说有效的就这两类。主动类媒体是消费者掌握主动，受众时刻都在变化，每个消费者都属于某个圈层，这些圈层可能是封闭的，所以我要针对每个圈层做传播，看消费者如何主动选择从而去主动渗透。被动媒体是无论人群的兴趣和媒体使用习惯如何，都没法回避的媒体，户外媒体就是一种。"

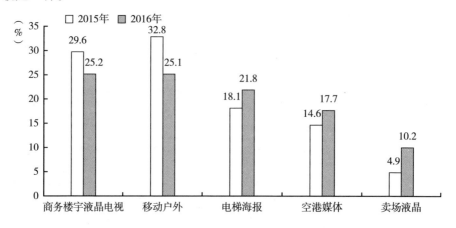

图 7　2015～2016 年被访广告主数字户外媒体投放费用分配比例

电梯营销的价值在于，一是拥有高质量的传播受众，电梯覆盖的是都市主流消费人群，他们贡献了 70%～80% 的都市消费能力；二是占有封闭被动的生活圈传播场景，空间的有限性提高了传播效率，使高频接触品牌信息成为可能；三是可以达到集中引爆式的传播效果，饿了么去年转向办公楼市场，在分众投了六周的楼宇电视和框架广告，App Store 的排名从 100 多位上升到 20 位左右，在白领外卖市场的成交金额从 700 万元拉升到 3500 万元。①

CTR 数据显示，2016 年上半年分媒体广告花费增速统计中，影院视频花费增速高达 77.1%，这与中国电影产业突飞猛进的发展不无关系。近五

---

① 丁俊杰：《数字时代，为什么电梯媒体反而成了传播的引爆点？》，搜狐网，2016 年 8 月 18日，http：//mt.sohu.com/20160818/n464891837.shtml。

年数据显示，国内的银幕数、电影上映数、观影人次和票房收入均持续增长，特别是在 2015 年有了爆发式的提升。[①] 尽管影院视频广告还存在效果难监测、播出风险、到达率不足等问题，但其被动强制性传播场景优势毋庸置疑，再加上影院大屏使广告具备等同于电影的影音效果，影院场景及电影本身为品牌营销传播提供了无限可能，也让广告主开始聚焦并延伸影院媒体的传播形式。某映前广告代理公司总经理就表示："对于影院媒体的定位发生了一些变化，以前定位节点式投放并与具体营销项目相结合，但目前电影广告已经成为一个常备广告工具，与电视等处于相同的地位。尽管广告主在不同媒体预算分配上有多有少，但这种广告形式已经变成一种成熟的、被认可的工具。这是最大的性质上的改变。"目前互联网新兴企业已经超越传统企业涌入影院媒体，金融、汽车和通信类等投放大户因节约营销成本而削减影院广告费用只是阶段性的，最终还是会回归到正常的营销推广活动上。

除此之外，地铁、机场大牌广告等以其地标性、流动性、高端性等独特属征也被重点提及。某高端男装品牌公关部负责人告诉课题组："我们一直有所保留的媒体是机场，而且在预算有限的情况下首选机场，机场人流量很大，也是我们的目标顾客群体集中地，同时机场会为品牌带来高端化认知，再者机场的出行情景有别于日常上下班，受众感受是独特的。"

（三）户外媒体短期爆破成效显著，需长期蓄力，广告主在寻求户外新点位、新形态

考虑到费效比、覆盖面、资源成本等因素，短期集中投放是不少广告主户外媒体运作的主要方式。某房地产企业营销策划部经理指出："户外媒体投放数量一般情况下越多越好，但效果呈曲线走势，例如投放 1～5 块效果提升特别快，超过 5 块效果提升变慢，超过 35 块效果不会有大的提升，但也不会下降。我们的主要目的是告知消费者，因此在选择高炮、三面翻、楼

---

① 《友盟＋：2016 年"互联网＋"时代电影市场研究报告》，199IT，2016 年 10 月 13 日，http：//www.199it.com/archives/525829.html。

梯、公交站牌的时候主要看覆盖面，投放到不同街道以及重要位置，散开投放覆盖面更大，另外受到营销预算的限制比较大。"某知名日化企业市场部品牌与媒体负责人也说："我们一般很少连续投一两个月，一般投放一两周。因为分众媒体受众比较稳定，办公楼80%的人群都是固定的，三个月基本上不会有变化，他们工作都是半年甚至十几年，所以没必要投放三个月。一般投放两周就可以唤起受众的品牌记忆，再投的话费效比就很低，也就是在浪费广告预算。"尽管短期集中式投放在发酵品牌爆点、节省营销费用等方面成效显著，但广告主也应警惕短平快对品牌形象、品牌价值的提升并无作用甚至是透支，户外媒体营销价值不止于实现销售转化与客户引流，对于品牌形象渲染、美化亦十分关键。课题组走访过程中，某专业户外广告代理公司营销策划部经理也有这样的建议："我们的点位是高档写字楼、四五星级酒店，与社区楼宇面对的人群不同，也许小区框架媒体投入广告会很快带来营销效应，不过我建议广告主在选择户外媒体的时候多做一些品牌形象宣传，而不局限于促销活动。本来可以侧重于品牌宣传的媒体，就不要用它作为立马实现销售转化的途径。"

除此之外，许多广告主也将目光转到了户外新点位、新形态上，例如小区收发快递的柜子就引起了一些广告主的注意，某一线保健品企业广告部的负责人认为：这些收取快递的柜子位置处于正门黄金位置，从整体柜子喷绘、取快件电子屏到手机短信可以形成三次有效触达。并且与其他户外媒体相比，这种媒体与消费者直接相关，消费者关注度更高，同时在发展初期媒体价格也相对便宜，将来会加大投入。某银行营销主管也表示："我们更倾向选一些更加创新的渠道、一些特别的点位，不只希望内容出奇，媒介本身的位置、形态等也得出奇，即便我们投地铁广告，更多的可能是换乘站，而非购买上百个站的全部灯箱套装。换乘站的媒介有一些更加特殊的点位，特别长的、特别高的那种，我们倾向于用这种不同于常规的点位来做。"

B.4
广告主数字媒体运作
策略报告

摘　要：　随着以互联网为代表的数字媒体在中国社会的广泛普及和深
　　　　　度发展，数字媒体之于广告主正经历从工具层面的数字营销
　　　　　到战略层面的数字商业转型。广告主在数字营销平台的选择、
　　　　　沟通内容的甄选以及触达路径的使用三方面都呈现出更加鲜
　　　　　明的平等沟通和价值共创的新特点。

关键词：　数字营销　数字战略　价值共创

一　广告主数字媒体观进阶——从数字营销
工具到数字商业基础

随着数字媒体在中国社会的广泛普及与嵌入式发展，广告主的数字媒体
观也在不断进阶。最初，在数字媒体还被称为"新媒体"的年月里，广告
主更多地将其置于营销工具的层面进行考量，数字媒体在广告主营销传播活
动中充当着精准触达、提升效率的工具角色。但当中国的网民规模已突破
7.7亿，电子商务、移动支付、互联网金融、共享单车、网络约车、网上政
务、互联网文娱等成为亿万国人的生活常态时，广告主数字媒体观革新的时
代业已到来。无论是从规模上，还是从层次上看，以互动互联互通为基本特
点的数字媒体已经超越了工具的意涵，成为整个社会的底层架构和操作系
统。数字世界和物理世界的边界日益模糊，广告主也逐渐突破线上线下的思
维，将商业信息与流程、人、产品和服务作为三个平等的要素进行考量，关

注在每一个商业时刻各要素之间的价值交换和创造能力。可以说，数字媒体的发展从市场、技术、竞争等多个层面推动了广告主商业逻辑的底层变革。

（一）前提：数字媒体深度嵌入中国社会

从用户规模来看，CNNIC 第 41 次《中国互联网络发展状况统计报告》显示，截至 2017 年 12 月，我国网民规模达 7.72 亿，普及率达到 55.8%，手机网民规模达 7.53 亿，网民中使用手机上网人群的占比由 2016 年的 95.1% 提升至 97.5%。以手机为中心的智能设备，成为"万物互联"的基础。与此同时，微信用户数量已经突破 10 亿，微博月活跃用户也达 4.11 亿，其中来自移动端的比例达到了 93%。毫无疑问，以互联网为代表的数字媒体已经高度渗透入我们的生活，完成了在用户规模上的广泛覆盖。

从产业规模来看，首先，数字经济规模持续增长，国家互联网信息办公室发布的《数字中国建设发展报告（2017 年）》数据显示，2017 年中国数字经济规模达 27.2 万亿元，同比增长 20.3%，占 GDP 的比重达到 32.9%，成为驱动经济转型升级的重要引擎。其次，数字媒体广告在整个广告产业中的中流砥柱和增长引擎作用明显。在 2017 年中国广告市场中，仅互联网广告营收就达 3500 亿元，所占市场份额高达 60%，数字媒体广告已经承包了广告产业的半壁江山。而且数字广告对中国广告市场的拉动持续强劲。CTR 媒介智讯数据显示，2017 年，中国广告市场在两年连降之后增长 4.3%，一方面，传统媒体广告止跌回升，重振了市场，另一方面，影院视频、电梯电视、电梯海报、互联网等数字媒体广告稳步增长，筑牢了市场回升的底盘。

从应用形态来看，数字媒体就像一个巨大的生态圈，不断催生出与社会经济生活密切相关的产品形态，完成了对用户生活的全域覆盖。社交、电商、移动资讯、娱乐、金融、O2O 生活、直播、短视频、智能家居、车联网、共享经济等依托数字媒体的生活消费形态蓬勃发展，构成了当代社会数字化生存的真实写照。《中国电子商务报告（2017 年）》数据显示，2017 年全国电子商务交易额达 29.16 万亿元，同比增长 11.7%；全国网上零售额 7.18 万亿元，同比增长 32.2%，非银行支付机构发生网络支付 143.26 万亿元，同比增长44.32%，快递服务业业务量累计完成400.6亿件，其中就有70%的业务量由电子商务拉动产生。

随着数字媒体在中国的渗透性发展，其在广告主营销传播中的地位一直处于上升阶段。中国传媒大学广告主研究所中国广告生态调研的历年数据显示，连续十二年，超过六成的被访广告主都认为"数字媒体在企业营销推广中的地位在上升"，对这一观点持认可态度的广告主比例在2014年之后更是连续四年超过了80%（见图1）。

图1　被访广告主对"数字媒体在企业营销推广中的地位在上升"这一观点的态度

（二）基础：数字媒体的数据聚集与沉淀能力

数字媒体从营销传播工具上升到数字商业基础的新高度，与其数据聚集与沉淀能力密切相关。数据战略地位越来越突出，成为企业生存与发展的重要资源（见图2）。除了广告投放和营销推广，数据还能预测未来市场和消费趋势，辅助广告主在产品研发、定价、用户体验、仓储物流等方面进行科学决策。据市场研究公司Gartner预测，2017年，CMO在IT方面投入的预算（包括数据分析、前端与后端的IT支出）将会超过CIO。也就是说，CMO们已经意识到营销不再只是促销、媒介购买和广告投放就能解决的问题，更重要的是在内部构建起数字化能力、在各个触点打造以消费者为中心的客户体验。一方面，数字媒体时代数据的丰富性和易得性扩张了广告主的数据认知，外部横向数据和企业内部纵向数据的打通被很多企业提上日程；另一方面，在数据的赋能下，广告主的产业边界有了更大的想象空间，体系化布局成为有实力的广告主开疆拓土的新思路。

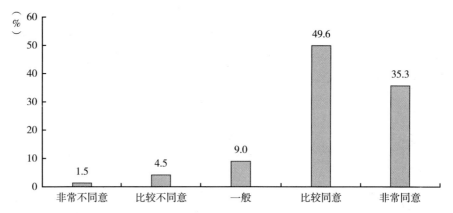

图2　被访广告主对"企业会更多地将大数据运用于营销中"这一观点的态度

（三）动能：技术迭代，产业互联网赋能下，企业迎来革新性市场空间

过去20多年的互联网发展，是以消费为主线，迅速和衣食住行玩等日常生活场景深度融合，养成了人们线上购物、通信、订票、订餐、叫车的消费习惯，诞生了淘宝、腾讯、美团点评、携程、滴滴等一大批互联网巨头。然而，随着人口红利的逐渐见顶，消费互联网的增长动能不足。一边是消费互联网的日趋饱和，一边是产业互联网的崛起。

随着中国经济由高速增长阶段转向高质量发展阶段，国家"互联网＋"战略全面实施，产业互联网成为推动传统企业转型升级的一条切实有效的途径。新一轮产业革命正在发生，以大数据、云计算、人工智能、物联网等为代表的新一代信息技术快速发展，在交通、物流、健康、家装等多个领域深度应用，为产业互联网发展打下技术基础。BAT等互联网巨头纷纷布局产业互联网，腾讯2018年明确指出消费互联网的发展已经硕果累累，互联网即将进入下半场，关键词就是产业互联网，腾讯由此进行了第三次组织架构调整，积极拥抱产业互联网。不仅是互联网巨头，垂直领域的互联网企业也将战略目光盯向产业互联网。

随着深度学习、类脑计算、认知计算、区块链、虚拟现实等前沿技术的创新发展，大数据在采集、传输、存储、管理、处理、分析、应用、可视化和安全等方面取得突破；数据平台之间的合作也加速了大规模异构数据的融合，这都为广告主深度使用数据资源，构建商业信息和流程、人、产品和服务三要素之间更加平等的关系提供了技术基础。技术推动下，一方面信息的对称性与透明度提升，商业流程参与主体有了更多自我表达和实现的空间；另一方面，商业决策的速度和科学性以及流转效率的提升有了更大可能。

2019年"BrandZ全球最具价值品牌100强"发布，海尔成为该榜单历史上第一个也是唯一"物联网生态品牌"。作为产业互联网发展下的先锋领袖型企业，海尔经过十四年互联网战略的实践探索，张瑞敏公开表示"以前，制造企业把货卖给用户就结束了；现在，把货卖到用户手中，一切才刚刚开始。所有的制造业必须改变。抓住物联网，就能在创新场景中找到新价值"。

二 数字媒体运作融合升级助力数字商业新发展

广告主数字媒体观的进阶体现在媒体运作层面的升级，数字营销传播被寄予更多战略层面的期望，在数字营销平台的选择、沟通内容的甄选以及触达路径的使用三方面都呈现更加鲜明的平等沟通和价值共创的新转向。

（一）平台选择：打造立体化数字商业沟通平台

1. 移动端成为广告主数字商业活动的核心载体

据QuestMobile数据，截至2017年底，中国移动互联网月活用户数达10.85亿，用户人均每日使用236.8分钟，移动互联网已高度渗透进我们的生活，基于移动端的资讯媒体、社交媒体、自媒体成为受众获取信息的主要方式。面对受众的迁移，传统媒体也积极求变，借助新技术、新形式布局移

动矩阵，迎合受众媒介接触习惯。而承载了多种媒体形式、媒体类型的移动端也发展成为线下事件获得关注、引发讨论、发酵传播的核心力量。无论是从消费者聚集态势、媒体布局版图角度，还是从影响力角度，移动端都已经成为营销传播当之无愧的主阵地，是决定数字商业活动成败的关键一环。这一观点也在中国传媒大学广告主研究所的调研数据中得到验证。2017年超过八成被访广告主对"移动互联网将成为企业整合营销传播的核心平台"这一观点持肯定态度。另外，在实际投入上，广告主也用真金白银肯定了移动端的价值。数据显示，在互联网投放上，2016年移动端的占比首次超过PC端占比，达到54%，较2015年增加了20个百分点，2017年和2018年预期移动端占比继续增加。

2. 社交化、视频化逐渐成为数字商业运营标配

中国传媒大学广告主研究所2017年数据显示，被访广告主在投放的移动互联网类型方面首选移动社交广告。而从营销效果角度看，在广告主比较满意的移动互联网广告形式中移动社交广告也稳居第一。一方面，社交平台的快速传播能力、话题的指数级裂变能力以及价值共创的互动性特点越来越受广告主的重视；另一方面，在流量获取成本越来越高的当下，社交平台在沟通成本方面的优势也成为广告主考量的重要因素。

课题组访问某手机品牌媒介部门负责人，他认为，目前社交媒体的效果比较好，因为多级传播可以产生叠加效应。数字运营势不可挡，腾讯和阿里巴巴都在推动建设数字化平台，通过完整的数据链路去指导营销行为，了解和洞察用户。

2017年短视频、直播吸引了大量用户的注意力，成为新的流量风口，也为广告主提供了新的营销空间。如果说长视频的优势是基于场景刻画营造了一个又一个"共情"空间，那么在狙击个人兴趣、一键转发分享、实现算法分发以及用户主动参与方面，短视频则具备了更多的能量。根据卡思数据发布的《2017短视频行业白皮书》，短视频平台的播放量已经开始高于长视频平台。广告主在短视频营销上也初步探索出一系列玩法。除了贴片广告、植入广告等传统的视频广告方式，短视频的出现使得广告主可以建立自

已的视频传播平台，在微电影广告的制作与发布上进一步掌握主动权。以一汽马自达为例，2017 年春节期间，一汽马自达放弃了传统的 TVC 广告，退出与奥迪、凯迪拉克的 TVC 争夺大战，转而巧妙借助短视频这一流行形式，制作拍摄了《回家，你怕了吗》短视频，回归"家庭"话题，通过微博、微信等平台的二次传播，抢占大量社交资源，引发用户的关注与讨论，实现品牌与消费者在情绪上共振共鸣。

3. 平台级媒体全方位数字商业服务能力受青睐

在数字商业逻辑的引领下，广告主在选择媒体时，除了考察基本的投放服务数据，也开始重视媒体的生态性特点。能否更高效地覆盖更大规模用户，能否提供更海量精准的用户精细化数据，能否打通平台体系上的多元化消费场景，能否跨界整合资源玩出新花样等都成为广告主选择媒体的重要指标。而平台级媒体从流量挖掘到内容渗透，从用户获取到用户经营，再到实现与用户的立体化沟通，持续为广告主营销升级提供强大而全面的服务，显示了其他媒体不可比拟的优势，因此成为广告主青睐的媒体资源。

（1）平台释放更多数字商业玩法空间

平台级媒体自带超级流量资源，又具有良好的自身 IP 号召力，无论从资源、财力，还是从开放权益、营销花样来看，平台级媒体的优势显露无遗。首先，平台级媒介本身已经不是单纯的第三方，而变为了广告主获客闭环的一部分。例如微信小程序给予广告主的权益，已经不再局限于获得消费者的 OPEN ID，而能够获得消费者一切个性标签、消费决策过程，甚至直接促成消费。广告主在平台级媒体上不再单纯依赖媒介获得流量，而是希望借此平台将弱关系变成强关系，从单纯的媒介导入变为与品牌产生黏性。其次，平台级媒体为广告主提供的营销玩法也的确富有魅力。以天猫超级品牌日为例，这个平台整合了天猫的平台优势、数据优势、流量优势，以及品牌的口碑、创意等优势，集中于具体的某一天为具体的品牌打造其专属"狂欢节"，从而让该品牌更好地回馈和运营自己的粉丝。除了线上线下联动时的常规内容之外，天猫又与多个品牌合作大胆尝试，开发了脑洞孵化平

台——"天猫奇妙研究所"。在这个平台上生成的内容不再是常规的广告TVC，而是偏向艺术和数字化跨界的新奇内容。在这个平台，天猫主张"天猫×品牌，将实现一万种可能"。最后，平台之间的联动合作助力广告主实现营销闭环。以微博和天猫两大平台为例，从2017年开始，双方合作共同推出了"天V计划"，提出"SEED"营销模型，从传播裂变（Spread）、双端霸屏（Exposure）、品效共赢（Ecommerce）和数据罗盘（Data）4个层面，打造社交与购物平台，共同助力品牌声量与销量的双重爆发。据统计，2016年至今，天猫超级品牌日和微博平台的合作，已累计服务100个品牌，展开了12场话题营销事件和8期"尤物志"定制包场；100位明星参与品牌话题互动，话题矩阵阅读量累计高达60亿。平台级媒体通过相互合作，为消费者开启全新的购物场景和体验，实现了"边看边买"的全新购物体验，也重塑了消费者和品牌的新关系，真正实现了社交到营销的价值转换和闭环打通。

（2）平台信用背书能力成为稀缺资源

平台级媒体经过多年的发展在积累大量用户数据的同时也为自身积累了数量相当可观的拥趸者，除了数据基础，平台级媒体的口碑力也成为移动社交时代的稀缺资源。对于具有一定规模的广告主而言，平台级媒体更符合其自身品牌调性，是实现数字商业时代与用户价值共创的不二平台；对于众多成长型的广告主而言，平台级媒体的信用背书能力则成为其开拓市场、打造品牌的重要依托。因此，拥有品牌背书能力的平台级媒体深受各个层级的广告主青睐。

（3）平台自我更新能力迸发独特价值

平台级媒体在优质资源的加持下具有更强的自我更新升级能力，能够跟随甚至引领数字商业的进阶节奏，为广告主带来先人一步的窗口优势，把握时代机遇。以分众传媒为例，作为全球最大的城市生活圈媒体以及中国最具品牌引爆力的广告传播平台，目前覆盖逾300个城市的2亿城市中产。但分众一直持续不断进行自我更新，在积累不同楼宇物业数据的基础上完成社区电梯海报人群画像精准投放系统的升级，并于2017年基于新的屏幕推出了楼宇电视实时收视率系统、跨屏组合的量化分析系统。之后，在 2018 年，与阿里巴巴达成战略合作，阿里巴巴以约 150 亿元人民币战略入股分众，双方将共同探索新零售大趋势下数字营销的模式创新。例如分众在阿里巴巴的帮助下推出基于不同楼宇的电商购物数据的智能投放系统，通过线上线下的数据打通与联动全面参与阿里巴巴主导的全域营销等领域，不断优化投放方式，提升客户广告的转化率。

平台级媒体的这种自我更新和升级的能力对于广告主具有独特吸引力，广告主通过在平台级媒体进行投放能够享受更多数字商业服务，甚至能够基于平台的资源优势探索出更高效的商业模式

4. 品牌自媒体建设受重视，商业能量初步释放

品牌自媒体平台也越来越受到广告主的重视，而且随着数据的积累，其巨大的商业能量也得到逐步释放。第一，各种媒体平台的发展使得广告主建设品牌自媒体成为标配动作，从"两微一端"到"两微一抖"是广告主对媒体形态变化的追随，其紧跟用户的姿态显而易见；第二，品牌自媒体属于企业内部资源，只需要投入运维费用而省去了媒体投放费用，因此也被相当一部分广告主寄予厚望；第三，品牌自媒体在品牌个性的打造、与用户的互动方面具有其他媒体所不具备的优势；第四，品牌自媒体可以为企业沉淀更核心的用户资料，对于企业长远发展意义深刻。海尔的微博凭借 90 万 + 的粉丝量和高频高热的日常互动被用户和同行封为"蓝 V 教头"。品牌自媒体一方面打破了企业官微高冷的形象，实现了与用户的持续深度互动，塑造了亲切、有趣的品牌个性，为其产品圈粉无数，另一方面也成为了解用户需求的新途径。以海尔"咕咚手持洗衣机"为例，这款产品完全是在品牌自媒体与用户的互动过程中发现的需求，并通过持续的互动实现了与用户的共同创意、共同生产，半年之内这款产品在微博上实现了 20 万台的销量。也有一部分广告主在 App 端发力，以富力集团为例，过去一年富力在富力好房 App 上投入颇多，通过媒体方案不断为 App 引流，希望通过这款 App 为集团发展沉淀一些用户资料，并通过自建线上社区的方式更好地理解客户。

（二）内容呈现：全方位提升品牌社交能力

在打造立体化数字商业沟通平台的同时，对内容的甄选也成为广告主突破既有传播困境、完成更高效沟通的关键因素。数字商业时代，内容芜杂繁多，品牌疯长蔓生，品牌环境前所未有地混乱喧嚣。什么样的品牌才具备更强大的传播张力和穿透力、才能脱颖而出呢？具有社交能力的品牌。所谓的品牌社交能力，就是品牌与用户互动过程中所显示出来的能够被对方喜欢、信任、追随的能力。在优质产品的基础上，这种能力往往与品牌的卓越服务、品牌个性、价值观等因素密切相关。在过去的年度中，原生化、场景化、个性化、洞察性的内容成为广告主提升品牌社交能力的四把密钥。

1. 输出原生内容成为体验优化者

（1）内容营销受倚重

一方面，原生化的内容营销能够最大限度地降低对用户的干扰，增强其心流体验，降低其对品牌广告的反感度；另一方面，内容营销自带话题热度，能够引发社交媒体的广泛讨论，形成扩散化效应；同时，内容本身的可塑性强，在深度使用方面具有极大的延展性，因此，优质内容成为广告主必争的营销资源。

宝马 MINI 与时尚博主黎贝卡的合作堪称内容营销的年度典范。宝马 MINI 秉承的"热情、独立、不盲从"的品牌理念与黎贝卡向读者传递出的"更独立、更爱自己一点"的主张不谋而合，相似的气质使双方顺利达成合作，"MINI COOPER 加勒比蓝限量版"在"黎贝卡的异想世界"独家发售。"黎贝卡的异想世界"公众号分别在 7 月 9 日、13 日、21 日发布定制化的预热文案或海报，一步步增加曝光，勾起人们的猎奇心理和消费欲望。100 辆定制车 4 分钟内售罄，所有付款交易在 50 分钟内完成。除了内容本身，这个案例的话题效应也远超预期，媒体、消费者、广告主纷纷参与这场营销讨论，助推其成为一个现象级的事件，品牌方与黎贝卡方实现双赢。

东风日产天籁与《晓说 2017》的合作也体现出广告主内容营销的功力。作为《晓说 2017》节目的冠名方，天籁充分挖掘内容相关资源，线上线下联动，实现内容价值的最大化。品牌方邀请高晓松在东风日产总部"天马行空"展厅录制了一期以"车"为主题的节目。高晓松坐在一台被解构了的、犹如一件艺术品的天籁车前，通过解读"车"的前世今生展望智能汽车蓝图，与百万网友一起"智见未来"。场景与内容高度契合、品牌与节目彼此呼应，这次定制既规避了植入营销生硬违和的不良评价又让消费者看到了品牌方的诚意。巧合的是，这一期节目内容"未来汽车"与 2017 年江苏省高考作文题目"神一致"，使得"《晓说》押中高考题"长时间占据热搜，品牌方也因此获益。同时，品牌方与节目方线下合作也持续进行，在全国六座城市开展"天籁六城文化之旅"，特邀 10 位文化大咖与天籁车主共聚文化沙龙、同游文化名城，获得了良好反响。此外，东风日产还与《晓说 2017》于 2017 年 7 月底限量推出 100 台合作款"天籁·晓说尊享版"车型，开启了网综栏目联合汽车品牌推出定制车型的先河。

中国传媒大学广告主研究所数据显示，2017 年 90% 的被访广告主对"内容营销会被更多的企业运用在营销中"这一观点持肯定的态度。内容营销在广告主营销策略中的重要性可见一斑。在媒介碎片化、时间分散化、注意力高度稀缺的环境中，优质内容是触发传播的关键所在。刷屏社交媒体的数字营销案例也印证了这一观点，几乎所有能够被自发传播的品牌活动都会搭载优质内容。

2017 年百雀羚母亲节一镜到底长图广告凭借新颖的内容呈现形式和富有悬念的故事以及直击消费者痛点的"与时间作对"的主题刷爆了朋友圈，在微信创造了"3000 万＋"的总阅读量。可见，在基于关系链建立的社交平台上，好的内容是制胜关键。只要是好的内容和创意就能够快速在消费者之间传播。

（2）信息流广告强势崛起

随着技术和算法的成熟，越来越多的平台完成了千人千面的信息流改造，并构建自有内容生态，一时间信息流模式成为标配，信息流广告成为旗舰的广告形态。中国传媒大学广告主研究所数据显示，信息流广告在广告主选择的移动互联网广告形式中已经超过移动搜索广告，位列第二。广告主趋

之若鹜的信息流广告核心在于两点：以信息流为内容呈现方式，以个性化推荐算法为技术支撑。个性化信息流之所以成为主流，因为它迎合了移动互联网时代的硬件环境和用户行为变化。艾瑞咨询数据显示，2017年信息流广告市场规模达到557亿元，占整体网络广告市场的14.3%，未来三年内每年仍将保持50%以上的增长。

2. 捕捉需求场景实现精准传播

所谓场景营销就是利用随时可能出现在消费者身边的媒体及其他服务，根据消费者所处的时间、地点、场合的不同，及时提供信息、产品或服务来满足不同消费者的具体需求。用一句话来说就是，正确的时间、正确的地点给正确的人一个正确的内容。在数据极大丰富的移动互联网时代，场景营销变得更加容易切入，消费者的即时触达也成为现实。但同时我们不能忽视的一个事实是消费者的营销盲视症状愈发明显，因此仅仅停留在消费者触达阶段的场景营销略显无力，捕捉用户真实需求、触发其潜在情感并与之产生灵魂共振才是数字商业时代品牌场景营销的新方向。

以星巴克为例，瞄准用户的社交场景需求，推出"用星说"微信卡券，微信用户可以通过"用星说"这个社交礼品平台送朋友一杯咖啡，对方凭收到的微信卡券，就可以在门店扫码得到咖啡。伴随着一杯咖啡或星礼卡，用户不仅可以在线写下祝福，同时也能在送礼的同时附上一张有回忆的照片或视频。不难发现，星巴克正在满足数字化时代不断变化的顾客需求，通过"用星说"为消费者传递他们线上线下不受限的情感连接，并希望借此鼓励每个人，在每时每刻以一个简单的行动，对在乎的人用心说出自己的真情实意，传递心意。

3. 塑造品牌个性成为"有趣的灵魂"

在这样一个品牌泛化的时代有个性、有态度的品牌尤为稀缺，正所谓"好看的皮囊千篇一律，有趣的灵魂万里挑一"。打造并传递一个有灵魂又有趣的品牌形象可以让用户基于品牌的人格魅力产生信任与爱，从而真正建立起与品牌之间的"友情"，这也是打造品牌社交能力的基础。比如褚橙品牌，通过输出其创始人褚时健这位往日的"中国烟草大王"在经历了人生低谷后在 74 岁高龄毅然携妻种橙最终创造了"褚橙"传奇的故事,传递出一种不屈不挠的品牌价值观;江小白则搭载文化综艺 IP《见字如面》,围绕时代经典故事,将每期脉络梳理,从多封书信中梳理出一个最有主题代表和能够与受众产生共鸣的金句。十二种情感金句,接轨大众十二个饮酒场景,让每个消费者都能产生品牌共鸣。至此,喝口江小白已经超越了喝酒的范畴,更像是喝一种态度、一种情怀。

4. 洞察社会变化成为价值观引领者

长期以来,数字营销都被广告主作为一种能够快速奏效的营销手段使用,因为较之传统的营销方式,数字营销似乎只要有热点就能以小博大迅速传播开来,在点击率、转发率、转化率等方面也更容易测量。这种极具功利色彩的工具观不可避免地对广告主的数字媒体运作产生了一些不太好的影响,比如较为粗糙的操作、盲目跟风等。这些粗犷的手法在数字媒体应用并不广泛的时候似乎还能够奏效,但时至今日,缺乏战略布局的数字营销往往会让人眼花缭乱但又觉得平淡无奇;在品牌扎堆的数字媒体上,品牌要想脱颖而出难上加难。

广告主也早已意识到这种被动局面,数字营销出现了战略化转向。虽然很多品牌还是在"蹭热点"的道路上大步向前,但有一部分广告主也已经开始从对热点事件的关注中抽身出来,更加在意如何让自己的品牌更有意义,能够对用户进行正向的价值引领。比如海尔通过 6 支精心打造的视频,打破固有的"和睦欢喜家庭"形象标签,用年轻人能够心领神会的姿态,甚至是直观感受上略带忧伤的色调和情绪去展现一系列"这就是家"的视觉场景,直面最现实的家。海尔洞察到"家"的变化,家不等于三口之家,同居情侣、单身人士、单亲甚至同性伴侣,这些都可以组成家。海尔洞察生活,挖掘出了绝对日常的家电使用:空调可以用来平复情绪,热水器可以用来宣泄悲伤,冰箱可以用来储存美丽……一反过去家电的实用感和冰冷感,给它们加上了人的情感,家电作为家的一大"成员",在这个视频里与人互动,扮演了不同的陪伴角色。对大多数元老级品牌来说,时代变换太快,以至于常常面临取舍,一边是自己品牌的一贯风格信仰,一边是时代多元化的

价值观，所以如何做到无缝结合，既不丢掉原有的品牌形象，又能跟得上时代的审美标准，就成为许多公司追求的目标。海尔的"这里是家"视频制作以及后期宣传得到了业界的高度评价，海尔完美地将自己的品牌用多元价值的立场诠释了出来，最大限度地拥抱了新时代的消费者。较之那些短平快的数字媒体运作方式，这种经过深入洞察的数字化创意方案更能直击心灵、彰显意义、引领价值观。

（三）触达路径：商业全流程覆盖

19 世纪末，美国广告学家 E. S. 刘易斯提出了后来影响广泛的 AIDMA 法则，即消费者的决策链条会经历 Attention（注意）、Interest（兴趣）、Desire（欲望）、Memory（记忆）、Action（行动）这一完整过程。但在数字商业时代，这一链路变得可长可短，能够创造价值的商业时刻不局限在产品或服务售出的某一个时间点，而是延展到售前、售中以及售后体验的全流程。在数据和技术的赋能下，消费场景和体验正在经历全方位变革，前端用户体验链条延长，中端品牌价值与用户共创，后端服务场景不断升级，品牌触达用户的路径形成了全新的扩张态势。

新零售的本质是数据驱动消费场景与体验变革重塑汽车产销链条。数据是新零售的基础，而数据的来源高度依赖技术的发展。基于技术的数据，既可以成为车企进行产品研发、生产的重要参考，也可以帮助品牌将与消费者的每一个触点都打造成消费者获得良好体验的消费入口，品牌的消费场景高度泛化。数据在"人—货—场"的重构中发挥了连通营销的前端和后端的作用，能够实现基于消费者需求的场景构建和体验提升。

首先，新零售将为汽车行业积淀多维度数据，对产品研发与供应链管理提供指导。线上预定给消费者更多个性化选择空间。以蔚来汽车为例，蔚来 ES8 有七种配色、四套轮毂、三种内饰方案及七种选装组件可供选配，消费者偏好数据的积累将帮助企业更准确地把握产品研发方向。同时，汽车制造与零配件厂商之间的生产关系从传统的供应转为协同作业，生产流水线要依据末端需求的反馈，所有的配件商根据实时需求进行生产。这也将推动汽车

4S 店向 2S 店转化，更多的门店的职能仅是销售与提供体验的场所，配件将在数据的统筹下更合理地分配，降低了企业与经销商经营压力。新零售以数据驱动产品研发与供应链管理，企业发展更加科学、合理。

1. 前端体验链条延长

在传统商业时代，消费者的前端体验微乎其微，但数字商业时代，数据、媒体、技术的发展则将用户的体验链条往前端拉长，在产生消费之前，用户有更多机会接触品牌并且能够更加深刻地影响产品的研发和生产。体验链条的延长实际上是对用户与品牌接触时间的延长，这对于建立两者之间的情感共鸣、形成更为稳固的用户关系尤为重要。

上汽大通紧跟消费升级的大趋势，洞察消费者"有特色、高逼格、亲手打造"的需求点，把产品的定义、设计、验证、选配、定价和改进这六大阶段全面开放给消费者，让用户深度参与造车所有的环节。以前脸造型为例，上汽大通 D90 就听从用户建议，设计了四五种前脸配件供客户自由选择。这种参与感爆棚的过程强化了用户的品牌体验，有利于稳固品牌关系。

2. 中端品牌价值共创

移动互联网时代，用户有了更多参与空间和表达欲望，日益崛起为创造品牌价值的一支重要力量。广告主顺势而为，越来越多地借助 UGC 来实现与用户的互动，引爆传播热点。以网易云音乐为例，2017 年初，它推出乐评"专列'，"承包"了杭州地铁 1 号线；6 月又携手扬子江航空，联合打造"音乐专机"，让"歌单"文化在空中发酵；8 月则联手农夫山泉推出限量款"乐瓶"，精选出来的 30 条乐评随着 4 亿瓶农夫山泉亮相全国，让"音乐的力量"由互联网延伸至现实空间；进入 2018 年，网易云音乐又推出《2017 年度听歌报告》，将大家 2017 年的听歌"足迹"一一呈现，又一次刷屏社交网络。无论是精选乐评，还是《听歌报告》，网易云音乐依托大数据，做用户想看的，挖掘需求，引导消费，而不是单向传递信息。当一句句流露着感情的乐评映入眼帘，满满的回忆翻涌而来，这远比那些没有感情的文案更能戳中人心。当用户 UGC 成为品牌营销的重要来源，现有用户的忠诚度将得到提升，用户主动的二次传播也将为品牌吸引更多的新用户。

与此同时，社交电商的异军突起也证实了用户在品牌共创当中的价值。在流量红利逐渐耗尽的互联网下半场，基于微信生态的社交电商所带来的裂变和爆发式增长似乎正在掀起另一波逆袭。《2018 中国社交电商消费升级白皮书》指出，预估到 2020 年，我国社交电商商户规模将达 2400 万，市场规模将突破万亿元。也就是说，在淘宝、京东等电商巨头存在的情况下，社交平台的流量红利依旧能促使中国市场产生下一个巨头。拼多多和云集仅用三年时间便跨入电商第一梯队，在 2018 年 6 月上旬，五家社交电商平台实现了融资、IPO，在这样形势下，电商巨头京东也宣布搭建微信社交生态"超级联盟"，全面升级社交电商战略。社交电商的本质就是降低效益成本，而当前的实现路径就是用用户带来用户。从这个意义上说，用户的价值共创已经能够带来真正的关系变现。

3. 后端服务场景升级

后端服务也已经超越了围绕产品的售后范畴，升级到以人为核心、巩固品牌关系的新场景。以蔚来为例，NIO House 是蔚来的用户体验中心，它不同于传统意义上的展厅，更不是 4S 店。它被定义为蔚来用户和他们的家人和朋友的生活空间，其中包括托儿班、咖啡小食店、办公场所、图书馆、会议场地。车主可以早上到蔚来中心，把孩子交到儿童活动区，点一杯咖啡选个落地窗边的位置办公，下午直接在会议区开个产品发布会。体验的内容已经超越了产品功能的层面，情感、信念的注入使这种体验营销更多地肩负起品牌沟通、构建关系的使命。这样的后端服务场景作为传统触达路径的延伸，正在引领一场用户体验以及品牌关系构建方面的变革。

三 广告主数字媒体运作反思

（一）广告主新营销方法论反思

1. 精准营销的边界在哪？

大数据算法、人工智能等技术的成熟运用，让用户画像越来越清晰，千人千面的广告信息呈现方式已经成为现实。广告主的营销方式已经由以媒介为中心的广泛撒网时代迈入以消费者为中心的精准捕捞时代。精准营销成为数字商业时代的一个高频词，是众多广告主追求高效沟通的必备利器。然而在喧嚣的表象背后，我们更应该把握精准营销的本质，探讨当下精准营销的边界到底在哪里。

目前精准营销的操作方式大多是将用户数据输入市场营销模型，得出评分结果，预判人群对产品接受的概率，进而通过邮件、电话、社交媒体等对圈定的用户精准投放，降低投放成本。其中有以下几个问题值得思考。

第一，用户数据是动态变化的，过于精准的营销方式未必能获得相应回报。用户是无时无刻不在发生变化的个体，如果仅仅凭借过往数据利用算法将有效信息推送给部分人群，往往会缩小影响力范围。因为从某种程度上看"精准"会牺牲掉"活跃"，当你的目标定位越来越小，真正触达的人也会越来越少。如此一来，精准营销所耗费的成本未必比传统的广撒网广告低，营销效率大打折扣。

第二，算法模型对消费者心理的把握程度有待考证，精准投放与垃圾信息之间仅一步之遥。目前市场上所谓的精准营销并无法保证完全匹配真实的个体，而是一些以 ID 为中心的统计学平均值，其实谈不上真正的精准投放，而且算法推荐的行为定向广告具有一定滞后性，容易变成用户避之不及的"垃圾信息"。比如一些购物网站"猜你喜欢"等个性化协同推荐定向广告往往发生在用户购买行为之后，并不能真正为消费者提供有价值的营销信息，反而成为用户购物体验的一种干扰，引起用户反感。追求精准无可厚非，但用力过猛往往适得其反，把握好精准的边界，方能够不陷入大数据的迷局。

2. 这真是一个数据决策的时代？

正如麦肯锡所言，数据已经渗透到当今每一个行业和业务领域，成为重要的生产因素。人们对于海量数据的挖掘和运用，预示着新一波生产率增长和消费者盈余浪潮的到来。在大数据时代，人人言必大数据，"数据至上论"甚嚣尘上。的确，这个时代数据的生成、清洗、整理、存储、计算已经不是最大的瓶颈，但这真的是一个数据决策的时代吗？其实未必。决策的

关键不在于数据的量，而在于如何从海量数据的关联中找出适应时间、地点和心灵需求的场景应用，这一点，单凭数据是做不到的。因此，广告主在意识到数据重要性的同时也需要警惕数据依赖症，防止用数据代替思考、用数据代替洞察，造成不可挽回的决策失误。

用户过去行为的大数据在延续以往特征的分析方面尤其具有优势，但要取得创新性突破似乎有些无能为力。因此，千万不要被抽象的数据迷惑，用户是真实的，不是流量里的一个数字；口碑是真实的，不是微博里的一个热度。

3. 新技术一定要跟进？

从 AR、VR、AI 到区块链，从大数据到算法模型，新技术的爆发式增长催生了许多新的媒体形式、营销媒介，这为营销方式的创新、营销效率的提高提供了新的可能性。科技风潮弥漫营销圈，社会陷入技术崇拜。不过与之形成鲜明对照的是，作为用钱投票的广告主反而对技术表现出更加审慎的态度。中国传媒大学广告主研究所调研数据显示，2017 年对"VR（虚拟现实）技术会被更多的企业运用在营销中"这一观点持支持态度的被访广告主不足一半，更多的广告主倾向于观望等待。而对于人工智能对广告行业的颠覆性改变，广告主更是给出了保守的估计，六成被访广告主对"AI（人工智能）将会改变广告公司的业务流程进而改变广告业"这一观点的态度比较消极。从某种意义上看，广告主的这种审慎保守更像是对于当前快速更新迭代技术的一种情绪反叛。技术的推陈出新让广告主有点应接不暇、疲于应对，被迫接受大量的信息而无法消化。

不过，广告主还是打起精神思考如何将新技术融入营销闭环，H5、小程序、区块链、OTT 广告联盟等都被纳入其研究范围。或许在这个技术日新月异的时代，广告主只有不断学习才能获得一种安全感并使自己不至于陷入一种被技术抛弃的被动局面。

（二）广告主新营销价值观反思

1. 公域和私域的界限在哪？

大数据的信息搜集实际上模糊了商业信息与个人隐私的边界。用户完成一次消费支付可以被视为个人隐私，但这同时也是服务商的一次服务过程。在这种情况下，商业大数据与个人隐私是交叉的。截至目前，大数据的边界并不明确，哪些信息类型可以被互联网平台搜集并提供给第三方？哪些情况将被视为侵犯用户隐私？立法与执法环节都还未能跟上商业环境的新变化。人们开始关注信息隐私问题，目前已有企业开始尝试用建立用户 IP 的方法实现信息去个人化，并向用户公开信息数据处理原则等，但是目前并没有成熟的运作机制，在实际的操作中仍存在侵犯用户信息隐私的问题。企业在价值观层面要有符合公众利益的底线。

另外，数据安全问题是信息隐私之外另一个敏感的问题。与信息隐私相比，数据安全带有明显的外部危害性。用户数据是一个企业重要的资源，关系到企业的竞争力和生死存亡。企业要有数据获取、处理和存储能力，更要有保护信息安全的能力。Facebook 数据泄露事件表明，数据安全问题不仅关系到企业生存，关系到个人隐私，还关系到社会安定和国家安全。

2. 用户是利益实现工具还是商业发展伙伴？

数字商业时代用户在共创价值方面的作用日益突出，越来越多的广告主认识到用户的能量与价值，并从多个维度展开了品牌共建甚至将用户纳入商业模式变现的重要环节。但广告主能否真正以用户利益为中心实现与用户的合作成长成为其商业模式制定过程中必须回答的问题。伟大的企业必定是价值观正确的企业，不管是传统商业时代还是数字商业时代，真正做到以用户为中心的企业才能够拥有最忠实的用户，成为基业长青的典范。如若仅仅将用户视为数字商业领域中的利益获取工具，这样的企业必然会因短浅的目光和狭隘的格局而遭遇商业滑铁卢。

B.5
汽车等六大行业营销传播概述

摘　要：　广告是经济的晴雨表和风向标。经济新常态下，各行业企业
　　　　　面对新形势和新消费市场积极地适应和调整，广告主的营销
　　　　　传播和广告策略也发生了联动变化。本报告选取汽车、房地
　　　　　产、药品及保健品、家电、快消品、金融等六大代表行业，
　　　　　概述行业竞争新特征以及营销传播新策略。

关键词：　行业趋势　营销传播　广告投放

一　汽车行业：行业发展积极，广告投放青睐互联网平台，注重对接消费者需求

数据显示，2016年全年我国汽车产销分别完成2811.9万辆和2802.8万辆，比上年同期分别增长14.5%和13.7%，高于上年同期11.2和9.0个百分点，产销总量创历史新高。①但回顾2015年，其全年汽车市场低速增长，尽管在2015年底经济下行的大环境下汽车行业完成了产销量的逆势增长，并在2016年再次蝉联全球销量冠军，但是考虑到我国汽车市场整体基数较大，2016年国民经济运行总体平稳，国家宏观政策调控对小排量车、新能源车的消费提振作用明显等一系列情况，在整体汽车行业低速增长阶段实现了两位

---

① 装备工业司：《2016年汽车工业经济运行情况》，工信部官网，2017年1月17日，http：//www.miit.gov.cn/n1146290/n1146402/n1146455/c5466622/content.html。

数突破式增长的好成绩，这样的现象反而更加需要被审慎看待。如何在国家政策利好与竞争日益激烈的环境中保持稳定增长，成为各类车企的制胜关键。总体来看，2016年汽车行业广告投放呈现积极发展态势，营销活动呈多元特色。

随着消费者购车理念的转变以及互联网在购车决策中的作用的凸显，汽车行业延续了近几年来注重数字营销的趋势，并将注重消费者需求上升为更高的战略目标。数据显示，汽车制造商2016年传统媒体广告投放总额同比下降10.5%。[①] 传统广告投放渠道中，除广播略有扩张外，其他渠道份额均呈现不同程度下降。2016年3月，汽车行业在广播媒体的广告投放同比增长21%，环比增长97%，[②] 然而电台广告投放一枝独秀式的增长未能影响整体传统媒体广告投放的滑落。不同的是，互联网媒体凭借多元、互动性强、契合消费者需求等优势增势明显，广告投放量节节攀升。2015年中国汽车广告在互联网渠道的投放份额将进一步由23.5%增长至26.8%[③]；另一份数据显示，2016年第二季度中国全行业各广告主的网络广告投放规模为98.9亿元，其中汽车行业网络广告投放规模为20.4亿元，占比达20.6%，位居榜首。在网络广告投放媒体类型中，垂直类汽车媒体是各车企投放广告的首选，占比近六成。[④]

未来，汽车行业将受益于"中国制造2025"计划，呈现更加巨大的发展潜力，在政策利好因素的影响下，汽车行业广告主在竞争日益激烈、消费结构更新调整的环境下，在审慎投放的基础上及时调整投放策略，在数字化营销、终端及活动推广、软硬广等新媒体以及多媒体投放组合的营销模式上多加尝试。[⑤]

---

① 尼尔森网联：《汽车制造商2016年传统媒体广告投放总额同比下降10.5%》，2017年1月24日，http：//jiankang.163.com/17/0124/09/CBHL6AT3003880L9.html。
② CTR：《传统媒体2016年3月广告分析》，2016年4月，http：//www.v4.cc/News - 1173373.html。
③ 郭博：《数观车市：2015中国汽车营销数据手册发布》，2015年11月19日，http：// news.bitauto.com/yczs/20151119/1906567405_ all.html。
④ 艾瑞咨询：《2016年Q2中国汽车行业网络广告监测报告》，2016年7月，http：//doc. mbalib.com/view/381e8c190e08997b614766c767da1790.html。
⑤ 《2016~2017汽车市场与数字营销趋势研究报告发布》，2017年3月9日，http：//auto. sina.com.cn/j_ kandian.d.html？docid = fychavf2209139&subch = iauto。

二 房地产行业：政策收紧，行业发展由热趋稳，
广告投放渐趋理性

2016 年，房地产市场全年成交规模创历史新高，前三季度房价涨幅明显，国庆节前后各地政府密集出台调控政策，四季度市场走势渐趋平稳。① 根据国家统计局统计数据，2016 年全国商品房销售面积 157349 万平方米，增长 22.5%，全国商品房销售额 117627 亿元，增长 34.8%。② 总体来看，2016 年我国房地产市场全年商品房销售面积和销售额均实现双正增长，且增速显著。

2016 年房地产整体行业广告投放相比 2015 年维持不变。③ 2015 年房地产行业网络广告投放呈爆发式增长，2016 年房地产类网络广告投放费用增长有所回落。2016 年房地产网络广告投放费用占比仅持续了两个季度的上升便在第四季度下滑。在四季度限购限贷政策影响下，房地产行业线上网络营销的热情整体呈现降温趋势。④ 艾瑞咨询监测数据显示，2016 年在房地产网站投放广告的广告主数量减少至 2341 个，同比下降 18.1%；单个广告主平均投放额上升至 24.8 万元，同比下降 20.4%，环比上升 24.4%。⑤ 单个广告主平均投放金额的同比下降和环比上涨，在一定程度上反映了在房地产市场政策收紧的调控背景下，部分广告主仍然对市场持有足够信心，营销费用投入持续增多。除网络广告投放外，房地产行业广告主钟爱报纸媒体。

① 《中国房地产市场 2016 总结与 2017 趋势展望》，199IT，2017 年 1 月 6 日，http：//www.199it.com/archives/554606.html。

② 《中国 2016 年 GDP 增速为 6.7%，四季度 GDP 同比增 6.8%》，第一财经，2017 年 1 月 20 日，http：//www.yicai.com/news/5210392.html。

③ 《尼尔森：2016 年全媒体广告市场观察》，2017 年 1 月 3 日，http：//www.199it.com/archives/553198.html。

④ 艾瑞咨询：《2016 年 Q4 中国房地产网站季度监测报告》，2017 年 4 月 3 日，http：//www.199it.com/archives/578684.html? weixin_user_id=5fo6ETQjpNo1a5J0GVzYe3jdNsBxEE。

⑤ 艾瑞咨询：《2016 年 Q4 中国房地产网站季度监测报告》，2017 年 4 月 3 日，http：//www.199it.com/archives/578684.html? weixin_user_id=5fo6ETQjpNo1a5J0GVzYe3jdNsBxEE。

2016 年在报纸媒体广告投放持续下跌的态势下，报纸广告投放行业前五名的广告主减少了近一半的广告花费，然而位居榜首的恒大地产集团，其广告刊例花费增至 13 亿元，成为唯一增投的广告主。[①]

2016 年房地产市场发展能够在后半年政策收紧的调控背景下保持稳步的发展态势，得益于 2015 年的市场回暖和 2016 年前两季度的繁荣发展。除此之外，在营销传播层面，行业企业自 2015 年起开启新媒体时代，纷纷涉足网络广告，通过投放电商、下设自媒体、跨界宣传等多种营销手段打通线下线上通路，实现前端销售（住宅/租赁/投资）—交易完成—后期服务（物业）交易链条的联动，全面触达消费者。

尽管受大幅政策回调的影响，但房产市场依然保持稳定的发展态势，行业广告投放将更加理性，并有望保持稳步增长的发展态势。

三 药品及保健品行业：行业发展机遇良好，广告投放规模逆势攀升

随着消费结构和消费观念的变化，人口老龄化不断升级、大健康产业推动保健意识提升，城镇化等政策利好，给药品及保健品行业发展带来新的机遇。目前，我国 OTC 市场发展迅猛，2015 年有望跻身世界第二大 OTC 市场。截至 2015 年上半年，现有各类药物大约 1.5 万种，目前有 OTC 产品 4727 个，在 OTC 产品中中成药 3718 个，占 78.7%。在所有 OTC 产品中双跨产品 2300 个。预计截至 2020 年，我国 OTC 药品市场规模将位居全球第一。医药市场还有极大增量空间。2014 年，全年 OTC 药品投放刊例费用为 828.51 亿元，2015 年上半年，OTC 药品投放刊例费用达 483.47 亿元，同比增长 20.4%，增幅明显。[②] CTR 媒介智讯的数据显示，在广告投放行业整体呈现收缩态势之时，2015 年前三季度药品及保健品行业以 21.3% 的增幅位

---

① 《尼尔森：2016 年全媒体广告市场观察》，2017 年 1 月 3 日，http://www.199it.com/archives/553198.html。

② 剧星智库：《OTC 行业分析》，2015 年 8 月 17 日。

列第一，逆势攀至行业广告花费之首。① 另外一份数据显示，在传统媒体广告降幅依旧的背景下，2016年四大传统媒体广告投放市场中，仅有药品及健康产品行业出现近20%的增长。②

由于电视的权威性和行业的特殊性，药品行业广告投放依然首选电视打响品牌知名度，因此，行业电视刊例投放呈上涨趋势，品牌个数基本持平；电视投放以加码地面频道为主，二、三线卫视为辅，投放更具针对性，下沉趋势明显。进入2016年，药品类品牌企业也尝试运用互联网广告打造品牌知名度。例如，数据显示，2016年1月药品类品牌网络广告投放主要集中在视频网站和门户网站。其中，视频网站投放费用达4856万元，占总投放费用的45.5%；门户网站投放费用达4593万元，占总投放费用的43%，二者合计占总投放费用的88.5%。③

随着大健康产业的不断推进和消费观念的升级，保健养生意识深受消费者关注，覆盖消费者生活、满足消费者需求、制造消费者痛点的各种新品类产品不断开发出来以拓展行业新的增长点，同时，保持高调的营销策略以保持热度。比如健康食品/饮品。在药品及健康产品行业覆盖的5大子类中，投放的两大主力为药品和健康食品/饮品，药品的广告投放占55%，健康食品/饮品为40%；其中健康食品/饮品子类在整体传统媒体上的广告花费大幅增长25.2%。对比类型频道的投放，2014~2015年药品子类在少儿/卡通类频道和娱乐/综艺类频道的增长都超过70%；健康食品/饮品同样青睐娱乐综艺类频道，2014年投放同比快速增长99%，进入2015年该子类则重点加大了在新闻综合类频道和经济生活类频道的投放。④ 此外，药妆产品或将在5~10年成为准OTC明星产品。

---

① CTR媒介智讯：《-3.5%：中国广告市场出大事了》，2015年11月18日，http：//news. cnad. com/html/Article/2015/1118/2015111809273374601. shtml。

② 《尼尔森：2016年全媒体广告市场观察》，2017年1月3日，http：//www.199it. com/ archives/553198. html。

③ 艾瑞咨询：《2016年1月药品品牌网络广告投放数据》，2016年3月10日，http：//www. iresearch. com. cn/data/259127. html。

④ 尼尔森网联：《2015年上半年广告市场投放报告（下）：行业篇》，2015年8月11日，http：// www. 199it. com/archives/374724. html。

四 家电行业：进入深度调整期，加速布局智能家电，营销推陈出新

中国家电行业面临生产过剩和需求下滑问题，已进入深度调整期。国家统计局数据显示，2016 年 1～12 月，限额以上企业家用电器和音像器材类商品零售额 9004 亿元，同比增长 8.7%。① 这与家电线上渠道的持续发力不无关系。2016 年，我国 B2C 家电网购市场（含移动终端）规模达到 3846 亿元，同比增长 27.9%。② 2016 年家电网购市场增幅趋缓，但仍高于整体实物商品网络零售交易额增长水平。与家电线下市场经营惨淡相反，线上市场发展态势持续向好，成为家电市场增长的主要动力。积极打造线上销售渠道、完善线上交易链条，也成为各大家电企业争相发力的营销建设环节。

随着科技力量的深度发展，家电行业要转型升级，"智能化"成为必不可少的元素。家电行业巨头和电商平台纷纷加速布局智能家电。前瞻数据库数据显示，2016 年我国智能家居市场规模达 605.7 亿元，同比增长 50.15%。③ 各大家电企业和电商平台纷纷突进在智能家居市场的布局。海尔、美的、TCL、格兰仕等家电巨头先后在线上、线下推出智能家电产品，并发布各自的智能家居战略；京东、苏宁、天猫等电商平台一方面加大对智能家电的宣传推广力度，另一方面也借此亮出自己的智能家居战略：京东将智能家电列为家电部门的四大重点发展方向之首；苏宁将围绕智能设备、智能家居等打造百万级以上的手机、电视、空调单品；阿里巴巴公布天猫平台智能家电的销售占比将达五成以上。

---

① 国家统计局：《2016 年社会消费品零售总额同比增长 10.4%》，国家统计局网站，2017 年 1 月 20 日，http://www.stats.gov.cn/tjsj/zxfb/201701/t20170120_ 1455968.html。

② 中国电子信息产业发展研究院：《2016 中国家电网购分析报告》，电子信息产业网，2017 年 2 月 22 日，http://jydq.cena.com.cn/2017－02/22/content_ 352720.htm。

③ 前瞻产业研究院：《2016 年我国智能家居市场规模达 605.7 亿元》，前瞻网，2017 年 1 月 18 日，http://d.qianzhan.com/xnews/detail/541/170118－2ab6cf16.html。

家电企业营销方式推陈出新，但依然难逃价格战。降价依然是一种重要的手段。家电品牌在产品系列、产品及广告诉求上都非常接近。短时间内，产品和技术上的突围难度很高，如何从营销传播上突围对家电品牌显得尤为重要。个性化定制，与电影、综艺、话剧等合作开展娱乐营销，明星代言等是家电品牌的主要营销手段，也出现抢红包、众筹、微信朋友圈广告等新型的营销手段。

数据显示，2016年第二季度电器行业广告投放总额为28.3亿元人民币。按子行业划分，普通电器是广告投放的主力，占比为47.6%。从2015年7月至2016年第二季度的投放情况看，电器行业广告投放花费第一季度为淡季，第四季度为旺季。①

五 快消品②行业：市场增速放缓，本土品牌市场份额上升，综艺冠名火爆

中国快消品市场的整体增速持续放缓。中国城镇购物者快速消费品总支出年度增长率从2011～2012年的12%左右下降至2015年的3.5%，为五年来的最低点。③ 当然，不同品类的表现不尽相同，如护肤品品类在2014年底及2015年初实现了反弹。快消品行业增速放缓是宏观经济的反映。国家统计局公布的数据显示，2014年全国居民人均可支配收入实际增长率为8.0%，2015年该数字为7.4%，2016年全国居民人均可支配收入的实际增长则是6.3%。宏观经济放缓、消费升级等挑战，迫使快消品企业迅速了解市场变化，以成功适应所面临的"新常态"。

本土快消品牌市场份额上升，进一步抢占外资品牌市场。本土品牌战

---

① 尼尔森网联：《2016年Q2电器行业广告投放28.3亿元》，2016年9月23日，http：//jiankang. 163. com/16/0923/15/C1LJV9SD003880L9. html。

② 本文所指的快消品是：食品、饮料、化妆品/个人卫生用品。

③ 贝恩咨询：《2016年中国购物者报告》，贝恩中国网站，2016年6月29日，http：//www. bain. cn/news. php？act＝show&id＝632。

略规划完善、执行力强、产品组合满足市场需求，是其成功吸引消费者、在众多快消品品类中收获颇丰的主要原因。比如在护肤品领域，本土品牌百雀羚从下线（三、四、五线）城市起步，逐步通过升级产品和建立高端品牌形象的方法提高其在上线（一、二线）城市的渗透率。衣物柔顺剂品牌广州立白通过大规模且有针对性的营销投资，带动市场份额增长，如连续三季冠名热门综艺《我是歌手》。对热门综艺节目的大胆投资也帮助化妆品品牌韩束提升了线下渠道的渗透率，使其从国际竞争对手中赢得了更多的市场份额。在奶制品中，伊利投入近10亿元冠名卫视平台三巨头，也取得了成功。饼干新品牌江中猴姑则基于中国传统食疗理念进行创新而制胜。江中猴姑饼干于2013年推出，是市场上第一款主打"养胃"功效的饼干。江中集团在江中猴姑饼干热卖后，于2014年12月推出猴姑饮料，它是以猴头菇为原料制成的功能饮料，又于2016年10月推出食疗新产品——猴姑米稀，定位为"养胃早餐"。江中集团的所有猴姑产品全部围绕着"江中食疗"这一方向，定位明确，并为不同产品构建了良好的承接关联。

快消品行业的在传统媒体上的广告投放呈下降趋势。尼尔森网联的数据显示，2015年上半年投放前十位的广告主大部分来自快消品行业，其中饮料排名第二，增幅较小；化妆品/个人卫生大类同比下降26.4%，排名从第一跌至第三；食品排名第四。电视媒体依然是快消行业的投放重点。2015年上半年的广告花费一直呈现下降趋势，继宝洁不断下调广告花费后，其他快消品广告主如联合利华和欧莱雅等也相继减少了广告投放。[①] 在2016年的广告投放市场中，饮料、化妆品/个人卫生用品、食品、商业/工业/农业和零售服务行业都有不同幅度的下降，其中化妆品/个人卫生用品下降22%，幅度最大。[②]

---

① 尼尔森网联：《2015年上半年广告市场投放报告（下）：行业篇》，中国广告网，2015年8月11日，http://www.cnad.com/html/Article/2015/0811/2015081115032676.shtml。

② 《尼尔森：2016年全媒体广告市场观察》，2017年1月3日，http://www.199it.com/archives/553198.html。

值得关注的是，近两年来快消品企业更多地参与了综艺节目的冠名，冠名费迈入了"亿元时代"。快消品牌比其他行业品牌更迫切需要在建立品牌知名度的同时，为品牌塑造个性和气质。冠名综艺深入开展内容营销，将节目的特征和气质有效与品牌融合，从而达到良好的传播效果。另外，快消品企业也先于其他行业提前进入移动营销的市场，并已经发展得较为成熟，越来越多的企业通过投放移动广告、开发手机 App、创建二维码、举办社交平台活动等方式，扩大自己的品牌知名度，拉近与用户之间的距离，从而引导用户进行品牌选择。

六　金融行业：传统金融机构转型压力大，互联网金融监管落地，网络广告投放加大

在"新常态"下，中国经济增速放缓、产业结构调整、利率市场化和汇率市场化推进、人口老龄化等是金融业面临的主要挑战，传统金融机构转型以应对这些挑战的压力是巨大的。同时，也存在两股力量推动传统金融机构的转型："互联网＋"和金融市场改革。2015 年，传统金融机构在重压之下做了一些探索，例如工商银行发布互联网金融升级发展战略，宣布构筑以"三平台、一中心"为主体，覆盖和贯通金融服务、电子商务、社交生活的互联网金融整体架构。

2015 年是互联网金融监管元年，互联网金融监管落地。互联网金融时代正在迅速成型，一边是各种平台不断崛起，一边是互联网金融规范意见陆续出台，行业成绩逐步凸显，市场打开增长空间。自 2015 年 7 月 18 日央行等十部委共同发布《关于促进互联网金融健康发展的指导意见》之后，互联网金融监管逐步完善。2016 年 3 月 25 日，中国互联网金融协会在上海成立。2016 年 7 月 26 日中国互联网金融协会向各会员单位下发了《中国互联网金融协会章程》《互联网金融行业健康发展倡议书》等五项文件，旨在对互联网金融行业进行自律管理。2016 年 8 月 1 日，协会下发《互联网金融信息披露标准——P2P 网贷（征求意见稿）》和《中国互联网

金融协会互联网金融信息披露自律管理规范（征求意见稿）》。2016年10月31日发布《互联网金融信息披露个体网络借贷》标准和《中国互联网金融协会信息披露自律管理规范》。以上一系列政策的发布，对于行业发展起到重要的引导规范作用，互联网金融步入有法可依的时代，行业可持续发展能力进一步增强。另外，行业监管的加强，也使互联网金融进入市场洗牌的新阶段。

2015年金融业互联网广告投放加大。根据CTR媒介智讯数据，2015年前三季度，金融业在互联网、电台、报纸上广告花费排名分别为第五、第四、第四，并且同比增长率分别为57.4%、-5.2%、-5.8%。[①] 很明显，2015年金融业加大了在互联网上的广告投放。由于金融业的行业特殊性，因此在营销传播上有诸多限制。近年来，金融业广告主尤其是传统金融机构，在如何进行营销传播上非常焦虑，但是依然积极探索和尝试一些新型的营销方式，如社会化营销、事件营销、节日营销等，像工行的"人脉淘宝"、平安的"财神节"等，都取得了不错的效果。根据CTR媒介智讯的研究，2016年上半年在电台广告花费排名前五的行业中，金融业、邮电通信领衔重点行业增幅，同比增长18.3%和19.3%。金融业电台广告增幅与金融业企业形象类品牌大量投放有关。金融业企业形象类品牌广告花费同比增长116.1%，广告投放份额占金融行业电台广告投放总量的15.9%。此外，保险和银行业务类品牌在电台广告的投放占比较大，分别为26.1%和16.6%。[②] 另外一份数据显示，2016年1月银行服务品牌网络广告总投放费用达7050万元，银行服务品牌网络广告投放以门户网站、视频网站和财经网站为首选媒体。其中，门户网站投放费用达3906万元，占总投放费用的55.4%；视频网站投放费用达1627万元，占总投放费用的23.1%；财经网

---

① CTR媒介智讯：《2015年前三季度中国广告市场》，199IT互联网数据中心，2015年11月11日，http://www.199it.com/archives/404083.html?url_type=39&object_type=webpage&pos=1。

② CTR媒介智讯：《2016年上半年电台广告市场趋势》，2016年9月1日，http://www.199it.com/archives/513196.html。

站投放费用达 557 万元，占总投放费用的 7.9%。①

伴随政策监管日趋完善，互联网金融行业将在更加健康的环境中有秩发展，并有望带动整个金融行业探索更加多元化的广告投放模式。

---

① 艾瑞咨询：《2016 年 1 月银行服务品牌网络广告投放排名 Top10》，2016 年 3 月 13 日，http：//www. 199it. com/archives/447425. html。

B.6
汽车广告主营销传播活动报告

摘　要：　受制于宏观经济和消费者变化，中国汽车行业自 2015 年以来呈个位数增长，过去五年乃至十年年均两位数增长成为历史。与汽车行业总体发展速度减缓相伴的是汽车互联网化的发展态势，技术手段的革新加剧各车企间的竞争。而主流消费者年龄更迭、年轻化消费人群的个性化用户需求催生广告主打造以围绕消费者需求、重视消费体验为核心的人性化营销方案。

关键词：　消费年轻化　产品创新　传播策略

一　中国汽车行业进入低速增长阶段，
消费者争夺战日趋激烈

自 2015 年以来，中国汽车行业面临常态化的个位数增长，经历过前期快速发展和政策激励，汽车销量增速逐渐放缓，不复几年前爆发式增长的蔚然景象。2016 年 3 月和 4 月新车发布均超过 40 款，为增速持续放缓的汽车市场带来更加激烈的竞争压力。而经销商库存指数偏高，反映出汽车行业的销售压力较大。在这样的市场环境下，争夺消费者、拉动市场需求成为各大车企争相发力的焦点。

（一）乘用车产量销量双双上扬

1. SUV 车型逐步蚕食轿车市场份额，新能源汽车发展迅猛

尽管在汽车销量增速放缓、市场竞争激烈的大背景下，整体市场的低迷

并不意味着所有细分市场都无所作为。2015年中国乘用车销量首次超过2000万量，这为低速增长的中国汽车市场注入了一针强心剂。其中同比增长最为明显的是SUV车型，销量为622.03万辆，同比增长49.65%。SUV车型的热销的原因大致可以归结为以下两点：第一，从产品角度来看，虽然同配置情况下SUV车型售价要略高于轿车，但是前者空间的拓展性高且通过性强的特点更加符合中国家庭的产品诉求；第二，从用户消费习惯来看，很大一部分的消费者将SUV作为自己的第二辆乃至第三辆车。受制于之前SUV车型选择少、普及水平不高的不利因素，消费者对SUV车型知之甚少。而当现在SUV处于井喷式发展时，其销售的火爆场面自然不难解释。从根本上讲，SUV的崛起反映了用户需求的变迁。

轿车在2015年产销分别下降6.8%和5.3%。其原因有两点：第一，轿车市场经过十几年的高速发展，市场容量已经趋于稳定，增长潜力有限；第二，SUV车型及销量增长迅猛，蚕食了很大一部分轿车市场份额，特别是2015年甚至导致了轿车销量的负增长。不过，国家持续推进1.6排量以下车辆的购置税减半政策，使得1.6升以下车型对汽车总销量增长贡献度达到124.6%。所以，小排量轿车的销量在未来的一段时间内还是值得期待的。

而作为近些年普遍被消费者接受的MPV车型在2015年也实现了较快的增长，销量为210.67万辆，同比增长10.05%。MPV车型的优势在于普遍为7座车型，载人载物性能突出，更加符合家庭成员较多的消费者。尤其是国家从2016年开始逐步开放二胎政策，家庭成员的增加会使更多消费者选择购买空间大而实用的MPV车型。

新能源汽车作为一匹黑马，受制造水平进步、产能升级以及国家补贴政策等多重利好因素影响，于2015年实现产量34万辆，销售33万辆，同比分别增长3.3倍和3.4倍。其中纯电动汽车产销分别完成25万辆和24.7万辆，同比分别增长4.2倍和4.5倍；插电式混合动力汽车产销分别完成8.6万辆和8.4万辆，同比增长1.9倍和1.8倍。随着消费者对新能源汽车的认知理性化以及国家政策的倾斜，其销量在未来还将保持强劲的势头。

从细分车型来看，不论是 2015 年全年还是 2016 上半年，轿车在细分车型中依旧占据主流，随着 SUV 车型的热度的逐渐升温，2016 年上半年 SUV 车型占据三席。以五菱宏光为代表的小型 MPV 车型由于承载能力突出、维修保养简单的特点，在三、四线城市具有较大的市场。

2. 德系坚挺，日系衰落，中国品牌后来居上

从品牌格局来看，在 2015 年车辆销售量前十的品牌中，上海大众以 180.6 万辆的成绩高居榜首，一汽大众名列第四，两者取得了接近 400 万辆的成绩，不得不说以大众为代表的德系车在消费者心中具有难以撼动的地位。德系车传统的竞争对手是日系车，由于政治环境的不利影响以及产品更新速度缓慢，只有一家日系品牌东风日产上榜，日系三强的光芒早已不再。作为在近两年后来居上的美系车代表上汽通用，凭借新英朗的上市和其余主力车型的快速更新换代，准确把握住消费者的产品诉求信息，取得了总销量第三的好成绩。中国品牌在前十排行榜中占据三席，中国品牌的进步得益于对国情的准确把握，通过推出质优价廉的产品，国产品牌逐步获得消费者的认可。从不同车系的市场份额来看，中国品牌市场份额最大，德系和日系紧随其后。

（二）2015年汽车广告主营销预算同比增幅持续下跌

国家工商总局的数据显示，中国汽车行业的营销广告费用投入自 2011 年起同比增幅持续下跌，至 2015 年首次出现负增长。尽管自 2013 年起，营销投入数额突破 600 亿元，并在之后两年均保持在 600 亿元以上，但是在保持投放数额的同时，增幅的下跌更加说明问题：在经济下行的背景下，汽车行业广告主的营销投入会受到不同程度的影响，在日渐激烈的行业竞争态势下，其营销推广投入更为慎重。互联网依然是汽车营销推广的重镇。艾瑞监测数据显示，2016 年第二季度中国全行业各广告主的网络广告投放规模为 98.9 亿元，其中汽车行业网络广告投放规模为 20.4 亿元，占比达 20.6%，位居榜首。

二　汽车消费者年轻化，广告主迎合消费者
　　网络化媒介接触习惯

（一）"80后""90后"消费者成汽车消费主体，汽车消费意识逐步升级

"数字化""互联网化""个性化"这些属于新生代消费者的标签，在"80后""90后"消费者的身上尤为显著。30岁以下的年轻用户逐渐成为新车购买的生力军。尤其是"90后"的新车车主占所有新车车主的18.1%。[1]从消费者对汽车产品需求来看，"80后"大多已经组建家庭，对品质更好、空间更大的车型（七座SUV、MPV车型）有迫切购买需求；而"90后"的消费者初入职场，受制于公共交通日趋紧张的运力以及有限的购车预算，他们更看重拥有丰富配置、适中价位并且符合年轻人需求的入门经济车型。

年轻的消费者对于汽车"重资产"的属性逐渐淡化，在购车过程中的卷入度也在降低。汽车正在成为一件普通的生活必需品进入他们的购物车。与此同时，相比于他们的父辈，由于汽车价格的降低以及家庭购车资金的支持，消费者的平均购车年龄也明显提前。年轻消费者在购车价格方面也体现出其独有的特点，他们尤其偏好价格在12万~18万元的经济型车型，其中20岁以下消费者的比例为21.8%，21~30岁的消费者比例为35%。[2]

年轻的消费群体有着自身独特的标签，这也在他们对汽车的认知和使用习惯上体现得淋漓尽致。首先，从对汽车产品的认知和购买渠道上，年轻消费者更加倾向于通过互联网获取相关信息，以易车网、汽车之家为代表的专业垂直网站为他们提供了从车型信息、购买服务到用户保养全方位的一站式

---

① 易车、罗兰贝格：《2015中国汽车消费者洞察报告》，车云网，2015年11月18日，http：//www.cheyun.com/content/8564。

② 易车、罗兰贝格：《2015中国汽车消费者洞察报告》，车云网，2015年11月18日，http：//www.cheyun.com/content/8564。

服务方案。所以当他们产生购买需求时，第一时间关注的不是线下 4S 店，而是获得信息便捷和系统的互联网。

其次，在汽车的使用保养过程中，年轻消费者也偏爱依托于互联网的 O2O 服务，例如日常的汽车清洗、美容保养以及简单的维修等，可以通过网上预约乃至手机 App 直接预约的形式，做到足不出户享受上门服务，不仅节约了消费者往返 4S 店的时间，同时还有着积分换购等多种优惠措施。以上汽集团推出的一系列汽车周边服务为例，消费者在购买汽车后可以根据自身需求下载相应服务的 App，从而享受相应服务。

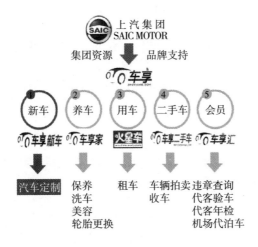

图 1　上汽集团车享战略布局

基于新生代消费者的产品信息获取方式和他们对产品的新诉求，汽车生产商也应当全力打造不同以往的消费者接触点来迎合他们的消费习惯。从产品的角度来讲，汽车生产商必须充分了解年轻消费者的产品诉求，积极收集用户数据，听取潜在消费者的心声，从而在产品的生产和改进中积极向互联网化、个性化、年轻化方向靠拢；在营销传播的层面，借力互联网和移动互联网的大平台，运用年轻消费者喜闻乐见的方式，向他们传递产品信息，诠释品牌价值。总之，明确的产品定位和恰当的沟通渠道是当下汽车品牌赢取消费者认可的不二之策。

面对全新的消费人群，全新的产品诉求和全新的消费者沟通渠道，各大汽车品牌的年轻化和产品个性化趋势已势不可挡。迎合当下的年轻消费者，意味品牌在未来5～10年激烈的竞争环境中能够夺得先机。然而，不可否认的是，从目前来看，30岁以下的年轻消费者的人数只占到所有消费者的1/3左右，且消费对象集中在20万元以下的经济型汽车，他们所带来的利润难以同中年的消费者相比。因此，汽车品牌在关注年轻消费者的同时，还需要将注意力放在有充足消费能力的优质中年消费者身上，他们是目前企业利润来源的重点人群。如何建立起能够覆盖年轻消费者和中年消费者的产品体系及品牌价值传递渠道，是每一个汽车企业值得深思的问题。

（二）汽车广告主偏好互联网平台广告，电视媒体影响力依旧强势

在2015年汽车行业的广告投放中，不同渠道之间广告投放量与投放费用差异显著。其中增长最为迅猛的毫无疑问是互联网广告，占广告总投放量的26.8%，接近于传统的电视渠道。反观报纸、杂志和户外媒体的广告投放，均不同程度地同比下跌，其中报纸广告的投放量下跌幅度达51.5%。[1]

之所以互联网广告受到车企的热捧，不仅是因为互联网平台有足够丰富、新颖的内容形式，方便汽车广告主进行选择，而且由于当下互联网内容原生化、移动化、碎片化的特性更加符合消费者的媒介接触习惯。特别是移动互联网的普及，打破了传统媒体的广告投放时间、频次的固有模式。加之"互联网＋"上升成为国家战略，"互联网＋"时代下传统商业模式、盈利方式也会随之发生改变，促使广告主逐步接受互联网化的营销观念。

汽车行业的广告投放主要在电视和互联网两大板块。在电视平台上，从CTR媒介智讯《2016年广告主营销趋势调查报告》中人们可见广告主对电视媒体的热衷。即使在新媒体广告快速发展的2015年，依然有86%的广告主使用了电视媒体。而对2016年的媒介费用分配调查显示，电视媒体仍是

---

[1] 艾瑞咨询：《2016年Q2中国汽车行业网络广告季度监测报告》，199IT网，2016年7月，http：//www.199it.com/archives/496630.html。

广告主花费最高的重要媒体，被访企业中电视占整体营销预算的平均比例为37%，甚至高于 PC 互联网与移动互联网的分配比例总和。[①] 汽车品牌在电视媒体上广告费用投入巨大，借助于电视媒体覆盖面广的特征，尤其是目前汽车对于消费者来说还属于高卷入度的消费品，消费者对于电视广告的信赖程度远超其他媒体。在互联网平台上，2016 年第二季度汽车行业的网络广告投放量占全行业广告主网络广告投放量的 20.4%，达到 20.4 亿元，位居行业第一。[②] 尤其是汽车垂直类网站成为车企广告主的首选，占到六成。以汽车之家、爱卡汽车为代表的全方位、立体化汽车网站已经成为汽车互联网广告投放平台的中坚力量。

中国传媒大学广告主研究所在对 2013～2015 年及 2016 年预期广告主各媒体投入情况的调研结果也佐证了以上观点。电视平台和互联网平台成为广告主广告投放的首选，并且占据了大部分的广告预算。2015 年广告主电视媒体预算为 25 亿元，互联网端为 21.1 亿元，分别占到媒体投放总额的25% 和 21%。[③]

这是一个媒介激烈竞争的环境，但也是一个媒介互利共存的环境。不论是电视和互联网的火爆还是纸媒的衰落，究其原因还是消费者媒介接触习惯的变化——他们永远会选择最为主流和适合自身的媒介来获取信息。

三　从生产导向到消费者导向，打造以人为中心的营销闭环

（一）汽车产品智能化，用户体验人性化

特斯拉 MODEL S 的推出意味着智能汽车的时代已经到来。充满未来感

---

① CTR：《电视广告，不得不爱》，CTR 网，2016 年 4 月，http：//www.ctrchina.cn/insightView.asp？id = 1803。

② 艾瑞咨询：《2016 年 Q2 中国汽车行业网络广告季度监测报告》，199it 网，2016 年 7 月，http：//www.199it.com/archives/496630.html。

③ 黄升民等：《广告主蓝皮书：中国广告主营销传播趋势报告 NO.8》，社会科学文献出版社，2015 年 10 月。

的外观、纯电力的驱动方式、尺寸巨大且集成度高的中控屏幕，乃至首款量产版的自动驾驶系统，无一不体现着当下智能汽车最前沿的科技。

智能汽车的发展首先要归功于"车联网"概念的变现，智能汽车不仅是消费者的代步工具，而是逐渐成为类似于手机和电脑一样基于全球化的网络系统、满足消费者大部分日常需要的生活设施。阿里巴巴集团移动事业群总裁俞永福在2015年12月的汽车互联网大会上称，目前整个互联网产业都围绕四个中心在发展：PC中心、随身中心、客厅中心和汽车中心。他解释称，人们最早使用互联网是围绕着电脑，然后是手机，接下来是客厅里的家用电器，最后回到汽车。"从另一个角度看，这也意味着四个屏幕的变化，计算机屏、电视屏、手机屏最后到汽车里的那块屏。"① 与此同时，搭载阿里巴巴YunOS操作系统的上汽荣威RX5已投身到竞争激烈的SUV市场中，凭借着智能化的造车思维和围绕用户的人性化设计，势必会占领属于自己的一片天地。

那么智能汽车受到热捧的原因是什么呢？从消费者的需求角度来看有三点：效率的提升，体验的升级和安全的保障。第一，受制于传统汽车导航系统地图更新速度缓慢，且需要外部输入数据的弊端，车载导航往往不好用，甚至不能用。而智能汽车的车载导航是借助4G联网功能进行时时更新的，这使消费者不再需要借助手机进行导航，简化出行成本。第二，基于苹果iOS和安卓系统的车载操作系统对于消费者而言不仅没有学习成本而且亲和力强，智能化的操作系统意味着消费者可以在汽车上安装任意的应用，使之成为和手机一样的智能终端。除此之外，通过在手机上安装智能汽车的App，人们可以做到通过手机控制车辆启动、移动、空调的开启等功能，为消费者的日常使用提供便利。第三，如今的智能汽车已经集成了多种电子安全装置，类似于车道保持、疲劳驾驶预警系统乃至自动驾驶功能，人性化的辅助功能降低了驾驶员的行车风险，也保障了更多道路使用者的安全。

---

① 艾瑞咨询：《智能互联汽车时代　汽车厂商 or 互联网企业的天下？》，2015年12月23日，http：//news. iresearch. cn/content/2015/12/257094. shtml。

当下智能汽车的蓬勃发展，看似是科技进步带来的产品升级，实则是消费者产品诉求的升级。汽车厂商一方面在产品性能上竭尽所能地满足消费者的硬性需求，另一方面不断追求人性化的提升来迎合消费者的软性需求。因此，智能汽车的发展是大势所趋也是众望所归，车企应当不断围绕消费者的产品诉求，完善车辆人性化的功能，打造出真正智能化的汽车产品。

（二）线上引流造势，线下体验销售，全方位贴近消费者

网上购物轻松便捷，消费者不再需要东奔西跑，动动手指就能完成网上支付，将中意的商品收入囊中。也可以这样购买汽车吗？答案是肯定的。消费者消费意识在进步，汽车电商化简化了购车流程，缩减了中间商的数量，从而降低了车辆的终端售价，促使消费者逐步接受网上购车的概念。

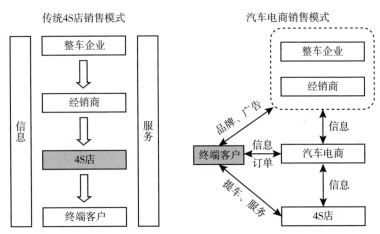

图2 传统购车流程与电商化购车流程对比

相关数据显示，在具有网上购车意愿的消费者中，一线城市为72%、二线城市为70%；性别比例中，74%的男性和64%的女性会考虑网上购车；同时网上购车的意愿跟学历和收入高低呈现正相关关系。而目前主流的汽车电商平台有三种，即专业垂直媒体平台（以汽车之家为代表）、大型B2C电商平台（以天猫商城为代表）和厂商自建平台（以上汽自建购车平台为代表）三种模式。其中汽车垂直媒体平台的品牌价值得到了消费者的认可，

厂商自建平台的转化率较高。① 汽车电商化为消费者带来了人性化购车体验，不仅满足了消费者的购物需求，更为重要的是给汽车电商带来了丰厚的利润。汽车之家发布的 2015 年第一季度财报显示，一季度营收同比大幅增长 82.1%，达 6.229 亿元人民币（1.005 亿美元），再超预期。"自 2013 年12 月份上市以来，汽车之家连续 5 个季报都是超预期的。"汽车之家 CEO秦致表示，"汽车之家在业务领域不断创新，尤其是在扩大移动平台和全面建设交易类业务模式方面取得了长足的进展"。②

汽车电商发展势头迅猛，不过，从目前来看，受到消费者大宗商品购物习惯和不完善的电商配套设施的制约，汽车电商还不能做到 100% 的线上交易，主要还是基于线下的 4S 店进行产品交易（见图 2）。站在消费者的角度来看，汽车电商化的优势还是在于为购物提供便利，同时在价格上使消费者获取实惠。消费者偏向于在"看得见，摸得着"的终端渠道实现购买，线下终端提供的产品售后维修保养业务也是网店所缺失的。所以，现在汽车电商和线下 4S 店更像是汽车厂商的两只手，前者负责引流，后者负责交易，各司其职。

汽车电商化归根结底是车企为了提升消费者用户体验而做出的改变，借助互联网所培育出的网上购物习惯，利用线上广阔的平台和众多的潜在消费者吸引流量，再使其与数量众多的线下渠道对接，从而形成一个完整的销售链。而消费者借助汽车电商，拥有了更多的产品选择机会，更加优惠的价格和便捷的购买体验，其购车的主动性也大大提高。从产品销售到售后服务的全面提升，厂商需要摸清消费者的消费习惯，从而提供人性化的购车体验，才能在汽车电商化的潮流中夺得先机。

---

① 《汽车电商传递新的趋势 将由观望走向合作》，梅花网，2015 年 12 月 24 日，http：//www.meihua.info/a/65678。

② 《车企过冬反致汽车电商迎春 汽车之家一季报营收同增逾八成》，新浪财经，2015 年 5月 11 日，http：//finance.sina.com.cn/stock/t/20150511/061922148684.shtml。

（三）将顾客转变为粉丝，打造企业与粉丝之间的"朋友圈"

粉丝经济在最近的一段时间内受到热捧，广告主通过与明星和合作，借助其强大的粉丝效应，在推广产品知名度的同时提升销售转化率。东风雷诺在发布新款车型科雷嘉时，邀请范冰冰作为其车型代言人。在发布会上，范冰冰着帅气皮衣和主角科雷嘉相映生辉，随后她将现场自拍照片发在微博上，一时间话题量骤增，东风雷诺品牌迅速在粉丝中传播。

粉丝效应在短时间内可以积聚大量人气，但是热度维持时间短，衰减速度快。同时由于热门明星的合作费用异常昂贵，受制于有限的营销费用，许多广告主显示出心有余而力不足。而比亚迪通过将自己塑造成"明星"、将广大消费者转化为"粉丝"的方式，培育了众多对品牌价值有着深度认知、对产品有着高度认可的"迪粉"。2015 年 1 月 20 日，以"科技驭变非凡"为主题的比亚迪首届迪粉大会在深圳盐田体育中心举行，当晚有超过 120 名迪粉、近 300 位媒体从业者齐聚一堂，共享比亚迪新技术、新车型、新规划。比亚迪力图通过这种形式，加深消费者对于品牌的理解，营造出一种属于比亚迪品牌本身的用户归属感，进而让他们的良好口碑获得更加广泛的用户认可。除了一年一度的"粉丝大会"，比亚迪还在官网上设立里了迪粉汇，为其消费者创建了一个沟通交流的平台，"迪粉"不但可以借此平台定期举办活动，还可以向厂商反应产品质量问题。比亚迪还设立了问题受理中心，不仅简化了消费者的问题反馈流程，更重要的是不断听取消费者的意见和建议，从而制造出更符合消费者产品诉求的汽车。

不论是雷诺的方式还是比亚迪的方式，都是企业 CRM 思维的转变。广告主逐渐意识到，以往客户关系维护方式已经不再适用于当下年轻化、诉求多样化的新一代消费者。车企除了向消费者展现"硬实力"即质优价廉的产品之外，还应当建立一套完善的客户价值维护体系，从企业"软实力"的角度深挖客户价值，从消费者的角度出发，搭建一条人性化的感情沟通桥梁，让消费者从认识品牌到理解品牌，最后使其成为品牌价值的一部分，创造出属于企业自身的粉丝价值。

广告主应当从消费者的角度出发，着力满足他们个性化和情感化的需求，不断追求人性化，努力创造品牌价值，使品牌成为产品和服务的核心，并最终由产品和服务来体现品牌的价值，用品牌来构建一种高效的企业消费者沟通体系。

四　未来趋势展望

（一）市场方向：西进下沉，营销传播需要更接地气

中国汽车工业协会的数据显示，中国 2015 年的汽车销量仍然位居全球第一，这也是中国汽车市场连续第六年销量全球第一。即便如此，随着汽车市场日趋饱和，中国汽车工业将不会再有爆发式增长。面对资源和环境的约束，传统汽车市场的销量版图正在悄然改变，中西部城市和三、四、五线城市成为新的市场增长点。

东部汽车消费需求日渐饱以及限牌规定带来的直接影响使得消费受阻。与之相反的是，中西部地区的发展态势持续向好。尼尔森网联发布的《2015 年汽车消费需求变化回顾和新一年趋势展望》报告显示，以重庆、贵州、湖北、湖南、江西为代表的中西部省份的 GDP 增速领跑其他各省份，汽车销量的增长速度也显示出中西部地区的快速崛起。乘联会的汽车零售数据流向显示，湖北、江西的年增幅超出 15%，重庆、四川、河南、湖南、安徽、贵州的增速也超过总体市场水平。尼尔森网联在全国的消费者调研数据表明，问到未来一年内是否有新车购买意向时，18% 的三线城市消费者给予了肯定的回答，而四线城市的比例更高，达到 20%。目前三、四线城市主要集中在中西部。

《2015 中国县域市场研究蓝皮书》中的最新调查数据显示：相比"增长乏力"的一、二线汽车市场，新兴的三、四线市场表现迅猛，其市场份额每年以 2% ~3% 的速度提升。预计到 2020 年，三、四线市场占全国市场的份额将提升到 55%。如何进行产品布局、抢滩三、四线市场及精准把握消

费需求，已成为下一个 5 年汽车厂商需要关注的关键问题。[①]

然而，对于中西部地区和三、四、五线城市销量增速快，部分业内人士将其解读为"原来基数低"。目前销量占比最大的地区仍集中在东部和一线城市。相对而言，中西部和其他低线城市的增长潜力更多在于中低端车型。有业内人士指出，更细分的产品布局才是明智的做法。比如将一些中低端车型放在中西部重点销售，东部地区主打高端车型或豪车等利润较高的产品。不论是为了应对西部以中低端车型为热门销量的特点，还是为了迎合更加挑剔的消费者需求，营销传播都需要更加接贴近实际和生活，在竞争激烈的市场环境中稳中求胜。

（二）产品创新：以新能源技术、互联网汽车、自动驾驶为代表的新兴技术融入汽车，消费者认知度不断提升

汽车工业正进入智能时代，进入汽车与互联网融合的新阶段。与此同时，加快发展节能和新能源汽车早已成为国家的重大战略举措，这两大趋势将引发一系列变革，汽车的产品形态也将产生根本变化。发展智能互联汽车和节能新能源汽车是汽车生态的新布局。

2016 年 2 月 16 日，工信部公布的数据显示，根据机动车整车出厂合格证统计，2016 年 1 月，中国新能源汽车生产 1.61 万辆，同比增长 144%。[②]易车网与 360 共同发布的《2016 年 Q1 汽车行业搜索报告》中的数据显示，新能源汽车的搜索量增长势头较快，即便总体搜索量不高，但增长趋势要高于整体汽车行业。混动和纯电动是人们最关注的新能源车型，2016 年一季度混动车型的搜索占比略大于纯电动车型。

在政府密集的扶持政策出台的背景下，中国新能源汽车在消费者心中的认知度不断提升。随着各大试点城市基础设施的不断完善，消费者对新能源汽车的使用与维护愈发放心。2015 年新能源汽车实现生产 34 万辆，销售 33 万辆，同比分别增长 3.3 倍和 3.4 倍。尽管同其他车型相比新能源汽车的销

---

① 黄升民等：《2015 中国县域市场研究蓝皮书》，当代中国出版社，2015，第 43 页。
② 根据工信部 2016 年 2 月公开数据整理。

量占比较低，但其仍然对消费者以价格和价值为中心的购车习惯形成了挑战。对比麦肯锡2011年和2016年的汽车消费者调查可以发现，五年来消费者对电动汽车的兴趣增长了3倍。[①] 政府补贴、税收优惠以及更低的使用成本给电动汽车带来了极大优势。在部分一线城市，电动汽车上牌比传统汽车容易得多，这也成为电动汽车的加分项。在未来，国家对新能源汽车在政策上将持续倾斜，其配套基础设施将不断完善，营销宣传力度将不断深入，新能源汽车的发展潜力确实值得期待。

除新能源汽车以外，前文提及特斯拉 MODEL S 的推出意味着智能汽车时代的到来，强大的自动驾驶系统预示着智能科技正在开启一个全新的未来汽车世界。无论是国家政策支持下的新能源汽车，还是汽车自动行进、避让、转弯、超车的无人驾驶技术，抑或是智能汽车领域的乐视、百度等国内互联网巨头的来势汹汹，无不显示出汽车行业发展经历百年，"创新变革"成为众多车商占领市场的必争之路，而国内智能汽车产业将迎来高速发展的黄金时期。各类创新升级的汽车产品，最终带来了使消费者认知度的不断提升和消费观念不断升级。

（三）品牌升级：消费升级大势下，汽车品牌的高附加价值化、年轻化、个性化越来越重要

从市场来看，近年来车市的增长是理性的稳步增长，而非突发式的。二、三级市场正在不断加强，地方车市的消费潜力逐渐显现出来。而且扩大内需仍然是当前中国经济发展的主导力量，为此政府规范并管理对汽车产业发展的调控力度，一系列政策陆续出台，包括下调汽车购置税、推动互联网与制造业融合、对新能源汽车加大补贴等。汽车消费的相关政策将进一步完善，国内汽车消费升级正在加快。

企鹅智酷的一项在线调查数据显示，参与此次调查的样本中，83.5%的

---

① 麦肯锡：《2016中国汽车消费者报告》，中文互联网数据资讯网，2016年6月6日，http://www.199it.com/archives/465363.html。

用户集中在 21~45 岁。这部分成年用户是市场消费的主力人群。其中 26~30 岁的用户在调查中占比最大。另外，调查样本中高中和大学本科学历人群占比最大，共达到了 58.9%。其中高中学历为 30%，大学本科学历为 28.9%。[①] 年轻化的消费者消费理念更加超前，在购车过程中的卷入度也在降低。面对消费升级的大趋势，各汽车行业广告主纷纷采取应对措施，其中重要的一种就是增加品牌曝光率，提升品牌认知度。

艾瑞咨询根据网络广告监测系统的最新数据研究发现，2016 年 4 月，汽车品牌网络广告总投放费用达 5.9 亿元。其中，宝来投放费用达 3496 万元，位居第一；比亚迪汽车投放费用达 2635 万元，位居第二；奔驰中国投放费用达 2434 万元，位居第三。[②] 在消费升级的大趋势下，车企更加注重针对新兴消费群体的各类广告媒体投放策略，从而达到产品推广和品牌升级进而促成销售转化的终极目标。

（四）传播渠道：数字渠道与传统渠道并用才能取得品效合一

在 2015 年汽车行业的广告投放中，不同渠道之间广告投放量与投放费用差异显著。其中互联网广告占到广告总投放量的 26.8%，增长最为迅猛。报纸、杂志和户外的广告投放则均呈不同程度的同比下跌，其中报纸广告的投放量下跌幅度达 51.5%，估计刊例值则同比下跌了 52.9%。[③] 传统渠道的营销费用比例降低，数字渠道的营销费用比例节节提升，互联网日渐成为广告主看重的广告投放和营销活动平台。汽车行业媒体投放类型基本保持稳定，垂直类汽车媒体成为各车企投放广告的首选。

然而，当互联网媒体聚全行业广告投放热度，以其更加符合消费者媒介接触习惯的特性，呈现蓬勃发展态势之时，传统媒体在营销传播层面上的重

---

① 企鹅智酷：《2015 中国汽车消费新趋势报告》，中文互联网数据资讯网，2016 年 7 月 13 日，http://www.199it.com/archives/494685.html。

② 艾瑞咨询：《2016 年 4 月汽车品牌网络广告投放数据》，199IT，2016 年 5 月 6 日，http://www.199it.com/archives/494685.html。

③ 艾瑞咨询：《2016 年 Q2 中国汽车行业网络广告季度监测报告》，中文互联网数据资讯网，2016 年 7 月 18 日，http://www.199it.com/archives/496630.html。

要地位仍然是不可替代的。不同于报纸、杂志以及户外广告媒体的广告投入比例呈现不同程度下跌的现状，电视广告投放势头依然强势。针对传统媒体进行的一次调查发现，有七成的车企选择电视作为广告投放的首选媒体。2015年上半年的数据显示，虽然除卫视以外，央视、省台以及市台的广告投放费用比例具有小幅度降低，但是通过冠名、赞助、植入等形式投放在综艺节目、体育赛事以及各不同广告时段的电视广告，是车企的首选营销传播方式。①

综上所述，只有将数字渠道与传统渠道合理并用、按需投放才能真正整合并达到企业行业广告主的营销传播目的。

（五）传播手段：越来越多的新技术应用于汽车的营销中，汽车消费者获得更好的传播体验

体验式营销强调企业以消费者为中心，相比传统营销，体验式营销把焦点放在顾客的"体验"上，并让顾客在广泛的社会文化背景中检验消费体验。艾司隆在《品牌体验报告：长期在线的中国消费者》中对品牌满意度最重要的因素进行了分析，认为对于任何要取悦中国消费者的品牌而言，必须牢记以下要点："提供全日无休的服务、一致的体验、好玩有趣的互动。"一致的体验成为考察品牌满意度最重要的三大因素之一，体验营销的重要性可见一斑。另外，"我的朋友也与该品牌互动"也是考察品牌满意度的一项重要因素。这反映了受访者社交环境对其行为的影响，换言之，中国消费者喜欢分享与偏好品牌的互动体验。这对营销人员来说是好消息，因为可以通过营造故事、举办活动等来加强品牌在线上和线下的口碑。② 体验和口碑是互联网时代企业取得成功的两大关键要素。消费者借助发达的社交媒体，随时随地分享信息，良好的体验会通过网络快速传播，形成口碑效应，影响更多的消费者，因而当今时代也被称为"体验经济时代"。

---

① 尼尔森网联：《速度与激情：汽车品牌广告投放的新时代》，广告门，2015 年 8 月 3 日，http：//www. adquan. com/post－2－31536. html。

② Epsilon 艾司隆：《品牌体验报告：长期在线的中国消费者》，梅花网，2016 年 1 月 25 日，https：//www. meihua. info/a/65930。

2016 年是虚拟现实（VR）技术的爆发年，备受媒体追捧的 VR 技术，正不断地在商业以及营销等领域得到广泛应用与认可。随着以 VR/AR 为代表的越来越多的新技术应用于汽车的营销传播当中，汽车消费者获得了更好的传播体验。有了 VR 设备，消费者不仅可以方便地选车和虚拟试驾，还可以实现车辆的外观和内饰的个性化，VR 技术完善了汽车产品和功能的展示。此外，在与消费者的情感沟通方面，无论是通过虚拟方式参观汽车工厂，还是车展上专门为年轻消费者设计的游戏或者体验项目，都可以被看作汽车品牌触达消费者、与他们沟通的新路径。车企通过 VR 带来的有趣体验，建立起品牌与消费者的情感链接。

随着新技术助力体验营销，消费体验不断升级和优化，体验式营销已经成为企业增加品牌价值、树立公司形象和增强顾客忠诚度的有力武器。体验式营销让汽车品牌得到充分展现，同时也实现了车企与消费者的情感沟通：消费者通过深度的接触和体验增加对产品和品牌的好感与信任。

五 结语

虽然经历过阶段性市场疲软的低迷期，也不再有几年前爆发式增长的蔚然景象，中国汽车产业依然表现出平稳的发展态势。汽车行业广告主也在积极探索新形势下的营销策略，这从侧面印证了广告主对总体经营环境的信心。同时我们也应当看到，中国虽然拥有数量庞大的汽车用户和潜在消费者，但是由于汽车文化不完善，消费者对于汽车的认知、理解和购买行为还不够成熟，因此，各大车企应当从中国消费者的消费习惯出发，量体裁衣，制定出切实可行的营销方案。

"顾客就是上帝"这句至理名言如今依旧值得借鉴。汽车广告主在面对广大的消费者时，尊重必不可少，更为重要的是要像朋友一样了解、亲近他们，知其所想，投其所好，站在消费者的角度上，不断推出和完善产品。同时，保持对社会热点敏锐的洞察力，熟知消费者的媒介接触习惯，从而开展有效的整合营销传播活动。

B.7
厨电①行业营销传播活动报告

摘　要： 家电行业的发展已经进入了成熟期，低速增长成为市场的常态。然而厨电子品类却保持了相对高速的市场增长。厨电行业面临着消费市场年轻化、消费升级、在线化等变化趋势，消费市场的变化驱动了厨电企业在产品创新、销售渠道以及品牌传播三方面的升级。未来厨电品牌集中度将进一步提高，市场空间可期，渠道将进一步融合化、扁平化，产品将朝着智能化的方向进一步深化。

关键词： 产品智能化　渠道融合化　品牌高端化

一　家电行业整体增速放缓，厨电行业逆势增长，品牌格局维稳

（一）家电行业整体增速放缓，厨电行业成为子品类亮点

2015 年家电行业在宏观经济环境不佳、房地产低迷等综合因素的影响下，出现增长动力不足的问题，主要产品销量增速放缓，部分品类甚至陷入负增长困境。据中怡康测算，2015 年，中国家电行业整体规模为 15300 亿元，同比增长 5.5%，冰箱、彩电、空调等个别品类出现负增长。② 然而厨

---

① 本文的厨电是厨房电器的简称，主要包括吸油烟机、燃气灶、消毒柜、洗碗机等产品类别。
② 邓华东：《2015 家电业回顾：调整期酝酿转型升级》，百度百家，2016 年 1 月 12 日，http://denghuadong.baijia.baidu.com/article/294235。

电市场依然保持了近两倍于行业的增速，成为家电市场的亮点所在。数据显示，厨电行业市场规模将达到690亿元，同比增长10.5%。[①]

进入2016年之后，厨电依然保持着较为良好的发展态势。2016年上半年部分大家电出现了低增长或负增长，而只有厨电保持了较好的增长势头。奥维云网数据显示，2016年上半年传统厨电销售额达到297.0亿元，同比增长7.8%。2016年上半年，洗衣机市场销售额增速为-4.6%，彩电市场2016年上半年销售增速为-4%，2016年前四个月冰箱市场重点城市零售额同比下滑8.15%，空调市场2016年销售额预计只能够增长2%。[②] 厨电子行业主营增速依旧最为明显。

（二）品牌格局维持稳定，老板、方太的双寡头格局难以撼动

从品牌格局上看，2015~2016年厨电市场品牌格局维持稳定，厨电行业目前形成了老板、方太的双寡头格局，美的、华帝、帅康、西门子、万和等品牌在追赶中。但两大厨电巨头方太、老板依靠品牌和市场占有率的稳定优势，凭借多年来的耕耘，已经形成了较强的品牌信赖度，近年来转型高端化厨电效果明显，进一步提升了品牌拉力，其他品牌尚无法对两大巨头形成实质性的挑战。其中，老板电器和方太电器在主要品类上实现了行业领先的市场份额占有。无论是线上还是线下，老板和方太均形成了垄断性的领先优势。

表1　线上与线下厨电企业2014~2015年销售份额前十

线下销售份额前十品牌			线上销售份额前十品牌		
品牌	2014年(%)	2015年(%)	品牌	2014年(%)	2015年(%)
老板	25.5	27.2	老板	18	21.1
方太	20.5	22.6	方太	17.9	20.8
华帝	9.6	8.9	美的	9.7	11.4
美的	6.8	7.7	华帝	11.4	10.2

---

① 明彦华：《2015年中国厨电市场规模增长10.5%　2016年或有新入局者》，中商情报网，2016年1月5日，http://www.askci.com/news/chanye/2016/01/05/8460u6q7.shtml。

② 孙蔚然：《看！2016年上半年家用电器卖了这么多》，中国家电网，2016年8月26日，http://news.cheaa.com/2016/0826/487950.shtml。

线下销售份额前十品牌			线上销售份额前十品牌		
品牌	2014 年(%)	2015 年(%)	品牌	2014 年(%)	2015 年(%)
西门子	6.3	5.6	康宝	5.8	4.5
万和	3.1	3	西门子	2	3.1
帅康	3.5	2.9	优盟	2.5	2.8
万家乐	2.9	2.7	帅康	2.6	2
海尔	2.5	2.3	TCL	1.3	1.8
康宝	2.7	2.1	森太	1.2	1.6

二 消费市场三大变化驱动厨电行业营销传播升级

（一）消费者年轻化，"80后""90后"为代表的新世代消费者成为逐渐成为厨电市场增长的主流消费群体

自改革开放以来，作为中国家电产业一部分的厨电产业经过30余年的发展，市场在不断成熟的同时，厨电的主流消费群体也在发生极大的变化。其中最大的变化就是以"80后"和"90后"为代表的新世代消费者逐渐成为厨电市场增长的主力军。"80后""90后"乃至"00后"的新世代消费者开始逐渐成为中国消费的主导力量。数据显示，成熟的新世代消费者（15~35岁）在中国城镇15~70岁人口中占比为40%，这一比例在2020年将达到46%。而整体新世代消消费占比到2020年将达到53%。预计新世代的消费力将以年均14%的速度增长，这一速度是上一代消费力增速的2倍。年轻一代消费者比上一代消费者的消费能力更强，上一代中国人由于其成长环境等原因形成了高储蓄低消费的生活习惯，即便是近年来财富增长较快消费习惯却依然没有较大改变。年轻一代则没有那么节俭，与上一代的上层中产阶层消费者相比，年轻一代的上层中产阶层消费者在众多品类的消费上要高出40%。①

---

① 阿里研究院、波士顿咨询：《中国消费趋势报告——三大新兴力量引领消费新经济》，中国证券网，2015年12月23日，http://finance.jrj.com.cn/2015/12/23134720285954.shtml。

具体来看，当前"80后"处于事业上升、成立家庭等人生重要阶段，收入水平高，开始集中安家置业，厨电消费需求不断增加，并且"80后"愿意为高品质生活买单。而"90后"消费者也开始逐步到了适婚年龄，开始进入工作岗位，虽然收入水平不高，但是消费频次高、消费意愿强烈，消费力量逐渐显现。相比年长的消费者，"80后""90后"的消费意愿高、购买能力强、追求新产品新技术，所用产品的更新换代速度明显加快。此外，新一代的消费者消费更为成熟，受教育水平更高，品牌意识也更加强烈并且对本土品牌的接受程度更高。新一代的中国消费者正在迅速成长并引领未来消费潮流。消费者构成的变化无疑会对厨电市场的变革起到引导作用。

表 2 中国的年轻消费者的品牌认识与观念

指标	上一代	新世代	差额
日渐成熟（接受高等教育者的比例）	3%	25%	约 8 倍
品牌意识越来越强（知晓的品牌数量）	7	20	约 3 倍
重要的拥护者（品牌的拥护比例）	39%	49%	10%
全球意识日渐增强（过去 12 个月出境旅游次数）	0.4	0.7	近 2 倍

（二）中产阶层崛起带动消费升级，消费者从价格消费走向价值消费，厨电消费逐步走向高端化、品质化

目前中国新中产规模已经上亿人，随着经济发展、消费升级以及互联网化进程的深入，未来 5~10 年，中国新中产规模有望上升到 3 亿~5 亿人。而在未来五年，中国消费总量增长的 81% 将来于中产阶层。[①] 中产阶层的消费者崛起的一个典型例证就是中国中高端消费外溢，也即海外购物的规模不断扩大。中产阶层的发展壮大带动了中国整体消费的升级。消费升级最直接的体现就是产品的品质和价格的提升，这与当前厨电的高端化、智能化、均价提升的现状

---

① 沈浩卿：《中国新中产消费市场调研集成报告》，媒介 360，2016 年 4 月 13 日，http://mp.weixin.qq.com/s?__biz=MjM5MTM1NTA2MA==&mid=401820113&idx=1&sn=5db32de9d703ec62840974e3038619c9&scene=1&srcid=0424UG4U8dHMQ4PEKRod8t53#rd。

符合。中产阶层人群目前已经颇具规模，消费升级的潜力不断增加。从市场层级看，2005 年低端和中端产品在市场上占比达到 73%，市场还是以低价的中低端产品为主，而到了 2015 年，高端和超高端市场占据半壁江山，市场提升近一倍。[①] 消费者对产品品质、产品服务的要求越来越高，品质化升级需要不仅要满足消费者的基本诉求，对特殊诉求也要形成个性化的方案。厨电市场消费者不再满足于厨电产品的基本功能，而是更加关注产品的差异化、人机交互、智能控制、工业设计等方面的更高体验，更加注重品牌的附加价值和所展现出来的情感体验，消费者的需求变化带动了厨电市场朝着高端化和品质化的方向发展。厨电消费升级的这种趋势可以在消费者可承受的心理价格以及购买产品关注的因素上看出来。在一项调查中有 55% 消费者表示愿意负担 5000～10000 元购买厨电产品，甚至万元以上预算的消费者占到了整体的 20%。而厨电市场产品的均价仅为 3000 元左右。可见，消费者愿意承担价格更高的高品质产品。而在影响消费者选购厨电产品的主要影响因素中，品牌、外观和节能位居前三，价格仅仅排在第四位。[②] 消费升级的趋势势必继续延续。

表 3　不同市场层级的市场份额占比以及增长率

市场层级	2005 财年(%)	2000～2005 年复合年均增长率(%)	2015 财年(%)	2010～2015 年复合年均增长率(%)
超高端	6	94	24	130
高端	21	106	25	118
中端	31	117	27	107
低端	42	109	24	97

（三）消费者从信息接触到最终购买的消费者行为在线化趋势明显

截至 2016 年 6 月，中国网民规模达 7.10 亿，互联网普及率达到 51.7%，

---

① 薛强：《消费升级后的互联网思考》，2016 年 9 月 3 日，中国广告，http：//mp. weixin. qq. com/s？_ _ biz = MjM5MTMxNjcxNQ = = &mid = 2652266608&idx = 1&sn = ef7ca6ac075f7f2 22a611e1b563ae852&scene = 1&srcid = 09037d7BI9u6oUtFKPOGE41n#rd。

② 毕磊、杨波：《2015 中国厨电产业白皮书》，2016 年 3 月 1 日，人民网 – 家电频道，http：//homea. people. com. cn/n1/2016/0301/c41390 – 28160680. html。

超过全球平均水平 3.1 个百分点。伴随着移动互联网的快速渗透，消费者更是维持着时刻在线的状态。数字化潮流正改变着消费者的传统消费习惯。从信息获取来看，互联网平台成为消费者获取产品信息的重要平台。以新品信息获取为例，消费则虽然依然较为依靠电视广告（54%）、店内信息（41%）和亲友推荐（59%），但是网络渠道如网络搜索（37%）和社交媒体（27%）也占据越来越重要的地位。[1] 而有 65% 的消费者愿意与朋友和家人分享品牌体验，有 60% 的消费者会在社交媒体上与朋友分享品牌体验，[2] 这就意味着以社交媒体为代表的网络渠道成为消费者购买商品进行对比和评估的重要影响渠道。在购买商品之前，在社交媒体上查看其他消费者的评价活、在搜索引擎中搜索相关信息已经成为许多消费者习惯性动作。同样，这意味着在购后的评论和分享中，互联网渠道的重要性日益凸显。而在购买渠道中，电商已经成为厨电消费者的重要渠道。线上厨电市场的高速增长已经证明了这一趋势：2016 年上半年，厨电零售额同比增长 4.7%；其中线下市场零售额同比增长 2.9%，线上市场厨电零售额同比增长 40.7%。[3]

三　厨电企业产品、渠道、品牌传播三大升级，为消费者创造更高价值

（一）产品创新升级：厨电产品朝着高端化、智能化的方向发展

1. 智能化家电成为各大厨电企业产品创新升级的主流方向

在年轻化、数字化和消费升级的潮流下，消费者品质化、高端化、智能化消费需求明显。在厨电市场上则表现为厨电产品朝着高端化和智能化的方

---

① 中信建投证券：《新中产阶级带动品质消费，体育大年促进黑电大步扩张》，2016 年 7 月 13 日，https：//finance. qq. com/a/20160713/018824. htm。

② Epsilon 艾司隆：《品牌体验报告：长期在线的中国消费者》，梅花网，2016 年 1 月 25 日，https：//www. meihua. info/a/65930。

③ 尹青：《家电年中记：厨电市场逆市增长》，头版头条，2016 年 8 月 26 日，http：//news. roboo. com/news/detail. htm？ id = ca1191a4c33a2f2f1b35beb8a050be8e&index = nnews。

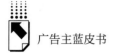

向发展。各大厨电企业也纷纷在厨电的高端化和智能化上做文章。在厨电领域，智能化可以说是高端化最为重要的表现。2015年，老板推出的吸油烟机9700集成了很多菜谱，可实现烟灶联动完成智能化的厨房炒菜过程。华帝在2015年发布了语音控制高端智能烟机"魔镜"，欲借语音控制杀入智能厨电领域。方太联合京东发布云智能厨电产品，系统地对外推出"智慧厨房"概念，随后方太宣布"旗下所有油烟机智能化"，并相继推出多款智能化油烟机。2016年，厨电企业继续在智能化上加大投放。老板电器的ROKI智能大吸力油烟机配备智能烹饪系统，可根据用户口味喜好、所属地域等信息自动推荐菜谱并进行食材配送；方太推出智领套系厨电产品；海尔则推出了商务云厨系列产品，由带有触摸屏的云厨吸油烟机、可智能控温的防干烧燃气灶、消毒效果可视化消毒柜、智慧烤箱4大单品组成，这些产品可实现产品与产品之间的互联互通，还可以通过智能操控终端和手机操控任意厨电。同时，还可以在智能终端屏幕上看电影、学习菜谱。德意发布了智能穹顶式油烟机；苏泊尔推出了双翼静净吸油烟机；海信发布了"智幕秒吸"油烟机，其搭载的"智能体感"技术，通过传感器对不同的手势进行监测，无须触摸，便可启动、关闭烟机，挥手之间便可调节吸力大小。

2. 产品结构上，厨电产品升级趋势明显，升级产品量价齐升

高端化的另一个表现就是产品升级的趋势明显。厨电行业发展的早期，没有统一标准，市场竞争相对无序，这时候消费者对产品的需求仅仅停留在的"能用"的层面。但随着"新国标"的颁布和市场的成熟化发展，厨电产品进入了比拼品质和能效、安全、"好用"的新时代。如在烟机灶具方面，厨电行业有了飞跃式的突破，材质已发展成为不锈钢和钢化玻璃材质，双灶眼、多灶眼产品和嵌入式、欧式、侧吸式油烟机受到市场追捧，为了顺应高效节能、绿色环保的理念，燃气灶在能效比上下足功夫，市场上出现了一批以燃气消耗少、热能效率高为卖点的新产品。再如嵌入式产品这两年发展快速，中怡康数据显示，2015年1~11月，嵌入式厨电（嵌入式电烤箱、嵌入式洗碗机、嵌入式微波炉）的零售额和零售量同比均出现明显提升，特别嵌入式洗碗机线下渠道零售额同比增长达到93.6%。来自国美的销售

数据也显示，嵌入式厨电 2015 年销售额达到 4.2 亿元，连续三年保持 70%以上增长。[①] 进入到 2016 年增长依然在持续。2016 年上半年，嵌入式电烤箱、嵌入式微波炉、嵌入式洗碗机、嵌入式蒸汽炉等品类市场零售额同比增速分别达到了 62.2%、36.4%、150.0% 和 106.7%。[②] 从价格来看，产品的升级趋势带动了产品均价的上升，奥维云网数据显示，2016 年上半年度线下油烟机的均价达到了 2964 元，同比上升了 6.1%；燃气灶方面，线下燃气灶均价达到了 1456.9 元，同比上升了 9.6%。[③]

（二）销售渠道升级：厨电企业积极布局线上渠道，整合、升级多元渠道，提升渠道力

1. 厨电线上渠道发展迅速，各大厨电厂商积极布局线上渠道

伴随着消费者购买习惯的变化，厨电电商近两年来发展十分迅速。数据显示，在厨电产品的销售渠道中，2014 年线上渠道销售额占比为 10.5%，2016 年则上升到 18.4%，三年内增加了 7.9 个百分点。在 2016 年，线上渠道依然延续了高速增长，2016 年上半年线上渠道销售额的增速达到了40.7%，而线下渠道仅增长 2.9%，此外，[④] 数字化时代消费者获得良好互动体验的首要因素便是"在我需要时触手可及"（69%），渠道的可得性对于数字消费者的重要性不言而喻，线上渠道是满足消费者触手可及需求的重要条件。虽然电商销售份额目前所占销售总份额的体量不大，但趋势已成。以上数据表明，厨电销售渠道的电商化是在电商销售额日渐增大的背景下企业的必要选择，电子商务的发展和消费者购买习惯的改变，对传统营销模式

---

① 明彦华：《2016 年厨电市场或有新入局者，但格局难撼》，百度，2016 年 1 月 4 日，http：//cheaanews. baijia. baidu. com/article/285179。

② 王峰：《2016 年厨电白皮书发布——厨电市场发展迅猛，未来可期》，中国消费网，2016 年 6 月 17 日，http：//www. ccn. com. cn/409/901930. html。

③ 《2016 年上半年度厨电市场分析》，今日头条，2016 年 7 月 26 日，http：//toutiao. com/i6311522412575851010/。

④ 尹青：《家电年中记：厨电市场逆市增长》，头版头条，2016 年 8 月 26 日，http：//news. roboo. com/news/detail. htm？ id = ca1191a4c33a2f2f1b35beb8a050be8e&index = nnews。

和销售渠道形成强烈冲击。

目前厨电企业布局电商渠道主要是通过三种方式实现。首先，借助淘宝、京东等专业网购平台进行销售。二是以苏宁、国美为代表的商家自建网上商城。三是家电品牌自行开设的网络直营渠道。各大厨电企业也借电商渠道实现了销售增长，2015年"双11"当天老板电器实现全网销售额2.2亿元，同比增长90%以上，电商渠道2015年全年销售占比预计将达到27%。另一巨头方太也不遑多让，电商平台"双11"当天全网总销售额突破2.5亿元，同比增长90%以上。[①] 老板电器自建的"老板电器"官方购物网增长也非常快速，2015年销售近4000万元。2016年"618"期间美的厨电全品类产品在京东及天猫平台销售总额突破1.2亿元，同比增长150%以上。[②]

表4　厨电销售渠道份额变化情况

线上/线下	渠道类型	2015年（%）	2016年预计占比（%）
线上渠道	电商网络	14.8	18.4
线下渠道	大连锁	22.9	22.4
	百货＋超市	5.5	4.1
	专卖店	29.3	28.4
	区域连锁	11.6	10.6
	家装建材	15.9	16.1

资料来源：奥维云网。

2. 推行渠道数字化变革、实行渠道下沉，强化渠道把控力和网点覆盖能力

厨房电器产品的消费群体是普通大众，建立一个全面高效、反应迅速的渠道体系是厨电企业成功经营的关键要素之一。当前厨电企业面临着两大现实情况，一是传统厨电渠道体系还需要升级以适应数字时代渠道扁平化和数字化的发展趋势，二是随着我国城镇化的不断推进以及低线城市消费者家

---

① 李子美：《方太双十一电商销售额2.5亿，居行业第一》，2015年11月13日，万维家电网，http://kitchen. ea3w. com/149/1497169. html。

② Adeleyuan：《美的厨电618创造新佳绩》，腾讯数码，2016年6月23日，http://digi. tech. qq. com/a/20160623/054907. htm。

电消费观念的变革，低线市场的厨电消费力会逐渐显现，低线市场将会是厨电消费下一个市场爆发点。面对这两大现实，各大企业也开始了升级之路。以老板电器为例，在数字化升级上，老板电器 2016 年将逐渐实现专卖店的信息化和互联网化，在 2016 年预计将改造 200～300 家专卖店，开发专门的线上管理平台，代理商也做电商逐步实现 O2O，预计通过 3～4 年的改造，完成终端管控。在渠道覆盖上，2015 年，老板电器在一、二线市场传统渠道深耕发力，在三、四级市场全面提升专卖店覆盖率，新建专卖店 450 家，到 2015 年共有乡镇网点 868 家。2016 年上半年，老板电器继续加速三、四级市场渠道下沉，持续加快专卖店建设步伐，老板电器上半年新增专卖店 150 家。德意电器也不断加大渠道建设，2016 年上半年新开店数量 430 家。此外，厨电企业创新渠道合作模式，在线下经销商、代理商销售承压的情况下依然保持对企业的支持。如 2015 年老板电器就提出"千人合伙人计划"，允许管理团队参与利润分享。根据拆分区域趋小的特征，创新了代理公司本部事业合伙人和三、四级市场的激励分享模式，使渠道变革持续顺利开展，全国新增城市公司数量达到 46 个，并于2015 年拆分了 8 家代理商，提升了渠道的运营效率。老板电器的业绩增长离不开渠道创新的支持。

3. 终端模式创新，跨界经营和数字化融合成为终端升级趋势

此外各大家电企业还加大对终端的创新，跨界经营和数字化融合成为终端店面的创新方向。如老板电器在 2015 年推出了"厨源"旗舰店，"厨源"是老板电器推出的高端自营专卖店项目。2015 年 7 月，第一家厨源绍兴路店开业，为上下两层的独栋建筑，面积 1600 平方米。之后杭州大厦店也接着开业，面积 500 平方米。今年华东厨源店在 3 月 15 日正式开业，占地面积 780 平方米。城西新时代厨源现在已经投入运营，使用面积达 400 平方米，其中 100 平方米为独立教学区。厨源包括五大模块，除了产品展示外，还有亲子区、高端就餐区、美食烹饪区、烘焙教学区等。除了产品展示和消费者互动之外，厨源还可以衍生出烹饪课堂、私家厨房定制、跨界联营商品推广、合作品牌销售等业务，也是一个重要的外联场所。厨源的门店分为

ABCD 四类，其中 A 类店的要求最高，包括完整的五大模块，而 B 类 C 类店会考虑到场地的限制，减少一些项目。目前计划在全国开设 20 家左右 A 类店。除了销售老板旗下产品，厨源还可以创新商业模式，包括引入其他小家电和炊具品牌进行异业联盟，提供烘焙教学等服务，为大量互联网项目提供线下展示点等。很多优秀的线上项目拥有流量和用户资源，但缺乏实体体验点，而厨源正好可以与之互补。未来厨源将是一个地推大平台，所有消费者能够体验到的东西都可以进行销售，包括食材等，而这又可能与公司的智能产品 ROKI 系统产生互动。

另一厨电巨头方太则在 2015 年 5 月推出了方太生活家平台，具体的做法是：方太生活家平台分为线上、线下两个部分，线上有 App、微信、官网，移动客户端方太烹饪教室 App 于 2014 年底上线测试，2016 年已经发展 6 万精准方太粉丝。在全国开设的方太生活家体验店 2016 年底已经超过 60 家。方太生活家线下部分则是平均面积约为 300 平方米的方太生活家体验店。方太生活家通过打造线上线下融合的高端生活方式粉丝社群，为爱烹饪、爱美食、爱生活的人提供了一个社交的空间，同时也为产品销售营造了场景体验式的销售环境。

（三）品牌传播升级：品牌定位、传播渠道和营销思路升级，提升有效触达和与消费者情感共鸣效果

1. 品牌定位升级：占领消费者心智份额，朝着高端化的方向发展

厨电行业虽然只是整体家电行业的一个子行业，但是其产品相比大家电更能够体现人们的生活品质和消费需求的升级。一般情况下，人们在基本家电品类如黑电、白电的等大家电的消费需求满足之后，对厨电和小家电这类体现生活品质和情调的产品的需求走上前台。体现在品牌上就是相较于大家电品类，更多的厨电企业将自己的品牌定位为高端或高品质，企图占据消费者的心智份额。老板和方太早就确立了高端定位，在高端品牌建设上也形成自己的一套体系，如老板电器的"113 高端品牌模式"。而其他阵营的品牌如华帝、德意等在品牌化时代和消费升级时代，也开始逐渐向高端或者类高

端定位。如德意电器定位为品质厨电、乐享生活，帅康电器则定位为厨卫电器领导品牌。

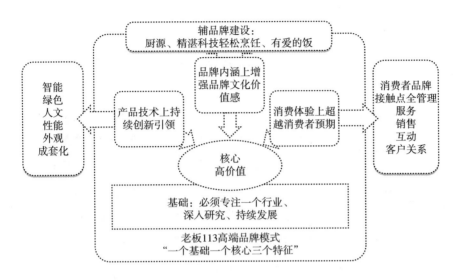

图1 老板电器的高端品牌模式

2.传播渠道升级：整合传统和新兴的传播通路，最大化保障消费者有效触达

包括厨电产品在内的任何消费品品牌的增长，都可以归结为两点：心智的显著性和购买的便利性。购买的便利性指向厨电企业的渠道建设，心智的显著性是指一个品牌在人脑海中可以被主动回想起的程度。厨电企业如何才能构建心智的显著性？可以从两个方面思考。第一个关键要素是非常深刻和清晰的品牌定位，厨电企业当前的高端化品牌定位取向即是一种体现。第二个关键要素是长时间的消费者注意力，指向厨电企业消费者触达能力和与消费者的沟通能力。

（1）聚焦电视和互联网媒体，以户外为辅，共同驱动厨电品牌消费者的有效触达

厨电行业所面向的消费者是普通大众消费者，企业想达到消费者的有效触达就必须了解消费者的媒体接触习惯。电视依然是触达消费者的有效方式，并且在品牌形象和知名度的打造上有着独特的优势，厨电企业也依然乐

于在电视上大量投入。随着消费者数字媒体接触越来越高，互联网媒体也成为有效触达消费者的主要渠道。所以在两家厨电企业的费用分配中，电视和互联网是企业主要媒体广告花费的去向。而户外媒体凭借着其被动性以及其与新技术的结合，也成为厨电企业不可或缺的媒体传播渠道。

（2）倚靠央视助力厨电品牌高端化，省级卫视也成为重要传播渠道

由于家电行业面向大众消费者，而电视广告具有覆盖面广、表现形式丰富、能够塑造和深化企业形象的特点，因此在家电行业的媒体战略中一直占据着重要地位。近年来电视媒体虽然出现了衰弱的迹象，但是依然是家电品牌传播媒体的重要选择。厨电企业通常非常重视电视媒体，而央视作为中国的主流权威媒体，与厨电企业的传播目标和人群覆盖及定位十分符合，因此成为许多厨电企业不二选择。行业两大巨头老板和方太均在央视上有很大的投入。在调研中，某一线厨电企业的电视媒体费用分配中央视占到了非常大的比例。同时，近年来部分一线卫视的热门综艺也成为厨电企业品牌传播的重要媒体选择，如老板电器就赞助了浙江卫视的"中国新歌声"并取得了良好的传播效果。

3. 营销思路升级，寻求与消费者的情感连接、提升消费者的品牌记忆与黏性

（1）营销中注入文化因素，传达生活方式，加深消费者对品牌理念的理解

当前厨电企业在品牌诉求中不仅关注产品本身，而且更加关注对生活方式和厨房文化的传达。部分厨电企业在营销中注入文化元素，以此加深消费者对于品牌理念的记忆和理解。厨电品牌具有各自特点的文化营销也成为厨电企业差异化传播的一个重要表现。以老板电器为例，早在2012年，老板电器在产业园区内建成了国内首个有机形态厨房文化科技体验馆——"厨源"。体验馆以春生、夏长、秋收、冬藏的四季自然更替为线，从良渚文化中吸取灵感，将历史最悠久的中国饮食和烹饪文化，与厨电生活未来发展趋势和科技创新方向进行全面融合，为参观者展现企业与产业、科技与文化、人文与自然和谐统一的境界。2015年，老板电器推出高端自营专卖店"厨源"旗舰店（烹饪文化体验馆），店内设置了包括智能烘焙、文化体验、产品科技体验

等区域，总面积超过 1000 平方米，拥有美食烹饪、休闲娱乐、聚会餐饮、文化品鉴等一系列功能，将场景体验式文化贯穿其中。余杭地区的良渚文化被视为中华烹饪文化的发源地，地处余杭的老板电器借助地缘优势顺势将良渚文化融入企业使命，并以传承发扬中华饮食文化、改善烹饪环境为己任。为了更好地向消费者传达这一品牌文化，老板电器通过厨源体验馆和厨源专卖店的形式进行文化营销，增强消费者体验的同也让消费者更好地理解了老板电器的品牌文化及品牌理念。而方太电器的线下高端体验店方太生活家同样试图以"品牌 + 饮食文化 + 生活方式"的形式增强消费者的品牌文化体验，而其儒学文化在品牌中的渗透和体现也是其文化营销的一大亮点。

（2）针对年轻消费群体，积极运用新兴传播手段，为品牌注入新活力

随着"80 后""90 后"消费者成为消费的主流群体，厨电的营销传播也要因其而变，直播平台成为厨电企业的一个重要选择。相关数据显示，"80 后""90 后"是直播平台的主流用户。[1] 直播可以有效拉近品牌与年轻消费者的距离，品牌可以借助直播实现与消费者的深度互动和零距离沟通，消费者也可以边看边买，品牌借此实现实时销售转化。如美的厨房电器于 2016 年 6 月 13 日在花椒直播及阿里系直播平台（包含天猫和淘宝）展开"美的厨房之夜问熊黛林"直播。直播总在线观看人数突破 300 万，实时转换京东和阿里电商平台销售额超过 1100 万元，其中天猫和淘宝销售额 680 万元，京东销售额 460 万元。直播中，熊黛林签名的同款油烟机销售额达到了 500 万元。在直播中，熊黛林还对产品进行亲身体验，亲自使用美的厨房电器产品烹饪制作食物并做详细介绍，让美的产品得到了最大程度的曝光，品牌得到了最大量的露出。[2] 美的厨电通过直播这一手段实现了口碑与销量的双赢，有效地拉近了与消费者的距离，为传统家电品牌注入了新活力。

---

① 凯络洞察：《网络直播平台到底有什么营销价值？》，梅花网，2016 年 5 月 5 日，http://www.meihua.info/a/66668。

② 蔡炜：《"熊"直播余温尚存，"羊"直播火爆全网》，新华报业网，2016 年 8 月 23 日，http://news.xhby.net/system/2016/08/23/029468822.shtml。

（3）绑定优质 IP，依靠内容营销，渗透品牌理念

碎片化传播时代，传播渠道极大丰富，消费者也处在信息严重过载的状态，广告主获取消费者的注意力越来越难。但是以优质内容为代表的大 IP 依然是吸引消费者注意力的有效途径，优质内容 IP 能够突破各种渠道的藩篱和界限有效触达消费者并且能够在品牌内容化的过程中有效传播理念，因此，热门综艺、热门影视成为厨电企业的重要选择。如老板电器赞助了浙江卫视的王牌节目"中国新歌声"，与其品牌代言人那英无缝对接有效传播品牌理念。华帝则赞助大型真人秀节目"星厨驾到""蒙面歌王""十二道锋味2"等超高人气的综艺节目，与多家视频网站合作推出《盗墓笔记》等热门网络剧集。此外，老板电器联合 2016 年暑期热门电影《魔兽》进行跨界营销。老板电器以"两个世界一个家"为主题，针对青年一代的用户玩起快闪、直播、饭局、COSPLAY 等别开生面的营销活动：老板电器在杭州厨源烹饪文化体验馆举行"魔兽 COSPLAY"快闪活动，并在斗鱼直播"舌尖上的魔兽"魔兽游戏大神级玩家精彩对战以及邀约魔兽玩家、美食达人参与魔兽兄弟会饭局，通过活动重温魔兽记忆。通过这些娱乐性、互动性极强的宣传手段，老板电器将自己更加创新、更加时尚的品牌理念传达给消费者。"抓住年轻人兴奋点，又不止于兴奋点，让年轻的消费人群感受到老板电器全新的品牌活力，更要用优质产品和服务为年轻消费者解决问题。"老板电器相关负责人指出。德意电器则借助 CCTV - 发现之旅"工匠精神"栏目专访拍摄的机会，推出"品质代言人"活动，通过全国票选方式选出非明星 20 位品质代言人。这个活动一度将德意推上话题热榜。

（4）营销创意上更加大胆深入，注重传播活动的有趣、好玩和参与感，引发消费者共鸣和二次传播

为了适应消费者年轻化的趋势，厨电广告主在营销创意上也更加大胆深入，力求通过好的创意实现传播互动的有趣、好玩和参与感，从而实现与年轻人的有效沟通与连接。如方太和华帝在 2016 年 5 月的一次"联合营销"就有效吸引了消费者的关注，也让消费者对两家品牌有了更深的了解。2016 年 5 月底，方太为推新品在《京华时报》上连打三天字谜，为三款新产品

的发布造势，然而华帝出人意料地半路"截胡"，捅破了方太的悬念营销，随后方太再次回击，方太与华帝的"撕逼"营销玩得不亦乐乎，其他品牌也顺势加入延续了话题热度，在此基础上事件不断发酵，看似两家公司的"撕逼"却实现了意想不到的传播效果。

再如方太一手策划的"网红送杨梅"的事件营销，方太幸福使者Cosplay成钢铁侠、熊本熊、王尼玛，甚至还邀请了萌宠界的"妞妞"小伙伴，将杨梅送至给各地的方太幸福家会员。同时巧妙借势热播剧《好先生》，抛出"这才是好先生"互动话题，引发3863.3万阅读量、2.7万人次讨论，一度占据微博热门话题榜TOP 8，[①] 再一次将品牌文化有效地传达给消费者，同时也引发了消费者广泛的二次传播。再如2016年奥运会期间，老板电器在网络上借势奥运营销，在奥运十米跳台中，中国女子十米跳台全胜，老板电器借此@方太并说"感谢并肩作战的你"，引起了消费者的关注。在以上的营销中，厨电企业无不将营销活动做得好玩、有趣，注重消费者的喜爱和参与，最终收获了良好的传播效果。

四 厨电行业四大营销传播趋势

（一）行业格局："大行业、小企业"格局仍将存在，但品牌集中度将进一步提高

据中怡康测算，2015年厨电行业的市场规模已经达到了690亿元，[②] 并且在家电行业低增长的背景下依然维持着较好的发展态势。然而厨电行业巨头2015年的营收却没有一家能够占据超过市场规模的10%，"大行业、小企业"的格局明显。但从未来发展来看，随着龙头企业的资源、研发、品

---

① 《看宁波EPR新秀珂源，玩转网红送杨梅》，新浪网，2016年6月27日，http：//zj.sina.com.cn/finance/xfgz/2016 – 06 – 27/detail_ f – ifxtmweh2601419.shtml。

② 明彦华：《2015年中国厨电市场规模增长10.5% 2016年或有新入局者》，中商情报网，2016年1月5日，http：//www.askci.com/news/chanye/2016/01/05/8460u6q7.shtml。

牌等方面的累积性优势,品牌集中度会进一步提高。对标其他家电品类,厨电子品类的集中空间还很大。

从行业集中度上看,据中怡康数据,2015 年油烟机行业 CR3 仅为 39.11%,远低于其他大家电 45% ~65% 的水平,显然行业集中度还有很大的提升空间。从品牌份额的集中度上看,厨电行业龙头品类市场份额集中度也与大家电差距明显,老板的抽油烟机市场份额占比不到 10%,而格力的空调、海尔的洗衣机和冰箱市场占比均在 30% 以上。

从规模上看,厨电行业龙头企业与传统大家电企业也存在很大差距。结合价格因素来看,厨电三件套均价与冰洗合计均价相当,而考虑到均为户均一台的理想普及率,未来厨电龙头收入规模应与冰洗龙头内销收入规模处在类似水平。以海尔为例,2015 年海尔冰洗收入规模达到 451 亿元,其中内销收入规模超过 300 亿元,而同期老板、华帝的收入规模仅为 45 亿元及 37 亿元。① 未来随着厨电需求持续释放、集中度逐步提升,厨电龙头收入端的体量规模有望逐步向冰洗龙头靠拢。随着电商时代的到来,对有品牌和知名度的厨电企业更是极大利好,未来品牌集中度提高将是不可逆转的趋势。

(二)市场空间:以县域市场为代表的低线市场将成厨电行业进一步扩张的重要方向

从城乡差距来看,我国城镇市场和农村市场油烟机的比例差距在 2014 年达到了 30.4 台,差距依然很大。而从纵向来看,油烟机与其他家电品类的数量差距也是非常之大的,也还有很大的成长空间。2015 年中国城镇化率约为 56%,但与发达国家 80% 以上的城市化率相比,仍有较大提升空间。未来 10 多年,预计中国城市化水平将保持年均 1% 的增长速度,约有 1.5 亿农村人口转为城镇人口,将带来大量新增厨电消费需求。以抽油烟机为例,其理想状态的普及率应与冰箱普及率类似,平均一户一台,但受制于中

---

① 长江证券:《家电行业 2016 年度中期投资策略:稳健价值当道,白马蓝筹续行》,新浪财经,2016 年 6 月 13 日,http: //vip. stock. finance. sina. com. cn/q/go. php/vReport_ Show/kind/industry/ rptid/3296102/index. phtml。

国家庭的消费习惯，当前抽油烟机保有量仍处于偏低水平；在城镇家庭购置大家电的顺序中，抽油烟机排序最为靠后，其普及时间相对较短；此外目前城镇市场中仍存在部分不具备安装抽油烟机的条件的集中式住房，导致城镇市场油烟机普及率仅为0.7台/户；农村市场方面，由于农村家庭此前通常采用传统灶台方式烹饪，厨房空间大、通风良好，抽油烟机保有量明显较低；总体来看，截至2014年末，全国居民抽油烟机保有量仅为44.3台/百户，普及率仅为冰箱的一半左右，行业长期发展空间较大。随着一、二线市场的逐步普及，三线乃至县域市场成为厨电行业新的增长的空间，未来厨电企业必须进一步做好市场下沉工作。

（三）渠道融合：渠道扁平化、全渠道的线上线下一体化的O2O模式成为趋势

随着消费者需求的变化和行业变革，渠道的专业化和扁平化成为厨电渠道的趋势。目前如方太均在专业化和扁平化上做文章，如老板升级专卖店、拆分代理商提高效率等无不适应着这种变革趋势。同时，随着厨电线上销售的高速增长，电商渠道成为厨电企业不可忽视的重要销售渠道。为了适应这一趋势，厨电企业在电商渠道上布局不断。老板、方太、华帝等厨电领先企业均在第三方电商渠道、自建电商渠道上发力。因为多数厨电涉及产品安装和售后服务，不能够完全脱离线下厨电门店的实际体验和导购服务。要实现厨电线上市场的进一步扩大，还需要进一步完善售后服务，加强线上与线下的合作与整合，同时加强对线上伪劣产品的清剿，如阿里巴巴宣布下架所有"广州樱花"等低劣产品便是一个例子。厨电企业面临的一个大问题是如何解决线下经销商与线上电商平台"相互消耗"的问题，未来解决这一问题的答案是线上与线下的深度融合，全渠道的零售O2O模式成为厨电乃至整个家电行业的发展趋势。通过线上线下相结合的O2O模式，线下提供导购和体验，线上下单支付和购买，能够更好地实现消费者购物体验。而依托线下门店资源，家电电商可以更好地进行商品展示，拓展新用户，实现渠道下沉，完成物流和服务的落地。厨电企业可借线上渠道重整现有渠道和售后服

务，将现有渠道转变为"终端销售＋服务支持"融合型渠道。如老板电器的专卖店数字化改造，引导代理商朝着O2O的方向发展。方太则推出了线上线下相结合的方太生活家平台，并标明O2O是未来的发展方向。目前来看，无论是传统厨电线下渠道，还是新兴的电商渠道，都在积极寻求线上线下的进一步融合。由其厨电企业会从策略层面出发，基于安全、利润等原因，依然会力保线下渠道的战略主体地位。但未来线下线上渠道还是互相渗透，最终在发展中走向融合，厨电企业的渠道最终也会成为线上线下一体化的融合渠道。

（四）产品变革：万物互联、智慧厨房将是未来重要的产品变革的方向

伴随着居民消费升级大潮，厨电产品对于消费者的价值不仅是产品功用方面的，更是生活品质升级的表征。在互联网时代，智能产品虽然目前渗透率不高，但是已经成为未来的发展方向，龙头厨电企业不断加大在智能厨电产品上的研发，并推出了获得消费者认可的智能厨电产品。随着互联网在生活中应用的进一步深化以及万物互联网时代的来临，未来厨电产品将不再局限于智能厨电，厨电厂商将致力于为消费者提供一整套智慧厨房的解决方案。烹饪将变得前所未有的便捷，消费者也因此能够享受到更好的烹饪体验。而随着智慧厨房的完善，这也为厨电企业积累了大量的消费者数据，基于这种数据，厨电企业可以围绕着家、厨房生活等扩充更多的产品品类，满足消费者的多样化需求，实现消费者价值的提升。对于厨电企业来说，那将是一个更大的想象空间。

五 结语：市场发展向好，但各大品牌需结合自身特点围绕消费者进行差异化竞争

在家电行业整体进入成熟期，增速较为缓慢的情况下，厨电行业的相对快速增长成为家电企业为数不多的亮点子品类。快速发展会掩盖很多问题，

当前厨电企业的增长更多的是来自普通大众厨电消费观念"从无到有""从有到优"的变化和行业增长所带来的红利。厨电企业在市场环境相对较好的情况下依然不能够放松。首先,产品是根,好的产品是所有厨电企业的根本所在,厨电企业要加强对消费者研究,真正做出适合消费者当前需求的厨电产品,而不能一窝蜂地盲从。当前厨电企业扎堆"智能化"的现象值得警惕,今天的智能化是真正的智能化吗?厨电企业需要花更多的资源在产品研发上,这也是中国制造走向中国创造的必然要求,同时也是品牌走向国际化的根本所在。其次,在消费升级的浪潮下,消费者对产品品质的要求必然在提升,厨电企业的高端化定位也无可厚非。但是否所有的企业都必须定位为"高端化"?消费者的需求是多样化多层次的,厨电企业在高端化定位上还需要进行思考,结合自身特点进行差异化的定位和竞争,这样才能获得市场竞争的领先地位。

B.8
银行广告主营销传播活动报告

摘　要：　近年来移动互联网迅速普及，在科技赋能、消费升级背景下，打造零售银行成为股份制商业银行的普遍共识。在向零售银行转型的过程中，产品和流程再造是基本面。各银行广告主调整广告预算，企业形象广告投放逐渐减少，针对产品、服务的广告逐渐增多。传播中更重"创新精神"和"服务理念"，同时更加注重与消费者的沟通，打出"专业牌""服务牌""优惠牌"招揽零售用户。

关键词：　零售银行　品牌重塑　精准营销　体验营销

一　营销传播预算缩减，两微平台各有侧重

（一）硬广投入下降，传统媒体首当其冲

营销传播策略作为广告主整体战略中的一部分，也要随着战略转型进一步调整。2015年，我国金融行业整体呈现"收紧"的态势，CTR数据显示，金融行业整体营销费用为261亿元，相较去年下降7.7%，同时，在不同媒体投放上基本呈现"全线收紧"的态势。

课题组访谈中，某国有大型银行品牌负责人表示，在营收利润逐年下滑的大环境下，营销推广费用是逐年缩减的，其中广告费用相比同期就下降了20%。品牌广告比例逐渐下降，产品广告逐渐上升，2016年几乎没有投放过品牌广告。

（二）互动式个性化营销、客户关系维护，两微成标配

微博、微信对于广告主的营销价值不言自明，根据 2015 年广告主研究所调研，被访银行广告主投放的互联网媒体类型，主要是微博、微信媒体广告投放，证明银行广告主在实践中认可微博、微信两微平台的传播价值。

从国有五大行到股份制银行、城商行都开设了自己的官方微博，但各银行的官微形式趋同。主要分为三类信息：一类是日常性的信息发布及创意互动，包括在特殊的纪念日/节日、国内外重要事件上发布有针对性的主题帖，同时宣传本行业务；二类是自己发布有针对性微博话题；三类是联合时下较为火热的电影、餐厅等跟消费者息息相关的生活场景，发布联合微博话题。

微博的开放性使它成为良好的口碑营销平台，消费者对某银行品牌的好感可以在微博平台上实现成倍放大。银行广告主选用微博进行自身宣传，能够借助意见领袖和普通用户的力量实现正向效果的成倍增长。

中信银行手机 App 动卡空间联合电影《九层妖塔》，通过强曝光形式以及微博话题等黄金平台级资源，锁定用户电影互动路径。借势《九层妖塔》热点，其先后运用电影定档话题、自运营话题、信息流广告等形式巧妙将品牌与电影相关联。在微博用户在讨论和了解电影时，通过红包和 9 元《九层妖塔》观影券的双重诱导，激励用户完成中信动卡空间 App 下载任务并抢红包、抢 9 元特价电影。当微博用户抢到优惠时，中信银行根据用户爱晒、爱炫的社交特性，适时引导用户通过转发将下载中信动卡空间 App 赢红包讯息分享出去，形成二次传播，这种基于微博电影场景的形式更简单、高效。

同微博重宣传不同，银行类广告主微信平台更注重的是对消费者的服务和优惠。微信的互动性使消费者和银行直接沟通更顺畅。自 2013 年招商银行首推"微信银行"以来，各行纷纷推出自己的微信服务平台。服务平台的功能从单一信用卡服务拓展为集借记卡、信用卡业务于一体的全客群综合服务，可以实现转账汇款、手机充值、预约办理等。

在对 2016 年一季度银行类微信公众号发布内容分析中，针对消费者的

优惠信息和产品介绍占据了 63%。银行类微信公众号文章的发布内容以优惠信息为主，产品介绍和行业资讯的发布量也较高。从平均阅读数看，优惠信息有着绝对领先的优势。优惠是银行产品尤其是信用卡的主要竞争手段，用户也较为看重，把优惠信息设计得更加醒目有助于公众号提升阅读数。

二 零售银行营销传播五大策略

零售银行的主要客户是分散的大众，其业务层存在于日常生活与交易环境中，如存款、支付及消费贷款等，银行的中介功能不重要，重要的是方便接触，在这一层面，其大有被以互联网金融为代表的非现金交易取代的可能；其第二个层面的业务，包括了若干产品及服务，关系和洞察是这些产品及服务的主要差异化因素，如衍生品、财富管理、中小企业贷款等，在这个层面，人工智能会大大加强人机互动，但"真人服务"仍不可或缺。

零售端市场明显存在着金融服务不均衡、不对等、不完全的短板，如何在"互联网＋"和消费升级背景下，充分利用市场手段和资源，重新区隔和差异化聚合不同需求和消费习惯的消费群，洞察和发现新的需求场景及差异化的营销手段，塑造更加人性化、负责任的品牌形象，是零售银行转型需要解决的重大问题。

（一）细分市场需求深挖

消费金融是零售银行的重点市场领域，其中教育、养老是两类细分的刚需市场，消费规模和潜力不可估量。

根据银保监会关于消费金融的指导意见，消费金融已成为国家重点支持的领域，教育分期作为消费金融的一种类型，有国家政策为其作为支撑。目前国内消费能力不断提升、人们生活品质不断提高，教育消费金融产品的巨大潜力越来越吸引着投资者，以教育为特色的消费金融服务已成为行业争夺的领域之一。教育分期能让更多的孩子接受到更好的教育，学费分期支付可以实现"先学习、后付款"的交费模式，家长对孩子的教育期望也不会因为不能一次性拿出全额的教育费用而夭折。这是对社会和孩子个人发展、家庭生活都有益处的模式，正是当今社会所需要的。从风险角度来说，教育分期不会出现过度消费的情况；从政策层面来说，教育的属性决定了社会舆论对于教育分期持有宽容的态度，未来政策风险较低。

随着中国老龄化程度不断加深，养老市场不断扩大，银发一族也成为各行各业关注的重点市场。兴业银行针对老年客群推出国内首个养老金融服务方案"安愉人生"，目前已形成集"产品定制、健康管理、法律顾问、财产保障"四项专属服务于一体的养老金融产品与服务体系。截至 2018 年底，服务老年客户超过 1400 万人，提供增值服务权益与专属保障覆盖范围超过 280 万人。

（二）大数据助力精准营销

零售客户的需求日趋复杂和个性化，市场竞争愈加激烈。在此背景下，有效利用核心技术、实现业务的集约式增长以及前线产能的加速提升，成为各家银行在竞争中制胜的关键。

大量实战经验证明，这是一场以技术变革驱动的精益之战，而取胜的"法宝"就是以客户为中心的全周期、多渠道的精细化管理，更为敏捷的产品开发与客户体验创新，更为高效的风险管理。以大数据驱动营销及管理的精益提升，将把商业资源有效引向价值和潜力最大的客户，最大限度地释放客户产能，并将重新定义客户与银行间全周期、多渠道、多触点的紧密关系。

国内不少银行已经开始尝试通过大数据来驱动业务运营。传统银行开始拥抱大数据，第一种是打开数据接口，引入外部第三方数据，利用现代人社交属性引入社交平台数据；第二种是构建自身电商平台，吸引客户到平台上来交易，在交易中自然而然地得留下了交易痕迹和数据积累；第三种，由于银行本身也是一个巨大的数据中心，银行利用自身客户数据对已有客户进行大数据管理，并推出与需求对应的精准产品与服务。

如中信银行信用卡中心使用大数据技术实现了实时营销，光大银行建立了社交网络信息数据库，招商银行则利用大数据发展小微贷款。银行可以通过客户行为画像，提升对客户进行精准营销的能力。

（三）融入消费者生活场景，发展场景化消费金融[①]

场景金融是信息技术和普惠金融发展到一定阶段的自然产物，是金融服务从"坐商"向"行商"转变的表现。由于企业和用户需求的无缝衔接以及服务获取的高度便利性，场景金融未来发展空间巨大。场景金融具有以下三方面的特点。一是从独立的流程转变为嵌入式服务。把过去独立的金融服务分散地嵌入一个个生活应用场景中，当你在生活中需要金融时，它刚好就在那里。二是从单一金融产品向解决方案转变。金融服务不再以单独的产品形式，而是以帮助用户在特定场景下达成目标的综合金融解决方案形式出现，"按需定制"特点突出。三是服务内容体现"金融+生活"的高度融合，围绕场景提供完整的生活和金融服务。

艾瑞咨询报告显示，社会消费品零售总额场景渗透率与互联网消费金融渗透率仍存在非常大的差距，预示着实体消费领域实体银行可提供的金融服务渗透率仍然较低，存在很大的提升空间。消费者的购买欲望和各种线下生活需求被愈发便捷的购买模式大大激发，因此产生了消费者购物能力和购物欲望的严重不匹配。消费金融场景化营销已成为业内趋势。支付宝"花呗"依托淘宝，京东"白条"依托京东，快钱"快易花"依托万达广场，各大银行也开始重视场景营销的金融价值。建设银行信用卡中心提出"场景+"的概念，紧密贴合各类生活场景，精准适配分期信贷及卡产品；中国银行推出的"为爱加分"系列，为客户提供爱房、爱家、爱驾、爱购、爱学、爱创、爱游、爱 TA 等多项贷款及信用卡分期金融服务。

尽管银行在大宗商品消费金融上占据优势，但仍不能抗衡互联网消费金融在相对小额商品上的优势地位。2016 年，各大银行相继接入 ApplePay，可以说是国内银行业最大规模同时布局同一消费金融的场景。截至 2016 年 3 月，国内共有工行、农行、中行、建行、招商银行、浦发银行、光大银行

[①] 消费金融是广义概念，根据不同标准可以有不同分类。根据艾瑞咨询研究，基于消费者购买行为，消费金融包括住房消费金融、汽车消费金融、信用卡以及其他消费品消费金融。

等 19 家银行宣布将支持 ApplePay；工行、建行、中信、光大银行等 9 家银行可支持 SamsungPay。

3 万亿的医疗健康产业、数字化新零售、智慧城市、住房、出行市场，均可以在这些贴近消费者的领域重构、创新应用场景，加强客户黏性，提升交叉销售，抑或打造线上线下的全渠道体验，实现批量获客新模式。因此，银行在创新模式中，只有与互联网平台或垂直领域商家合作，共创生态圈，才能更加便捷、人性化地切入众多应用生活场景，消费金融潜力才可能被无限释放。

（四）情感共鸣与认同，品牌沟通之心语

我们现在已经步入企业与消费者互动的"情感营销时代"，在这个时代，广告主最重要的是建立与消费者情感共鸣，从"让你喜欢"到"我就喜欢"。对于很多消费者来说，银行产品服务几乎都属于"天天碰面"却又"缺乏感情"。如何打造让消费者"真正喜爱"的银行品牌，使消费者感受到的不是冷冰冰的金融交易，而是银行"稳妥""安全""增值""体贴"价值的传递，是所有银行应该首先考虑的问题。对于消费者来说，对品牌产生情感联系是获得消费者品牌认同的首要动机之一。同时，情感营销也是品牌亲近消费者，加强消费者对品牌的印象，实现品牌差异化、标签化的重要手段。

瑞银集团（UBS）推出了一个名为"让我们携手找到答案"的全球营销活动。在这个 1.5 分钟左右的宣传片中，没有人穿着西装对你微笑，他们在非常干净的白色背景下向你提出一个个问题："我从哪里来？""我为什么要上学？""我能有零花钱吗？""我可以拥有银行账户了吗？""我什么时候开始工作？""我可以贷款吗？""你会和我结婚吗？""我能创业吗？""我是个好父亲吗？""我该退休了吗？""我走了你怎么办？"等等。伴随着 Family of the Year 乐队的音乐，看着这些问题很容易让人思考起自己的一生。不看到最后的 Logo，观众也很难发现这是一个银行的广告。它用一种巧妙的方式，将理财、投资、贷款、保险、遗产继承这些冰冷的银行业务和人生问题

联系到了一起。

与人们每天都接触的大众消费类产品不同，金融行业产品的营销总会让消费者有种天然的距离感，似乎它们根本就不知道也不在乎你有什么样的感受。为了解决这个距离问题，瑞银花了将近两年的时间开展客户调查，了解不同国家客户群体的个性和投资动机。调查在全球 7 个国家和地区展开，包括中国香港、瑞士、美国、墨西哥、英国、德国、意大利。从结果上看，不同国家和地区的客户关心的问题其实很类似，一些金融需求和情感需求其实是共通的。

瑞银花了两年的调研时间并不仅仅是为了做一部不一样的广告片。它伴随的是一场被称为"品牌重启"的宣传活动，向顾客宣布这家金融机构完成转型工作。4 年前，瑞银决定在业务上进行调整，将财富管理业务和商业零售业务作为发展核心，投行和资产管理业务作为配合。如今转型完成后，企业便以人性化的视角向外界展示新的品牌形象。

（五）社会责任——普惠金融与绿色金融主流化

企业社会责任已经成为通用的价值体系。银行业作为国民经济的特殊企业和实体经济的中枢神经，在进行正常经营活动基础上，将积极履行社会责任纳入经营决策和业务发展战略的范畴，有利于塑造在市场中的良好形象。

普惠金融针对的重点客户群，即农民、小微企业、城镇低收入人群、贫困人群、残疾人、老年人等，他们缺信息、缺信用问题比较突出，用传统方法对这部分客户营销、评价、管理，获客难度较大、成本较高、风险也较难把握。各大国有银行落实普惠产品，如建设银行实施普惠金融等"三大战略"，打造"小微快贷"系列产品和平台化经营模式，累计为 225 万余户小微企业提供超过 7 万亿元信贷支持。股份制商业银行密切关注民营经济发展，全力打造特色金融产品，加大信贷资源支持力度。例如，招商银行落地银行间市场民营企业支持专项债券、民营企业信用风险缓释凭证等，加大直接融资支持的力度。城市商业银行以及外资银行等金融机构中也涌现出一批助力民营企业成长的特色案例。例如，北京银行、上海银行、齐鲁银行、台州银行、泰隆银行、民泰银行等城市商业银行陆续发布支持民营及小微企业的办法和措施，以全维度的"组合拳"措施进一步加大对民营和小微企业的支持力度；外资银行领域的东亚银行（中国）借助大型的互联网平台优势，持续推广普惠金融，通过与互联网平台合作，推动零售业务转型发展。

绿色金融旨在引导和激励更多社会资本投入绿色产业，同时有效抑制污染性投资，实现经济、社会、环境的可持续发展。可以说，绿色金融的兴起正是我们所处时代的必然要求。建行将绿色发展理念融入企业发展，在绿色信贷业务、系统化流程管理、环境和社会风险管理方面均卓越成效。根据监管政策进一步明晰业务方向，完善绿色信贷、绿色金融业务的范围、标准，明确业务发展的主要着力点。打造绿色品牌，大力支持工业节能减排、综合环境治理、清洁能源利用等绿色项目，积极推进绿色金融产品创新和服务创新，打造建行金融服务绿色品牌。华夏银行开展包括绿色信贷、绿色租赁、绿色投资、绿色债务融资工具承销在内的绿色金融业务，逐步形成特色化、差异化的绿色金融产品和服务体系；汇丰（中国）倾力中国内地淡水资源保护，20年共计捐赠2亿元人民币。

中国传媒大学广告主研究所2015年中国广告生态调研发现，银行类广告主越来越重视靠公益和赞助来打造企业声誉、维护品牌美誉度。

三 转型发展须顺应数字化、移动化，以驱动品牌重塑

在未来，随着人们生活数字化、智能化程度的不断加深和拓展，大多数银行正在实施数字化战略、积极布局转型为"虚拟化银行"，丰富移动支付技术，改善客户体验，为客户提供和搭建全面无死角的线上业务与移动金融服务平台。为此，商业银行必须保证对客户信息与行为数据的完整收集，整合所有渠道与产品内容，时刻洞察客户体验缺口，为银行的云计算平台与大数据体系建设提供数据流基础。移动支付趋势势不可挡，创新银行移动支付、完善电子支付链是商业银行创新发展的又一根本举措，商业银行必须将未来的所有

支付业务尽量搬到线上，更加关注场景化移动支付模式的发展，并结合金融科技时下潮流，注重对面部识别、虹膜识别以及加密算法的应用，为建立数字化的品牌战略创造可量化、可追踪、可衡量、即时化的数字化营销平台。

（一）消费者换商行为[①]显著，以数字化破局同质化

埃森哲 2015 年《中国零售银行数字化消费者调研》显示，我国消费者对于银行品牌的忠诚度较低。在调查之前的半年内，高达 92% 的国内银行客户拥有两个以上活跃银行供应商，全球范围内这一比例仅为 67%。在购买金融产品服务时，70% 的国内银行客户会同时评估考虑多家银行（全球 51%），只有 27% 的国内银行客户在购买时只考虑一个银行供应商（全球 42%），消费者换商行为显著。[②]

频繁的换商行为背后是全新的客户购买历程。从原来传统的线下获取信息、评价决策到现在线上获取信息进行决策，客户的认知和决策过程从单一、线性、被动转变为开放、互动、多线程。现在客户可以随时随地完成信息的获取以及对服务的接入或退出，转换供应商的门槛和成本不断降低，从而导致客户流动性的上升。要留住客户，银行需要尽快缩短与领先企业水平的距离，因为在客户数字化程度不断加深的当下，落后者的客户流失会加剧，而领先者能加速聚拢客户，获得更大的市场份额。因此，客户的流动在为银行保留客户造成挑战的同时，也为领先的银行赢得客户、实现业务增长创造了潜在的机会。

在导致中国的银行客户换商行为的驱动因素中，追求更具竞争力的价格、优质的服务和更高的性价比三项高居前三位，但调查同时也发现，多达 18% 的调研对象将其换商行为归因于银行的互动沟通方式或提供服务的数字

---

① 该名词最早出现于埃森哲报告《中国消费者洞察：金融服务篇》中，埃森哲将有意更换产品/服务提供商的消费者可能产生的支出称为"换商经济"，消费者更换产品/服务商的行为即换商行为。

② 埃森哲：《中国零售银行数字化消费者调研报告》，2016 年 3 月 9 日，http：//www.199it. com/archives/445962. html。

化体验不能满足预期。这显然说明，我国大多数银行不能够提供客户全方位的需求，在维系客户品牌忠诚度方面做得远远不够。

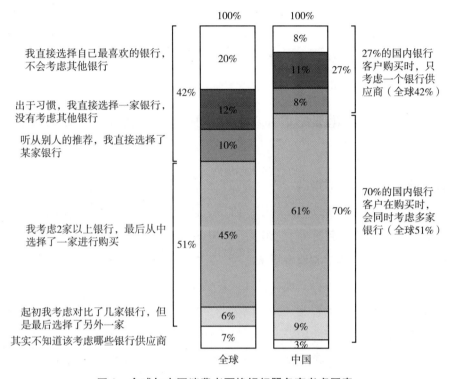

图1 全球与中国消费者更换银行服务商考虑因素

换商行为的背后，本质上折射出的是银行间的同质化、低层次竞争。过去若干年，在计划经济向市场经济转型的一段时期内，传统实体银行间无非资金实力、网点覆盖上的差距，业务重点又集中于对公业务，而真正面向市场端、零售端的业务同质化严重。银行和消费者之间仿佛隔着一道墙，而互联网金融的出世，打破了这种寂静。处处以用户思维的互联网金融，给实体银行着实上了一堂课，并生生抢走了零售支付端的大半市场。

而随着移动互联和新消费时代的到来，以及数字化程度的日益加深，充分利用大数据，重新发现和整合需求，重构供需关系，提升客户黏着性，谁能走在这方面的前列，避免被"技术绑架"，谁便能更有预见性、更精准地

锁定市场和识别客户群，真正打造出差异化的竞争优势。从营销层面来讲，数字化能使目标消费者清晰可见，更便于发现需求、细分市场；数字化能追踪消费行为，发现业务痛点并便于优化体验；数字化能建立联系，增强品牌与目标消费群之间的互动。可以说，数字化可以让差异化更加精准、有效、即时，极大地提升效率，从而有利于避免同质化。而目前银行端数字化仍大幅落后于消费者端的数字化程度。

（二）数字化战略重在系统化，应避免"拼凑""唯技术论"陷阱

随着收入水平的提高，各种金融需求尤其是与日常相关的零售金融需求会日益增长，还有接近4亿的中产阶层、高净值人群，尤其是新生代的生活方式、消费方式日新月异。"80后""90后"生活在网络化、数字化、智能化、个性化、定制化的消费场景之中。相应的，零售金融就有新的诉求、新的需求。一是智能零售。现在已经成熟的金融科技就是互联网、大数据、云计算、区块链、人工智能、物联网等与金融相融合的技术应用。二是懂消费者之所想。各种各样的场景下老百姓有什么样的需求？企业需要细致深入地了解。三是定制化。要做贴心的金融，然后再做定制的零售，"90后"需要越来越多定制化的产品和服务。四是便利、快捷。要让客户有利可图，便利。这些消费端的新趋势，从PC端到移动端，从QQ到微信、抖音，数字化、移动化、交互化程度越来越深入。

这10年是中国银行业快速发展的阶段，也是不断被新概念、新潮流冲击的10年，从10年前流行的社区银行、O2O，到近年流行的智能网点、场景金融，到当下的生态金融、开放银行、数据中台，可以说，在不同阶段，数字化的内涵也在随着时代变迁，但提升银行数字化能力一直是主线，据统计有85%的银行将数字化转型作为战略重点。招行全速向数字化、智能化、开放性的银行新模式进发，坚定实施"轻型银行""一体两翼"战略。农行在2019"春天行动"中要求利用新技术、新理念和新模式重构零售业务的客户体系、渠道体系、产品体系、营销体系和风控体系，全面创新零售业务

金融供给方式。

　　银行的数字化过程，就是以数据智能为工具，驱动银行在客户洞察、市场营销、风险管理、产品研发、业务运营、客户体验旅程管理等方面进行创新和持续优化的过程。但是实施过程中，仍要遵循基本战略分析规律。

　　数字化战略的第一层面是数字化战略和顶层设计。数字化首先是一个战略选择，首先要回答"要服务什么客户，要采取什么服务模式，提供什么产品"等核心问题，只有这些核心问题明晰清楚，才能梳理出自身在数字化上的需求到底是什么。"唯技术论""唯数据论"，为数字化而数字化到头来又会沦为同质化。手机银行、微信银行、智能服务终端等，以及银行内部业务流程的数字化改造，这些都是数字银行转型的实践（即把银行某项服务中的一些环节从人转移到了数字设备），甚至直销银行早期的电话销售、邮件销售，以及现在网上银行、手机银行等跨过分支机构把产品直接销售给客户的模式，也只是全面数字化的一种形式而已。一味地跟风盲从，人有我也要有，什么新潮做什么，人云亦云，就是缺乏清晰的战略思考的表现。缺乏长远规划，盲目实施，缺乏整体性、系统性衔接，最终产生数字化孤岛，效能低下。

　　从深刻剖析消费场景出发，按照消费习惯和流程，在产品、服务、场所等不同的品牌接触点，全面响应多元化、数字化、移动化消费者的价值观、消费观，精准触达和深层沟通，才能逐步建立与时俱进、差异化的品牌形象，进而与技术同步实现品牌迭代。

　　数字化战略的第二层面是应用层，也就是如何构建数字化在业务域和能力域等具体设计、应用落地。可以从两个维度进行分析、梳理和设计。纵向是业务线维度，即按照客户分类和业务经营的视角来分析数字化如何在业务场景和业务流程中应用。传统银行以往也是按照零售金融、企业金融、金融市场等维度开展业务。横向的维度，也是更重要的维度，是数字化应用能力构建，包括九大应用领域，分别是客户洞察、数字化营销、数字化风控、数字化渠道、数字化生态、数字化客户体验旅程管理、数字化产品创新、数字化运营以及数字化财务管理。单一从业务维度或能力维度都很难做好数字化转型，业务维度为银行提供了业务需求梳理的切入点和业务需求沟通的平台，能力维

度则能够帮助银行从数字化技术和数字化应用方面落地方案，实现需求。

数字化战略的第三个层次是数据和 IT 能力。这是数字化转型的重要基础，是决定一家银行能否实现数字化的核心。其包括数据管理和应用能力、数据合作能力以及 IT 能力三个方面。

上述数字化战略属于企业发展战略领域，而对应的品牌战略并没有明显的与时俱进。强战略、轻品牌是现阶段各大银行在战略转型中的普遍问题。在这个变革层出不穷的转型期，银行将更多预算和精力分配在科技赋能上，其数字化品牌战略应闻风起舞，通过多样化的数字化工具洞察市场、洞察消费者，让品牌更具活力，更注重品牌连接和互动。

（三）场景导入、生态整合、重组品牌矩阵

场景金融是信息技术和普惠金融发展到一定阶段的自然产物，需要将业务视野放大到跨越所有渠道的端到端接入，扩展生态系统，延伸价值链，满足客户全生命周期中的各项需求，无论是日用消费、出行、教育、旅游休闲、通信、健康与养老等，实时地聚合需求与产品/服务，建立个性化、有相关性的客户互动。场景金融是金融服务从"坐商"向"行商"转变的表现。由于和用户需求的无缝衔接以及服务获取的高度便利性，场景金融未来发展空间巨大。以重点场景为核心、以客户旅程为主轴对银行的业务经营模式重塑，以及涵盖战略定位、生态运行、组织形式、产品结构、运行机制、信息系统建设的全面转型，是银行业数字化发展的必然阶段。

随着电子银行的普及，客户更换金融服务机构的转移成本越来越低，导致客户面对来自其他银行的价格竞争、营销活动等情况时更容易流失，如何黏住客户一直是各家银行的一大难题。

一种方式是融入场景，建立开放的金融服务平台，与掌握场景的互联网平台、生活服务类企业开展广泛的跨界合作；另一种则需要自建场景，寻找细分市场，尽早构建自有的"生活＋金融"完整生态圈。随着金融体系的不断完善和市场竞争的加剧，金融机构向场景端迁移的同时，占据场景的非金融机构也将逐步渗透到金融行业，不论是经营主体还是应用场景，金融与

非金融的界限将越来越模糊。而在场景金融中，得场景者得天下，场景是核心，金融是辅助工具，银行要避免陷入被动局面，就一定要尽快建立自己的场景生态圈。

传统模式下，金融产品的研发流程从银行端发起，尽管前期的市场调研、用户需求分析等环节在不断完善，但仍存在一些产品推出后与用户需求脱节或定位不清晰找不到目标客群等问题。该模式下，产品推出后需要银行确定产品定位，寻找目标客群，挖掘客户可能使用该产品的需求场景，并主动开展营销宣传。而场景模式下，研发流程从最终使用该产品的真实场景出发，根据需要定制产品功能，需求匹配度高，同时产品定位及目标客群清晰，更便于开展精准营销。

需求场景及目标客户更清晰，银行对产品的风险定价更准确，有利于对产品定价进行精细化管理，同时也要求适应场景和目标客户的个性化、精准化营销。以往银行业的品牌往往是二级架构：第一层级为母品牌，给人以传统、陈旧、一成不变的印象，品牌形象老化严重；第二层级为各类产品品牌，琳琅满目却会随着产品更新经常"辞旧迎新"，更重要的是产品品牌仅仅成为一个名称，缺乏与消费者互动。

而根据细分客户群或场景尤其是全面数字化、移动化的消费群体，建立个性鲜明的新子品牌，尝试以客户群为区隔，创立子品牌，全面利用数字化手段和营销方式，加强与细分客户群之间的互动，以场景为关键接触点，创造个性化的数字界面，加强个性化的品牌营销，将有利于为母品牌注入活力，建立由母品牌背书、子品牌具有个性化特征的品牌矩阵，区隔市场和竞争对手，实现差异化精准营销。

银行业在经历了线下网点（1.0）、ATM机（2.0）、智能手机（3.0）阶段后，随着人工智能、5G通信、区块链等创新型技术手段发展和普及，已经进入4.0时代。在金融科技飞速迭代的同时，市场化稳步推进、数字化互联互通空前、互联网金融咄咄逼人，作为开放较晚的传统行业，更需要着眼长远，秉承迭代思维，以客户为中心、为始终，以数字化为手段，建设全时空、数字化、个性化的品牌营销传播体系。

B.9
广告主体育赛事营销传播报告

摘　要：　从 2016 年里约奥运会到 2018 年俄罗斯世界杯，广告主体育
营销热度逐渐升温，广告主进一步加大布局体育传播矩阵。
在观念层面，广告主认为赛事营销是"营销效果与挑战并
存"的传播方式；在营销策略层面，广告主兼顾战略级、项
目级、事件级三个层面进行体育营销实战。

关键词：　体育营销　传播策略　广告主

体育营销是企业的一种营销方式，目前业界对于体育营销的定义纷繁
复杂，通过对前人观点的总结并与实践结合，中国传媒大学广告主研究所
对于体育营销的定义如下：体育营销是指广告主利用体育赛事、体育媒
体、体育组织或者体育明星，以目标消费者为对象，围绕产品、服务或品
牌开展的一种市场营销活动。[①] 对于广告主来说，体育营销一般分为两类：
第一类，有关体育赛事、活动、商务合作等营销活动；第二类，有关运动
员、运动队本身的 IP 赞助和营销活动。本章主要针对与广告主相关的
"体育赛事营销"进行研究，从认知策略、选择策略到营销策略进行深入
分析。

---

① 黄升民、杜国清、邵华冬等：《中国广告主营销传播趋势报告 No.7》，社会科学文献出版
社，2013，第 142 页。

一 体育赛事营销效果与挑战并存

（一）广告主认为参与体育营销传播门槛较高

通过调研样本数据我们发现，广告主中运用体育营销的广告主不足30％，而被调研的广告主样本属于各行业中品牌传播最为活跃的部分，因此通过量化类比可以推断，在整体市场中运用体育营销手段的品牌整体比例及数量都较低。此外，曾有相关部门测算，企业投入1亿美元资金对于品牌知名度的提升大概在1％左右。而像奥运会、F1赛事等活动，投入1亿美元则可使知名度提高3％。这样庞大的资金投入，不是任何一个广告主都能够承担的。

广告主不开展或者较少开展体育营销的原因主要有以下四点。

第一，体育营销要做出效果难度比较大、回报周期长，对于起步阶段的企业或规模较小的企业而言，体育营销的门槛较高。

第二，与企业品牌定位及战略不符。体育营销的第一个关键，就在于无论品牌赞助什么项目，核心在于品牌核心价值与体育赛事的价值吻合，因为只有价值吻合，才能真实反映品牌的精神。目前国内大多数广告主并未把体育营销上升到品牌战略，只当作一种优质传播资源来看待和使用，所以会出现不定期的投放、选择多种体育资源的现象。广告主在体育大年（通常是有世界杯、奥运会、亚运会的年份）就选择体育营销，体育小年就选择娱乐或其他主题活动。对于这一类广告主而言，体育营销的含义是借用体育开展的营销传播活动。

第三，受企业管理层自身的影响。例如，2016年3月18日，FIFA与万达集团签订战略合作协议，万达成为中国首个2018 FIFA顶级赞助商，协议有效期长达15年，直至2030年，这意味着万达将参与未来4届世界杯；而一些品牌基于本地化传播和本土政府公关的需求会选择赞助当地体育赛事资源，比如海尔赞助青岛马拉松，君乐宝赞助石家庄马拉松等。

第四，体育项目有特定的受众人群，与广告主匹配的受众有限，例如，在奥运会、世界杯这样世界级别的体育赛事中，主要以国际运动服装、电子设备、汽车金融、食品饮料等品牌为主。

二 体育赛事选择策略

（一）广告主认可体育营销的效果，选择具有周期性

广告主认为体育营销是一种较为有效的品牌传播手段。根据广告主研究所调研数据，从广告主的选择率来看，广告主的体育营销选择具有周期性，在奥运会和世界杯年份，广告主的体育营销选择率较高。

通过调研我们发现，体育营销能够帮助广告主获得良好传播效果，其主要优势体现在五个层面：第一，体育营销是正能量的，能给品牌带来积极的影响；第二，体育营销的受众面广泛，特别是近年来体育营销的蓬勃发展满足并印证了消费者健康养生观念稳步提升的趋势；第三，体育营销具有较强的传播力、集中性爆发式的传播效果和潜移默化的影响能力；第四，体育精神是全人类共同的追求，体育运动也是实现全球化的有效载体，体育营销对于中国品牌走向海外极具价值；第五，体育的发展潜力大，在国内还有很多待开发的市场，体育营销还处于相对的价值洼地，且随着国人健康理念增加会继续保持高关注度。

（二）品牌文化、关注度、消费群体、竞争对手等因素成为广告主体育项目的选择依据

1. 与品牌文化和形象的匹配程度

评估体育项目的受众群体、影响力与品牌的匹配程度是大品牌的首要选择依据。以中国运动品牌361°为例，作为里约奥运会的官方支持商，它为奥运会、残奥会和测试赛的全部志愿者、技术人员以及火炬接力人员提供了超过10.65万件的服装支持。在奥运会的赛场上361°同世界顶尖运动品牌

诸如耐克、阿迪达斯、UA 等同时获得品牌曝光，提升了其品牌价值。

2. 高关注度和高参与性

根据前文的观点，目前国内大部分广告主认为体育是年度传播热点，所以体育项目的高关注度和高参与性成为衡量价值的重要指标。传播影响力越广泛、全国的关注度越高、持续时间越长、人们参与性越高的体育资源越受热捧。

3. 链接年轻消费群体

消费迭代处于进行时，1990 年出生的群体已经 30 岁，"95 后"已经大学毕业进入职场，"90 后"和"95 后"即将成为主流消费市场，对于大多数行业广告主，这都是要把握好的大势。如何快速完成与年轻消费群体的沟通和链接？年轻人关注和参与度高的体育项目成为有利资源。

例如 2016 里约奥运会涌现出的具有高关注度运用员年龄，普遍集中在 20 ~ 30 岁这个区间，相关数据也显示中国军团的 416 名参赛运动员平均年龄仅为 24 岁。[1] 与此同时，在收看奥运会的观众中，80% 是"80 后"和"90 后"人群。[2] 运动员和主流观众年龄相近，意味着他们在审美标准、生活习惯以及价值观上有着共同取向。年轻化的观众对于运动员身上的话题点更敏感，尤其是一些热门事件和经典语句能够迅速调动观众的热情。例如，傅园慧在赛后接受采访时夸张的肢体动作和表情明显区别于大部分运动员较为严肃的采访表现，更是凭借之前大热电视剧《花千骨》的台词"洪荒之力"短时间内在社交网站上形成爆炸式话题效应。凭借着"网红"身份带来的二次创作效应，傅园慧及其一系列表情包在奥运会结束后依旧获得大量的转发，话题热度保温时间较长。

4. 竞争对手的体育营销策略

虽然这是一个以消费者为中心的营销传播时代，但是热点传播资源仍具有稀缺性，特别是在这个争抢消费者注意力的时代，对于竞争对手而言具有

---

① 《里约奥运会中国代表团成立　416 名运动员参赛平均年龄 24 岁》，搜狐视频，2016 年 7 月 19 日，http://tv.sohu.com/20160719/n459912465.shtml。

② 《营销数据哪家强，腾讯奥运西游记帮你看懂体育营销》，艾瑞网，2016 年 9 月 5 日，http://column.iresearch.cn/b/201609/779263.shtml。

不可替代的竞争优势。

比如，2018年蒙牛拿下了世界杯全球合作合办的权益，伊利也因此增加了媒体投放预算作为应对。同样，奥运会官方赞助商的企业通常也是世界五百强的一员，在同行业中的市场占有率和赢利能力均处于前列，如可口可乐和百事可乐、阿迪达斯和耐克这样的行业竞争对手，如果一方获得奥运会的官方赞助权，受到奥运会官方赞助商行业排他性的政策影响（即单一行业只接受一个企业赞助），该品牌通常会在奥运会期间取得数倍于对手的曝光率和话题量，从而在赛时和赛后取得压倒性的销量优势和品牌认知度。而对于有能力成为奥运会赞助商的区域性品牌来说，其自身实力逊色于该行业的市场领导者，但是借助奥运会平台进行品牌展示，不仅仅可以获得良好的关注度，重要意义在于可以在消费者心中树立起同一流对手同场比拼的印象，提升其品牌美誉度。

5. 与产品的匹配程度和对产品销售的直接促进

对企业而言，追求实效的营销压力比较大，评估体育项目对业务的推动效果也成为选择开展体育营销的重要因素。比如Jeep、一汽大众和银联，都提到了与自身产品和业务的契合度成为体育项目和体育营销开展的重要因素。

6. 有助于国际化传播

基于三星借助奥运会实现国际化的经典案例，我国广告主在开拓海外市场的时候也选择了体育项目。比如，海信坚持国际化路线，为了打开当地的市场，打响当地的知名度，在基于市场化的考量之后，选择在当地有影响力的赛事进行赞助，比如2016年赞助欧洲杯和美国电竞EG战队，分别在欧洲和美国打开了市场。借助欧洲杯，海信在法国的销量增长了3倍；2018年赞助世界杯并冠名了澳网的第二大球场，进一步打开国际市场。

7. 支持政府关系维护

在我国，很多体育赛事的背后会有政府关系，所以企业考虑到与当地政府关系的维护，也会赞助体育赛事。

（三）汽车、金融保险、食品饮料类广告主成为体育赛事重度消费行业

根据广告主研究数据库和体育赞助商的公开资料分析，目前我国进行体育营销较为活跃的广告主主要集中在汽车、金融保险、食品饮料、体育用品、日用品等行业，不同行业广告主的体育营销特征差异明显。

汽车和金融保险企业的选择分为两种。一种是选择小众且高大上的体育资源，比如高尔夫、网球、帆船等，主要考虑匹配企业品牌形象，同时针对中高端人群进行精准传播。另一种是选择大众类的体育资源，比如马拉松和乒乓球等，主要考虑广泛的传播和高度的参与性。快消品行业更倾向于大众参与性强的赛事，力求获得广泛的关注和产品的直接露出，近几年尤其热衷于马拉松。专业体育用品品牌想要触达多层次的消费人群，需要更注重全方位、立体化的体育营销策略，根据自身产品品类设计篮球、足球、排球等各类体育赛事。

（四）篮球、马拉松、羽毛球、足球等项目最受广告主青睐

广告主开展的体育项目合作呈现多样化特征。篮球、马拉松、足球等更受广告主青睐，而一些小众的赛事同样也有品牌关注并注资。广告主赞助最多的是单项类体育赛事，其次是综合类体育赛事。另外，运动员、运动队、体育场馆和体育组织也都有相应的广告主投资。

综合性体育赛事奥运会和全球热点赛事世界杯，这两个项目已经不只是体育项目，而是超出体育的一个全民话题，也是创造世界级品牌的良机，以及企业提升品牌价值的最好舞台。广告主能够通过赛事在全球强大的号召力和影响力，实现事半功倍的营销传播效果。

媒体渠道众多、覆盖人群广泛成为广告主热衷借助超级赛事进行营销传播活动的两大原因。单就赛事关注度来说，奥运会同世界杯可以并称为全球话题量最高的两大赛事。因此，奥运赛场上广告主的一举一动可以获得全球范围内潜在消费者的关注。更加重要的是，除了获得多频次的曝光之外，成

为奥运会赞助商需要充裕的营销费用，能够在奥运会上进行品牌展示，势必会加深人们对企业形象的正面认知，从而将普通观众转化为潜在消费者。

热点项目主要包括篮球、马拉松、足球、乒乓球、羽毛球、自行车、网球、排球、滑雪等。其中，马拉松是一个门槛比较低、参与人数较多的热点项目。广告主认为，马拉松相对于其他赛事赞助来说风险小一些，没有谁输没有谁赢，人们不会太关注这个竞技结果，不会过于聚焦在体育明星身上，不容易产生负面影响；参与马拉松运动的人对自己的要求比较高，一般学历、职业各方面都很好。面向垂直人群，特别是面向青少年群体的项目主要包括电竞、武术、轮滑、极限运动等。

广告主普遍认为运动员的选择具有较高的营销风险，在营销策略上常见两种观点：一种观点认为运动员个人的营销风险比较大，因此不做合作，比如金融企业；另一种是借助运动员获奖之后的流量和热度进行短暂和合作，以此来规避长期合作带来的风险。

三 体育赛事营销策略

（一）战略级：广告主将体育营销视为战略层面策略

目前，大多数国际化企业会将体育营销当作企业的战略级目标，围绕品牌战略进行的长线部署与投资；在营销实务层面则将体育营销作为持续且常规的营销内容，并且主要以参与国际赛事、高端赛事，或针对某一海外区域的赛事营销为主。国际化企业认为，只有品牌长期致力于体育项目，才会在消费者心中产生潜移默化的关联效应，达到品牌与体育高度捆绑、相互促进的效果，实现体育文化、品牌文化与企业文化三者的融合统一。

奔驰与网球结缘已经有20多年的历史，通过赞助赛事、顶级球员等活动彰显品牌风范。赛事涵盖了温网、美网等世界顶级赛事；费德勒等顶级球员的选择也与奔驰"唯有更好"的品牌理念契合。在中国，2008年奔驰成为中网的战略合作伙伴、中国国家网球队首席合作伙伴；同时，奔驰还是戴维斯杯网球赛、中国网球公开赛、上海劳力士大师赛的鼎力支持者。奔驰更着眼未来，建立了中国青少年网球发展计划"明日之星"推动中国网球事业发展。在全球范围内的品牌推广过程中，奔驰在2010年、2011年先后邀请17座大满贯得主费德勒和亚洲第一位女子大满贯得主李娜作为其形象推广大使。奔驰挑选体坛明星作为合作对象的战略眼光也传达出其品牌稳重、高贵、精英的形象。

此外，还有一些企业以体育项目为切入口，结合自身产品开展深耕细作，专注某项赛事或项目，开展赛事运营和推广。比如，阳光保险做马拉松赞助，配合赞助组织跑团，跑团提前做很多训练和招募，跑团的积分能够兑换马拉松赛事的参赛名额。通常一站马拉松大概有四五万人参赛，这个保险就会直接由阳光保险提供。这四五万人的数据就自动沉淀到公司的用户数据库，活动结束之后，企业会对这些用户进行定向营销。

（二）项目级：广告主将体育赛事视为年度的重大项目营销资源

目前，对于国内大多数广告主而言，只是将体育赛事看作年度的重大项目级营销资源。尤其是在体育大年（通常是有世界杯、奥运会、亚运会的年份）会选择体育营销，体育小年就选择娱乐或其他主题活动。对于这一类广告主而言，体育营销是指借用体育开展营销传播项目。它们开展体育营销的目的有两种：其一，制造传播热点、争抢消费者眼球；第二，增加品牌内涵，选择与体育合作进行跨界营销。

在国内，这一类型的体育赛事营销主要分为三种类型。第一种，企业主导，围绕赛事进行传播。例如，一些品牌基于本地化传播和本土政府公关的需求会选择赞助当地体育赛事资源。比如海尔赞助青岛马拉松，君乐宝赞助石家庄马拉松等。针对目前消费迭代带来的消费群体年轻化的挑战，品牌广告主为了有效触达年轻人群体，还会纷纷尝试电竞、极限、轮滑等体育营销项目，特别是以汽车、饮料、服装行业品牌更为集中。海信、vivo、支付宝等在国内市场份额较高的大广告主会依据自身开拓海外市场的需求，选择赞助在海外市场的体育资源。

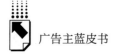

第二种，媒体主导，围绕赛事植入信息。在广告主进行体育营销决策路径中，第一级别是选择体育项目，第二级别才是推广策略，而媒体平台的选择属于推广策略中的一部分（体育媒体属于媒体策略的一部分，不会单独考虑）。广告主会根据体育营销项目的所在地和影响范围来选择相应的媒体，比如，工商银行赞助亚运会和青奥会配套投放央视五套和一套，还有广东的地方媒体。但是在没有开展体育赛事合作的时候，不会单独投放。资源优势是广告主选择体育媒体平台合作的首要依据。因为广告主选择媒体还是要看资源的热度，所以吸引更多流量和互动的资源尤为重要。比如华润怡宝表示，认可腾讯视频的一些独家体育版权内容，互联网体育视频媒体通过购买贴片等广告形式增强曝光，加强品牌与优质体育赛事的关联性，扩大品牌覆盖面和影响力。央视体育平台作为大众传播平台，覆盖广泛，影响力强，性价比高，仍然作为大部分广告主开展体育营销的配套首选平台。而且有广告主表示，作为家庭客厅大终端、客厅场景的平台会更适合体育营销的传播，所以更看好CCTV5，大屏体验要好过互联网端小屏。比如，长城汽车2018年开展世界杯营销，约90%的资源聚焦在了中央电视台，其余在终端做了一些推广，另外在汽车之家等网络上做了少量的世界杯主题的公关推广、广告等，但是整体在网络端的投放都不是特别多。

在费用允许的情况下，互联网的主要视频平台也是广告主体育营销的有益补充。毕竟互联网效果的量化监测和高流量高互动功能要优于电视大屏。对于积极投放互联网媒体的广告主而言，搜索、小视频，体育频道都会有投放。目前广告主在互联网端的广告投放形式主要是硬广，占到50%～70%，其余是活动传播和软性传播。以青稞酒为例，选择投放中央五套、爱奇艺体育，结合赛事的广告和直播互动，效果如所预期，未来看好平台玩法的趣味性和多样性，只有这样的平台才能吸引忠实受众。对于一些互联网平台，广告主也提出了建议：作为媒体平台，一定要做好内容。

广播媒体根据体育赛事的属性会配合选择投放央广或地方广播，报纸方面主要和体育专业媒体和记者合作，根据赛事也会选择所在地投放大型户外媒体。

第三种，多方共赢，全方位营销。在当今媒体碎片化时代，只有利用全媒体进行全方位的传播，开展线上线下、软硬融合的推广，才能让传播效果有所保障。

以华润怡宝为例，在整体的体育投放策略上，采取点面结合的模式，在"面"上选择了广覆盖电视（央视五套）及互联网体育（腾讯）媒介覆盖爱好体育的人群；而针对"点"的体育赞助项目，有线上线下的综合推广，包括线下活动、公关传播、体育媒介投放、户外投放等。

此外，以奥运会 TOP 赞助商可口可乐为例，在里约奥运会期间，可口可乐利用奥运会的商标授权进行了多样化的营销活动。在线上渠道方面，发布了一系列产品海报，尤其是系列广告"此刻是金"获得了巨大反响；通过对运动员和素人两条主线的故事梳理，借助社交媒体 QQ 空间和微博庞大的用户基础，在短时间内取得了过亿的点击量。与此同时，在可口可乐官方网站上推出里约奥运特辑，将奥运会期间品牌相关活动进行了汇总，方便消费者获取相关信息。在线下渠道方面，可口可乐抓住奥运热潮的有利时机，将产品进行奥运化包装，推出了独具奥运风格的可口可乐饮料。并且，可口可乐还在里约热内卢搭建了针对青少年的主题体验馆，借助歌舞表演、奥运纪念品售卖的方式，加强品牌同奥运会之间的关联度，扩大其品牌影响力。

再比如，在里约奥运会前 100 天倒计时之际，腾讯推出了线上线下联合活动《跑向里约》。活动在线上以 H5 页面作为宣传载体，使用微信运动的计步功能进行成绩评判，从北京出发，经过 14 个赛段的比拼，经过 20 个奥运主办城市最终"到达"里约；在线下邀请奥运明星在全国 7 个赛段同跑步爱好者同跑互动。而这次活动的奥运明星阵容也十分出彩，包括孙杨、傅园慧、邹凯夫妇、高崚、史冬鹏等。作为重要的活动内容之一，腾讯在鸟巢前方树立了一道"传送门"，现场的观众可以和远在里约热内卢的运动员进行互动。例如，孙杨在结束比赛后都会立即到传送门前和观众打招呼，并对粉丝深情表白，加深双方互动体验。与此同时，腾讯还借助微信朋友圈 H5 界面推出了多个 VR 游戏，让用户可以在手机上感受运动员在赛场上激烈的竞争。腾讯借助奥运期间运动员广泛的号召力，通过线上线下的整合营销传

播活动，提升了用户的参与感和互动层级。从此次活动的营销效果来看，在奥运会的持续过程中，腾讯全平台的用户互动量达到了 5.5 亿，并且有 3.1 亿用户为奥运军团点赞。[①]

（三）事件级：没有赛事和媒体资源，蹭热点出创意

对于大多数企业而言，体育资源仅仅是本年度的传播热点之一，在整体体育营销预算有限的情况下，如果预算用于赞助赛事或活动通常不会再有充足的推广费用，所以很多企业会不选择采用赞助、蹭热点的方式，只是借助体育赛事这个内容 IP 与媒体合作进行传播。比如 2018 年世界杯期间，华帝体育营销事件采用巧妙的"只赞助不推广"的方式，而劲霸男装、滴滴代驾与腾讯推出的企鹅酒吧线下项目合作，则属于"不赞助蹭热点"的推广方式。

也有些企业利用创意营销的方式实现传播。例如，2018 年世界杯期间，劲霸男装通过挖掘有趣的互动形式，将品牌诉求与世界杯以及目标客户群绑定在一起，在年轻人喜闻乐"玩"的 H5 和表情包上发力，同时将移动互动中的要素作为标志性的元素，在产品端推出 2018 燃情系列。

四 结语：把握营销赛事与品牌价值，调动消费者深度互动

当下人们倾向于利用移动设备观看体育赛事资讯。每天接触着大量碎片化信息的消费者，很难对某个具体的对象产生特殊的感情。但体育迷们却对他们所热爱的赛事、俱乐部与运动员有着极强的忠诚度，企业进行营销推动，以线上线下互通营销方式成功博取眼球，大大提升受众对品牌的接触度和认识度，自然能够提高购买转化率和反复购买率。

---

① 《解析腾讯奥运报道：全景＋直播＋社交》，全媒派，2016 年 8 月 24 日，http：//news. qq. com/original/dujiabianyi/tengxunaoyunbaodao. html。

　　体育营销所产生的注意力经济和体育经济，深深影响着企业发展和品牌增值。在数字化时代，把握营销赛事与品牌核心价值的吻合、调动消费者的深度互动分享，会是未来体育营销的关键。

　　作为广告主的企业要在体育营销中科学配置市场营销手段，科学细分自己的目标市场，准确定位目标受众，选择合理有效的体育营销策略，同时利用合理的风险控制手段，增强目标受众及潜在消费者的品牌体验，并且重视每次体育营销后的效果评估，提升整体的营销效率。

B.10
广告主大视频营销传播报告

摘　要： 移动互联网的发展以及消费者的变化催生了大视频时代的到来，同样催生了广告主大视频营销传播时代的到来。伴随着广告技术的进步和移动互联网的快速发展，广告主大视频营销传播也呈现程序化、移动化和跨屏化的发展趋势。值得注意的是，在此类营销传播中，广告主同样需要理性看待这一发展势头良好的媒介传播形式，避免大视频营销传播的误用。

关键词： 大视频　程序化　移动化　跨屏化

一　大视频传播时代到来，广告主视频
广告①投入不断增加

（一）消费者视频接触时间逐步增长，大视频传播时代到来

视频同文字、图片、语音一样，是人类主流的四种记录和传递信息的符号。人类多数信息都是通过视觉获得的，因此视频符号所传递的移动画面最能满足人类的本能信息需求。它是移动画面及文字、图片、语音的综合呈现，具有最直观、信息量大、外延小等特点。从文字到图片再到视频，消费者内容消费朝着内容越来越丰富、获取渠道越来越便利的方向发展。视频这种传播形式对于消费者而言兼具传达力、趣味性以及信息获取的高效性。在

---

① 本部分所言的视频广告主要包括电视广告、网络视频广告、楼宇电视广告、电影广告以及其他户外视频广告。

互联网出现之前，电视的发明促成了视频传播时代的到来。而伴随着互联网的发展，网络视频促成了"大视频传播时代"的到来。移动终端和移动互联网让消费者观看视频无比便利，而网络直播、短视频等新兴的视频传播方式还具备了传统电视所不具备的互动性特点，消费者的积极性和主动性得到进一步激发，视频消费需求日益增长。中国互联网络信息中心发布的第39次《中国互联网络发展状况统计报告》显示，截至2016年12月，中国网络视频用户规模达5.45亿，较2015年底增加4064万人，增长率为8.1%；网络视频用户使用率为74.5%，较2015年底提升了1.3个百分点。其中，手机视频用户规模为接近5亿，与2015年底相比增长9479万人，增长率为23.4%；手机网络视频使用率为71.9%，相比2015年底增长6.5个百分点。[1] 另外一项尼尔森的调研显示，74%的中国受访者认为观看视频节目已经成为他们生活中非常重要的一部分。[2]

消费者接触的视频版图呈现三足鼎立的格局，电视、网络视频以及户外视频是消费者接触视频的三种主要形式。总体来看，视频媒体的用户规模十分庞大。数据显示，2013年我国视频媒体复合用户总规模达到20.72亿。[3]具体来看，三类媒体的用户接触时间和渗透率也非常可观。电视媒体依然保持强势的受众覆盖且观看时长，2015年我国电视观众人口约12.78亿，受众群规模高居第一，人均日均收视时长虽然由上年的161分钟下降到156分钟，[4] 但依旧维持在高位。网络视频的渗透率则在不断加深，截至2016年12月，我国网络视频用户规模达5.45亿，在网民中的渗透率达到74.5%。

---

① 中商情报网：《2016年中国网络视频市场规模分析：用户规模增长8.1%》，2017年2月6日，http://www.askci.com/news/hlw/20170216/17092290754.shtml。
② 尼尔森网联：《屏幕之战：多屏时代的观众之争》，2015年11月20日，http://www.199it.com/archives/407961.html。
③ 张海潮、郑维东：《大视频时代：中国视频媒体生态考察报告（2014－2015）》，中国民主法制出版社，2014。
④ 封翔：《媒体融合进程中的电视力量——2015年中国电视收视市场分析》，《现代传播》2016年第4期，第1~8页。

网络视频的用户时长也十分可观，人均月使用时长超过了 420 分钟。① 另外，地铁、公交、户外视频媒体用户为 1.1 亿，消费者在户外的时间也在不断上升。数据显示，中国消费者在过去 4 年中每周出行的时间增加了 70%，户外媒体具有强制性，人们身处其中无法规避，户外的视频形式如楼宇视频、电影媒体等也因此越来越多地占据了消费者的注意力，户外视频逐步发展成为消费者接触视频的主要形式之一。户外媒体整体的渗透率也非常高，2016 年上半年户外媒体的渗透率达到了 95.8%，领先于电视的 91% 和互联网的 95.2%。三年来户外媒体也呈现稳定上涨的趋势。②

（二）广告主视频广告投入不断增加，增速保持平稳

各大视频媒体凭借着高覆盖率、渗透率以及日益强化的互动属性集聚了大量受众的注意力，同时，凭借良好的广告表现力，视频媒体成为广告主选择投放的主要媒体类型之一，视频已经成为广告主重要的流量入口和转化工具。从数据统计来看，2011～2016 年，广告主视频广告投入呈现积极涨势。其中电视媒体广告投放占最大投放比例，在电视广告投放自 2013 年起逐年大幅度下跌的情况下，网络视频广告投放额持续增长。电梯电视位居网络视频广告之后成为赢得广告主青睐的另一种视频广告投放媒体。影院视频也逐年获得越来越多的投放份额，作为交通类视频媒体的移动公交视频和地铁视频也占据着视频广告投放的重要比例。数据显示，2015 年中国广告市场的总营业额为 5973.41 亿元，2016 年中国广告行业市场规模将达 6245 亿元。③随着广告行业市场规模的持续扩大，广告主视频广告投入涨势积极，将使视频广告在广告主整体媒体广告投放中占据更加重要的地位。

① 钱皓：《未来几年，互联网流量将重新分割！》，众筹家，2016 年 8 月 10 日，http://www.zhongchoujia.com/article/18905.html。

② 博视得：《2016 上半年户外广告市场发展及营销趋势》，经典网，2016 年 9 月 8 日，http://www.ishuo.cn/doc/bacfofqf.html。

③ 《2016 年中国广告市场规模数据分析》，中商情报网，2017 年 4 月 7 日，http://www.askci.com/news/chanye/20170407/10285695344.shtml。

二 广告主大视频营销渠道策略：电视媒体、 网络视频和户外视频成三大投入渠道

（一）电视媒体：视频媒体王者地位短期难以撼动，发力媒体融合吸引广告主不断投入

1. 电视媒体优势仍在，是广告主重金投入的第一大视频媒体

目前，电视依然是广告主最为倚重的视频媒体。从数据上来看，电视媒体的投入占据视频媒体总投入的半壁江山，足见广告主对电视的重视。

首先，从媒体发展历程来和广告主的运用经验来看，电视媒体是视频媒体形式中历史最为悠久的媒体。从发展阶段上看，电视媒体也是最为成熟的视频媒体形式，广告主在长期的电视媒体广告投放实践中积累了相当丰富的经验和策略，因而电视媒体成为广告主运用最为"得心应手"的视频媒体类型。

其次，电视媒体的受众长尾覆盖能力、规模效应也领先于其他视频媒体，增加了广告主对电视媒体的重视程度。在中国市场上，电视几乎可以覆盖所有的消费者，从一线城市到低线城市，电视媒体的覆盖率非常高，电视媒体在新旧媒体此起彼伏的征战喧嚣中依然具有不可撼动的优势地位。值得注意的是，对具有市场下沉需求的广告主来说，电视媒体更是不可缺失的重要传播渠道。

再次，电视还具有很强的销售促进和品牌构建能力，对于品牌销售具有重要的影响。电视凭借优异的广告表现力以及公信力，成为广告主塑造品牌形象的利器。美国著名广告周刊《Adweek》于 2016 年 3 月 7 日发布了一份研究报告，报告随机抽取 15 个在 2013～2014 年削减了电视广告投放的品牌进行分析，结果发现，其中 11 个品牌每少花 1 美元在电视媒体上，其销售额就会减少 3 美元。

最后，电视具有很强的光环效应，能够有效拉升广告主线上传播的效

果。研究中的数据模型发现，广告主平均高估网络广告回报率18%，平均低估电视平台广告回报率10%。[①] 研究发现，大部分通过搜索引擎、长短视频等网络广告渠道取得的回报率是受到了同时期电视广告的影响，也就是说同期播放的电视广告能够在提升网络广告效果方面发挥更大的作用。

2. 发力媒体融合，电视媒体台网融合互动，助力广告主有效触达消费者，提升销售转化

（1）传统电视发力媒体融合，融入互动属性，提升移动互联时代的传播力

随着互联网技术的高速发展，各类新型媒体形式受到广告主的关注。电视是最为传统的媒体中广告投放体量最大的媒体形式，必然受到新兴技术传播手段和新媒体形式的冲击。电视媒体广告投放自2013年起出现下跌。传统电视媒体的线性传播模式在互联网时代遭受着前所未有的挑战，如何破解？随着媒体融合在国家战略层面被明确提出，电视媒体顺势发力媒体融合，以改变传统单向的线性传播模式，朝着互联网化和提升互动属性的方向发展。在视频网站刚刚兴起之时，电视媒体发展正处于鼎盛时期，彼时视频网站不足以对电视媒体形成实质性的威胁，电视媒体对互联网的理解局限在将互联网视作另一种传播渠道。然而随着互联网的高速发展，视频网站逐步壮大，不断侵占电视媒体的受众基础，分流电视媒体的广告收入。这时电视媒体开始谋求转型，在媒体融合战略的要求之下，电视媒体在不断构建新媒体传播矩阵的过程中持续加深与互联网的融合，电视双向互动的传播模式也在此过程中得以逐步确立。

电视为适应新媒体时代激烈的竞争格局积极尝试以下两种转变。其一，为适应观众需求变化，不断加强互动性。电视观众在互联网时代朝着用户的方向发展，受众从看电视逐步转变为用电视。在电视媒体的互联化进程中，

---

① 《长期回报率之战，网络终究是败于电视》，传媒圈，2016年5月28日，http：// mp. weixin. qq. com/s？_ _ biz = MjM5Nzk3MTYxMg = = &mid = 2650351282&idx = 2&sn = 4c27b58e5316e09bc5ec38d2de632dd9&scene = 1&srcid = 05299AydmRXsM4cVlabEywQw#rd。

从数字电视①到 IPTV② 再到互联网电视③，各种形式不断升级。在终端形态上，传统电视朝着智能电视的方向发展。智能电视具有全开放式平台，搭载了操作系统，用户在欣赏普通电视内容的同时，可自行安装和卸载各类应用软件。智能电视是持续对功能进行扩充和升级的电视机产品。而在电视硬件市场中，智能电视已经成为发展主流，2016 年智能电视的渗透率可能突破85％。未来几年这一数字将会不断提升。随着智能电视的普及，电视的互动性将不断加强。

其二，部分电视台不断构建新媒体传播矩阵，拉回受众的注意力，增强互联网时代电视媒体的传播力。目前不少电视台都有着"微博＋微信＋App＋手机电视＋官方网站"的传播矩阵，部分卫视也在自身资源和内容优势的基础上形成了强大的传播力。如湖南卫视在自身优质内容的基础上实行独播战略，推出了芒果 TV App，吸引了大量用户，同时芒果 TV "产品＋内容＋终端＋应用"的立体芒果生态圈日益完善。快乐阳光作为湖南广电旗下的公司，也在独立运营的同时，借力传统电视的优势及影响力，共同强化品牌效应，使电视台与新媒体创造品牌合力，提升了湖南卫视的整体传播力。

（2）电视广告产品创新，线上线下传播整合，发挥最大传播潜力

互联网时代，消费者在变化，广告主的营销传播需求也在变化，这就对电视媒体的广告产品提出了新的要求。为满足广告主对销售转化的需求，电视媒体创新广告产品，力求在电视媒体上形成"传播即销售、所见即所得"的传播效应。例如，各大电视台纷纷试水的 T2O 模式——TV To Online。该模式是将商业营销根植于电视节目内容，通过节目创新将受众引导至电商平台完成交易，利用互联网思维，将电视观众转化为网购消费者，将收视率转

---

① 数字电视是一个从节目采集、节目制作、节目传输直到用户端都以数字方式处理信号的端到端的系统，包括基于 DVB 技术标准的"广播式"和"交互式"数字电视。

② IPTV 是一种利用宽带网，集互联网、多媒体、通信等技术于一体，向家庭用户提供包括数字电视在内的多种交互式服务的技术。

③ 互联网电视（OTT TV）是以公共互联网为传输介质，以绑定了特定编号的具备网络接入功能的电视一体机为输出终端，并由经国家广电行政部门批准的集成播控平台。

化为成交率，将电视内容的影响力进行商业变现。东方卫视的综艺节目《女神的新衣》在此模式上的尝试可谓成功。从《女神新装》第二期节目起，采用"开放性强 + 购买即时 + 销售火爆 + 网络热议"的方式，实现了广告主和电视台的双赢。第二期在原有的节目模式上，加入了微信"摇一摇"，通过微信"摇一摇"就可以直接购买到节目中的衣服，一改此前需要打开天猫商城搜索关键词才能购买的烦琐方式，此举极大地提高了销量。此外，通过摇微信可以将电视的收视率导流到各个电商平台，进行变现。微信数据显示，《女神新装》节目"摇电视"互动量位列所有卫视节目第一。①

除了满足广告主对销售转化的需求外，电视媒体还被要求实现广告主的媒体整合营销目标，即整合电视传播与网络传播，发挥共振传播效应，并带动线下传播，丰富整合营销传播的媒体手段。在这一方面，湖南卫视的综艺节目《爸爸去哪儿》的做法具有借鉴意义。如湖南卫视为《爸爸去哪儿》的客户蓝月亮推出了专属 App、授权节目元素的使用、制造相关视频等，促进了蓝月亮的整合传播。

（二）网络视频：发挥互联网基因的优势，广告产品不断创新，发展迅速

1. 网络视频广告投入快速增长，成为广告主最为倚重的传播渠道之一

网络视频已经成为聚集消费者注意力的一大重要渠道。从用户规模上看，自 2008 年以来，网络视频行业的用户规模一直呈增长趋势，截至 2016 年 12 月，中国网络视频用户规模达 5.45 亿，较 2015 年底增加 4064 万，增长率为 8.1%；网络视频用户使用率为 74.5%，较 2015 年底提升了 1.3 个百分点。网络视频使用率虽然在近年来出现略微浮动，但一直维持在高位，这也是网络视频发展日趋成熟的表现（见表 1）。从用户时间上看，在线视频是消费者网络服务使用时间占比最大的部分。数据显示，在线视频占据用

---

① 孙振虎、成怡忻：《基于 T2O 模式的电视节目创新研究》，《现代传播》2016 年第 8 期，第 115 ~ 118 页。

户月度 PC 端网络有效时间的 32.8% ，远远领先于社区交友、搜索服务的时间份额。[①]

表1　2008～2016 年网络视频用户规模及使用率

时间	视频用户规模（万人）	使用率
2008 年 12 月	20200	67.7%
2009 年 12 月	24044	62.6%
2010 年 12 月	28398	62.1%
2011 年 12 月	32531	63.4%
2012 年 12 月	37183	65.9%
2013 年 12 月	42820	69.3%
2014 年 12 月	43298	66.7%
2015 年 6 月	46121	69.1%
2015 年 12 月	50391	73.2%
2016 年 12 月	54455	74.5%

近年来，随着互联网的快速发展，网络视频愈发获得广告主的青睐。2016 年，网络视频广告投放达到 355.1 亿元，且增势良好。与此同时，广告也成为各大网络视频运营商的主要商业模式。数据显示，2016 年第 3 季度中国互联网广告运营商市场规模为 672.5 亿元，环比上升 6% ，同比增长 15.4% 。[②] 从广告形式结构上来看，网络视频广告占 2015 年中国互联网运营商广告市场的比例达到 24.8% ，相比 2009 年提升了 19.3 个百分点，是所有网络广告中唯一呈现正增长的广告形式。[③] 最新的数据显示，截至 2016 年第 3 季度，受市场主要厂商影响，关键字广告市场结构萎缩，占比 33.7% ；视频广告、品牌图文广告、其他广告均有所提升，分别为 27.5% 、

① 艾瑞咨询：《2016 年中国在线视频企业创新营销研究报告》，2016 年 2 月 18 日，http：// report. iresearch. cn/report/201602/2530. shtml。

② 易观智库：《2016 年第 3 季度中国互联网广告运营商市场规模统计分析》，2016 年 11 月 20 日，http：// www. askci. com/news/hlw/20161120/16421678187. shtml。

③ 易观智库：《2016 年中国互联网发展趋势报告》，2016 年 9 月 6 日。

25.1%、13%；Email 广告基本稳定，为 0.7%。[①]

2. 短视频、网络直播等新兴视频传播方式引爆网络视频营销

网络视频的形式正在朝着互动化、即时化的方向发展，以网络直播和短视频为代表的新兴视频传播形式蓬勃发展，为用户提供了更多有趣、好玩、参与感强的视频内容形式。直播和短视频等新型传播方式在俘获众多受众的同时也为广告主提供了与消费者深度沟通和互动的新平台，短视频和直播成为广告主的"营销新宠"。

2014 年是短视频营销元年，2015～2016 年日趋成熟，短视频凭借其低门槛、易传播、趣味性等特点迅速赢得大众的喜爱，这一视频传播形式也是 papi 酱等网红走红的重要载体。papi 酱通过自制趣味短视频吸引了大量粉丝，此后迅速获得广告主的青睐，丽人丽妆更是以 2200 万元的价格拍下了 papi 酱的广告。短视频之所以能够获得广告主的青睐，除因为具备良好的受众覆盖能力之外，还因为短视频广告原生植入的优质内容符合用户的喜好，能够提高用户的广告接受度，用户还能够通过参与评论、分享，增强二次传播；富媒体、趣味性的呈现也容易引导用户缩短购买过程。[②] 短视频的真正价值在于信息流的呈现贴合用户浏览习惯，而且它还能够通过立体式的整合营销实现最佳效果。此外，对短视频博主的粉丝进行数据分析还能够帮助广告主实现精准营销。

2016 年，直播呈现爆发式增长，直播平台达到 200 家，平台用户规模达到 3.25 亿人。"对于营销人而言，最可怕的事情莫过于对新事物视而不见，或者跟不上其发展势头。7 年前，它是微博。5 年前，它是微信。那么现在，它是直播。"[③] 直播以其互动性、即时性、强连接、吸粉迅速等特点成为广告主营销传播的新探索。2016 年 6 月 24 日，聚划算与平台下韩后、

① 易观智库：《2016 年第 3 季度中国互联网广告运营商市场规模统计分析》，2016 年 11 月 20 日，http：//www.askci.com/news/hlw/20161120/16421678187.shtml。

② 庐陵才村：《移动广告蔓延全球之时，短视频广告也在崛起》，2016 年 7 月 28 日，http：//www.jiemian.com/article/768423.html。

③ 《直播来了，直播营销该怎么玩才对？》，广告门，2016 年 9 月 22 日，http：//waaaat.welovead.com/cn/top/detail/008wllxBe.html。

春纪、美康粉黛、珀莱雅、植美村、韩熙贞六大化妆品商家登录 Bilibili（简称"B 站"），在 B 站进行了一场"我就是爱妆"的网红 Coser 直播秀。在直播过程中，B 站大 V"王吕叉"被请来做查房主播，6 位美女 Coser 主播 Cosplay 成动漫界人气角色，通过亲自使用聚划算六大化妆品商家提供的美妆产品，大谈 Coser 界的妆容经验；并在直播中向参与互动的网友赠送大量品牌好礼，引发数万网友的积极参与。直播活动的主播选择要贴合品牌商家的产品特色，聚划算选取了 B 站当红 Cosplay 玩家，以"美妆直播"为切入点，探索与网友互动式消费的新玩法，实现从营销到销售的转化，兼具品牌传播和效果营销双重价值。聚划算透露的数据显示，直播期间 B 站的直播访问量超过 1500 万人次，播放量共计近 79 万次。聚划算客流量值迎来小高峰，六大化妆品商家的客单量同步激增，订单成交总金额约 1000 万元。[①]

3. 视频网站不断强化内容自制能力，以差异化内容吸引广告主投入

在基础服务趋于同质化、非自有内容成本上升、政策监管加强等因素的影响下，视频平台持续加大对自制内容的资源投入，在建立自身差异化内容的基础上吸引广告主投入。内容制作方式从联合制作到独立自主制作并反向输出到传统媒体，视频网站的内容自制能力不断加强。实力媒体统计的数据显示，2015 年各大视频网站均加大了自制节目的投入，各大视频网站的自制节目总数几乎翻了一番（见表 2）。

表2　2014～2015 年各大视频网站自制节目数量

单位：个

视频网站名称	2014 年	2015 年
PPTV	3	8
芒果 TV	4	9
乐视	21	42

① 苏落：《直播营销，我们只是猜中了开头》，梅花网，2016 年 8 月 3 日，http://www. meihua. info/a/67367。

续表

视频网站名称	2014 年	2015 年
优土	30	50
腾讯视频	24	30
搜狐视频	4	10
爱奇艺	21	42
总计	107	191

无论是哪一家网站平台，优质的节目内容都使其获得了巨大关注度。例如，由爱奇艺和米未来传播联合打造的纯网综艺《奇葩说》就获得了极高的关注度，节目贴吧关注数达到 17.5 万人，微博粉丝数达到 106.5 万人，微博话题阅读达到 31 亿人次，微博话题讨论达到 128.3 万。《奇葩说》第一季和第二季总点击量超过 11 亿次，第三季总招商破 3 亿元，获得了 RIO鸡尾酒冠名和肯德基全家桶冠名赞助。

4. 不断创新广告产品、缩短消费者购买链条，助力广告主即时销售转化

各大视频网站除了增强内容自制能力之外，也努力创新广告产品，提升传播效果，促进即时销售转化，提高效果评估的准确性。各大视频网站分别推出了精准营销、即时转化等类别的产品，在优化用户广告体验的同时提升广告传播效果。例如，为满足广告主的精准营销需求，爱奇艺推出了"一搜百映""众里寻 TA""群英荟"等产品。"一搜百映"产品依托百度用户搜索数据，通过对关键词等数据的分析，确定用户对某产品的购买意向，向目标受众投放更为精准的广告。"众里寻 TA"产品则是根据用户性别和年龄进行定向的精准贴片广告投放。"群英荟"则利用百度地理信息搜索数据锁定高档写字楼和高档住宅楼人群，进行贴片投放。优土的"启明星"产品在融合多种数据的基础上，从兴趣关注、消费属性、生活态度等各个维度洞察用户行为特征，除基础人口属性标签外，按行业偏好聚类，打造 N 型人群，帮助广告主定向并挖掘潜在目标受众，实现精准投放（见表 3）。

视频网站为了满足广告主日益提升的销售转化需求，也做出了创新广告

产品的尝试。视频网站以屏幕为销售渠道，通过对视频中人或物的注释，链接至相关的信息介绍页面，为用户提供更立体化的观看体验。通过打通视频网站和广告主的电子商务平台，从而实现流量到销售的转化。如优土推出的"边看边买"、爱奇艺推出的"随视购"、芒果TV推出的"灵犀"均属于此类产品。此外，视频网站还着力提升广告主的投资回报，提升效果评估的合理性。部分视频网站推出了以用户真实观看为基础的广告产品，以期借此提升广告主的营销投资回报。如优土与爱奇艺尝试采用"TrueView"广告形式，分别推出了广告产品"享看广告"和"悦享看"，这类新型的广告形式由用户掌握观看主动权，按照有效观看量售卖，用户可以自主选择跳过广告。当用户打开视频之后，广告会先播放5秒，如果用户感兴趣可以选择继续观看30秒完整广告，观看的30秒广告需要广告主付费。如果用户没兴趣则可直接跳过广告，这种情况下广告主不付费。

表3 2015年中国视频企业创新营销产品盘点

企业名称	创新营销产品	分类
爱奇艺	一搜百映	精准营销
	众里寻TA	精准营销
	群英荟	精准营销
	闪植	视频+电商
	随视购	视频+电商
凤凰视频	All in one	优化广告主体验
	原生广告制作	精准营销
合一集团（优酷土豆）	启明星	精准营销
	享看广告	优化用户体验
	边看边买	视频+电商
	品牌体验店	视频+电商
乐视网	乐视购	生态类营销
	选择性贴片广告	优化用户体验
	TVC剧情广告	优化用户体验
	视·点击	视频+电商
芒果TV	灵犀	视频+电商

续表

企业名称	创新营销产品	分类
搜狐视频	完美风暴	精准营销
	先声夺人	优化用户体验
	慧眼识 TA	精准营销
	自助交易系统	优化广告主体验
腾讯视频	图灵	精准营销

（三）户外视频：生活圈及强制属性全方位匹配和到达消费者

1. 户外视频媒体依靠其强制性和生活圈媒体的特点吸引广告主的大力投入

户外视频之所以能够获得广告主的青睐，主要有以下几个原因。首先，户外媒体的整体到达率较高，受众覆盖有保障。数据显示，2016 年户外媒体的日达到率达到了 84.1%，位居所有媒体第一。其次，户外视频媒体拥有高质量的传播场景。移动互联网时代，受众信息接触严重过载，广告主获取消费者的注意力成本越来越高。但是户外视频的传播场景是强制性的，消费者在特定的生活环境中会不可避免地接触到户外媒体。户外媒体是生活圈媒体，融入消费者的生活场景，因此户外媒体并未受到媒体碎片化太大的影响。此外，作为主要的户外视频媒体类型之一的电梯电视媒体还具有低干扰、封闭性的特点，传播效果能够得到保证。近年来电梯电视和公交类视频媒体的增长也体现了广告主对户外视频媒体传播效果的认可。最后，以楼宇视频为代表的户外视频媒体具有高质量的消费者。数据显示，楼宇电视每天覆盖的 2 亿消费者是 20~45 岁、中高收入的城市主流消费群，这也是引领消费升级的核心人群，他们愿意为品质、品位、创新、潮流付出溢价，相信品牌并且是品牌消费的意见领袖，更具有消费的风向标意义，这些人群贡献了 70%~80% 的都市消费力。[1] 此外，富有创造性的优质的户外视频媒体内

---

[1] 丁俊杰：《数字媒体时代，为什么电梯媒体反而成为传播的引爆点?》，中国广告协会网，2016 年 8 月 17 日，http://www.cnadtop.com/focusNews/2016/8/17/be4d2670 - d3a2 - 4ac9 - 857b - 5439481f4384.htm。

容甚至具有引爆效应，能够引起网络上的二次传播，使广告传播效果加倍。

2. 户外视频媒体借力大数据技术和互联网精准触达消费者并形成销售闭环

户外媒体是环境媒体，其核心优势是地理位置，位置在很大程度上决定了户外媒体的价值，户外视频媒体也是如此。大数据和互联网的发展为户外视频媒体带来了新的发展机遇，户外视频媒体借助互联网及大数据等新兴技术手段的支持，能够在消费者洞察和媒介跨屏互联互动互通等方面实现更好的传播效果。例如分众传媒通过大数据应用推出了向上云战略。从 2009 年分众开始建立物业云，基于物业数据，如楼价、商圈分析数据等形成了自身的数据体系。如果宝洁产品只在家乐福做促销，那么分众就会选出只在家乐福三公里内的小区做广告，这样的做法节约广告投入成本并且相对精准。2015 年分众引入百度云，结合消费者搜索数据为广告主提供更为深入的消费者洞察，从而指导广告投放。2016 年分众开始研究电商云模式，分析消费者的消费需求。通过"三云合一"，分众借助数据帮助广告主更精准地触达消费者。此外，户外视频能够借助技术达成销售闭环，促进销售转化。例如分众在 O2O 领域的尝试，与微信摇一摇相结合，消费者只要在电梯内看到楼宇视频的广告就可以通过微信摇一摇获得电子优惠券或者红包。分众传媒依托其天然的地理位置特征，通过对物业信息（楼龄、楼价、地理位置、住户类型等）的分析以及与百度等搜索引擎的合作，得出不同楼宇、社区消费者的不同品类消费需求和品牌偏好，从而帮助广告主精准投放；同时，分众传媒还通过在其设备中置入 Wi‑Fi、iBeacon、NFC 接入互联网及移动互联网，实现云到屏、屏到端的精准互动，使设备成为 O2O 互动的线下流量入口，并可以此为平台嫁接促销活动、营销活动等。

三　广告主大视频营销内容策略：品牌即内容，原生、互动、整合成三大核心策略

随着层出不穷、花样翻新的广告形式不断"侵入"消费者的日常生活，消费者选择各种方式巧妙避开广告的打扰，这样的做法无疑大大降低了广告

的接受度。例如，对于电视的广告时段，消费者可能会选择换台或者玩手机来避免观看广告。在观看网络视频的过程中，消费者可能会使用屏蔽插件等手段让广告无法发挥其效用。Page Fair 和 Adobe 公布了一份关于广告屏蔽工具的调研报告，数据显示，这类工具在全球有 1.98 亿活跃用户，而这些用户给网络上的广告展示行业带来的损失高达 220 亿美元。[①] 消费者屏蔽广告的一个重要原因就是广告为其带来了不美好的体验，因此以消费者体验为中心的广告传播才能发挥最大的效用。如何提升消费者体验？"没有人会主动关注广告，他们只会关心自己感兴趣的东西，但有一些时候，这些感兴趣的东西恰巧就是广告本身。"[②] 想要获得消费者的关注，引发消费者的兴趣点，广告的内容化、互动性和整合性相当重要。因此在视频传播中，品牌与内容的绑定式传播将成为一大亮点，原生化、互动性和整合性将成为广告主移动互联网时代视频传播的重要策略。

（一）原生内容：以去广告化的、原生性的视频内容传递品牌信息，升级传播体验和传播效果

移动互联时代，媒体高度碎片化，消费者置身于信息轰炸的环境当中，广告主获取消费者的注意力资源变得越来越困难。然而部分网络综艺、优质电视剧和电影等视频形式依然受到受众的青睐，可见优质内容依然是移动互联时代获取消费者注意力的有效手段。为此，广告主可以采用广告内容原生化的方式，将产品或品牌信息融入视频内容本身、融入用户获取资讯和服务的联网场景，让广告成为内容和服务的一部分。如此将广告信息流畅地传递给目标受众，既保障了用户的广告体验，也实现了广告主和媒体的双赢。爱奇艺在试水原生视频广告时，推出了信息流广告、视频动态广告和原生的创意贴片广告。如 2016年网络热播剧《老九门》中东鹏特饮、ROI 鸡尾酒、爱钱进、新养道、探探

---

① PageFair：《调查显示广告屏蔽工具让广告商少赚 100 美元》，199IT，2015 年 8 月 12 日，http：//www.199it.com/archives/375348.html。

② 《惠锁屏：专注场景做移动媒体广告的"火眼金睛"》，东方网，2017 年 3 月 17 日，http：//finance.eastday.com/eastday/n23/n35/u1ai84216.html。

App、良品铺子和携程旅行均有植入，品牌信息通过原生创意贴片的方式融入内容，与内容无缝对接的同时优化了消费者的广告体验，并且增加了消费者新的兴趣点，获得了较好的传播效果。再如，芒果 TV 推出的"易植"可以通过后期添加平面广告、三维产品和 TVC 等，也是对原生广告的运用。

（二）互动内容：在视频广告中强化互动元素，吸引消费者参与，深度传达品牌理念

移动互联时代，消费者的主动性被进一步激发，互动在营销传播中变得尤为重要。视频作为灵活性的广告传播方式，也在其产品内容中强化互动属性，吸引消费者参与，力争实现深度沟通。如电视媒体中插入的微信摇一摇、与自有 App 联动等方式都是强化互动属性的表现。2016 年春晚电视与支付宝以及微信的联合互动盛宴，吸引了大批消费者的参与，广告主也在此过程中增强了与消费者的情感沟通。在户外视频媒体的运用中，广告主通过与手机端融合实现双屏联动，也做出了很多有益的探索。例如，2015 年阿迪达斯成为曼联新赛季官方合作伙伴。阿迪达斯借此发起"红魔重生，异类崛起"主题活动，呼吁大众参与并见证"红魔力量"。阿迪达斯还与凤凰都市传媒合作，将活动官网上的相关数据实时同步在户外 LED 大屏幕上，引导大众用手机扫屏关注曼联官网，支持阿迪达斯。

再如分众传媒推出的户外互动屏媒体。互动屏媒体是将预先存储了内容的 Wi－Fi 盒子或 iBeacon 置于 LCD 设备中或卖场终端液晶屏旁，使得用户可以通过"摇一摇"等类似指令之后，即可直接进行下载、参与互动或购买等各类操作。

（三）整合内容：广告主整合多屏内容、统合线上线下，全面覆盖消费者

消费者观看视频的媒介包括电脑屏、电视屏、手机屏、PAD 屏、户外屏等多种媒介形式，跨屏化视频观看越来越成为消费者的常态化选择。过去依靠单一屏触达品牌目标消费群体的做法，在多屏时代已经不再适用。因此

整合多屏内容、全面覆盖多屏受众成为广告主的必然选择。由于各类屏幕大小和观看方式具有差异，广告主在广告内容的表现方式上也需要进行差异化处理，以适应各类不同的屏幕媒介，如此为消费者创造良好的观看体验并达到预期的广告传播效果。例如，除了将电视端与网络端的广告信息内容进行融合观看以外，广告主还可以开发衍生短视频或者开通明星直播等，契合移动互联网时代受众移动端的视频观看习惯。而在户外端广告主同样可以开发与产品内容相关的互动视频吸引消费者参与，或者配合其他视频营销引发二次传播，充分发挥户外视频的传播价值。在发布时机的选择上，不同屏幕内容也可以有所差异。例如，可以用移动端衍生的短视频或相关户外视频预热，引爆话题，然后电视端正式播放正片，同时注重引导电视内容与移动端的互动，引起内容发酵，从而使得广告传播达到最大的整合效应。

除了重视多屏媒介的内容整合之外，线上线下的渠道整合同样重要。在大数据时代，数字营销服务商通过大数据对目标消费群体进行画像，市场覆盖的精准性得到了相对提升，程序化购买等技术也使投放广告的操作流程相对简捷，广告创意的重要价值似乎在对技术追捧的呼喊声中渐渐被淹没。但是真正能够打动消费者的往往是极具创意的广告内容巧妙结合能够发挥最大效用的技术承载手段，二者并不相悖。线下活动的复杂性可能导致广告主望而却步，不愿意投入过多的时间和精力参与，但一场创意十足、具备引爆效应的线下活动就可能达到意想不到的效果。近年来，线下活动的重要性不断凸显，而线上线下的整合传播才能在企业的营销传播活动中发挥最大的效用。优质的线下活动和线上视频内容相互配合，能够达到事半功倍的效果。

四 广告主大视频营销传播的三大趋势：
程序化、移动化、跨屏化

（一）投放方式：伴随着广告技术的不断进步，广告主程序化视频广告投放剧增

伴随着互联网的发展，网络广告资源极大丰富，程序化购买应运而生。

广告购买正逐渐从传统直采发展到程序化购买，而在视频媒体市场，由于品牌广告主对投放内容出现的媒体位置、和受众相关性的要求较高，程序化直接购买正在成为视频程序化广告市场的主流投放模式。[①] 程序化购买满足了广告主对广告投放高效率的要求，可以实现自动化的广告投放，同时运用大数据反馈获知投放效果。2016 年，程序化购买广告市场规模达到 308.5 亿元人民币，程序化购买已经成为互联网广告市场的不可逆趋势，未来市场规模将持续保持高速增长。[②] 随着越来越多优质视频广告资源的开放以及程序化购买交易流程和体系的逐步完善，网络视频广告程序化购买发展迅速。目前，网络视频广告程序化购买是三类视频媒体广告中发展较为成熟的类型。

电视媒体广告的程序化购买虽然刚刚起步，但是随着互联网电视的普及，电视程序化广告的发展环境向好，未来可能会有越来越多的电视广告资源被纳入程序化购买的范畴。在美国，程序化购买虽然只占电视广告支出的一小部分，但是份额将继续增长，2016 年程序化购买将占电视广告支出的 1.0%，到 2018 年指数将攀升至 6.0%。届时，美国广告商将在电视广告程序化方面支出 44.3 亿美元。[③] 中国未来的电视程序化广告发展可以以此作为参考。目前，国内涉及电视程序化购买的厂商已经在程序化购买版图中占有一席之地，证明了程序化购买在电视媒体领域的发展。户外视频同样在程序化上有所探索。部分户外视频已经开始接入程序化购买，但户外媒体不同于电视和互联网媒体，户外媒体的受众具有差异化、多样化、开放化、弱交互性等特点，使得其广告购买形式的程序化面临着很大挑战。数据显示，在美国户外程序化购买渠道投放的广告主的户外媒体预算比例已经达到了 6.6%，这一比例也在逐渐扩大。三大类视频媒体除了网络视频程序化购买发展相对领先之外，电视媒体和户外视频媒体的程序化购买还有很长的路要走。

---

① 易观智库：《2016 中国视频广告程序化购买市场发展专题分析》，2016 年 12 月 23 日，http：//www.199it.com/archives/551946.html。

② 易观智库：《2017 中国移动 DSP 市场专题分析》，2017 年 3 月 18 日，www.199it.com/archives/573640.html。

③ eMarketer：《2016 年电视广告美国程序化购买支出将增长 127%》，199IT，2016 年 7 月 4 日，http：//www.199it.com/archives/489842.html。

（二）终端迁移：移动互联时代，移动端成为广告主视屏营销的核心战略要素

中国互联网络信息中心发布的第 39 次《中国互联网络发展状况统计报告》显示，截至 2016 年 12 月，我国手机视频用户规模为接近 5 亿，与 2015 年底相比增长 9479 万，增长率为 23.4%；手机网络视频使用率为 71.9%，相比 2015 年底增长 6.5 个百分点。[①] 手机作为移动终端，在网民的上网设备中占据了重要地位。从视频观看的终端来看，移动端也成为网民观看视频的第一终端。结合 CNNIC 历年的调查数据来看，用户通过手机收看网络视频节目的比例自 2012 年以来直线增长，从 49.4% 上升至 76.7%，三年间上升了 27.3 个百分点。从使用时长份额上看，移动端也实现了对 PC 端的超越，2015 年第四季度，在线视频移动端的有效使用时长预估份额达 53.2%，较 2014 年第一季度的 33.9% 的增长近 20 个百分点。从网络视频这一形式来看，移动端已经成为主要的视频观看平台，并且受众喜爱程度还有持续加强的趋势，预计 2017 年中国移动视频用户规模达到 4.35 亿。[②] 反映在广告主的广告投入上，移动端网络视频广告投入正逐渐增长并超过了 PC 端。数据显示，2016 年移动视频广告市场规模达到 199.2 亿元，在整体网络视频广告市场中占比达 56.1%。另外，移动端也是电视视频和户外视频营销的核心互动装置，当前电视和户外视频媒体均在不断强化与移动端的紧密联系，希望借助移动端的互动性放大媒体自身的传播效果，并借此达到良好的整合效益。当前电视端的微信摇一摇、户外视频的二维码互动、感应互动等均是两类媒体与移动端直接整合互动的积极尝试，并涌现了一批效果良好的互动案例。

---

① 中商情报网：《2016 年中国网络视频市场规模分析：用户规模增长 8.1%》，2017 年 2 月 6 日，http://www.askci.com/news/hlw/20170216/17092290754.shtml。
② eMarketer：《预计 2017 年中国移动视频用户规模达到 4.35 亿》，199IT，2017 年 5 月 13 日，http://www.199IT.com/archives/591090.html。

（三）收看行为：消费者多屏生存，跨屏追踪消费者成为广告主视频营销的焦点

所谓跨屏，也称为多屏，是指内容或受众在以电视大屏、电脑中屏、手机（或 PAD）小屏为代表的不同屏端的传播或流动。[①] 消费者跨屏观看早已成为事实，数据显示有 75.7% 的网络用户使用三屏及以上视频终端观看视频。[②] 消费者多屏生存为广告主营销传播带来了新的机遇，广告主可以在更多的视频媒体上通过富有创意的广告形式和营销传播手段覆盖更多的目标消费者，实现更好的整合营销传播效果。与此同时，消费者的多屏行为也为广告主营销传播带来了巨大挑战。其中，跨屏追踪和测量消费者就是广告主面临的最大的挑战。当前消费者视频观看呈现多场景、非线性、碎片化和多任务处理的特点，传统电视的收视率调查已经越来越不适用于多屏时代下广告主的投放需求。如何确定多屏时代的受众收视行为特点？如何为多屏背后每一位受众进行画像，从而为广告主营销传播决策提供参考？目前国内如央视索福瑞、国双数据中心等收视监测机构还无法很好地解决多屏收视测量问题，这些问题同样是广告主在进行视频营销传播中需要持续关注的焦点问题。

五　结语：广告主仍需理性看待视频传播

随着大视频传播时代的到来，广告主重金投入视频媒体的热情不断上扬，但在热情背后更加需要广告主运用理性思维，审慎进行视频营销和视频媒体选择。首先，视频不是唯一的信息传播手段，广告主需要结合多种传播形式方能真正打动消费者。在人类获取信息的各类形式中，视频占据了相当

① 刘燕南、张雪静：《跨屏受众收视行为测量：现状、问题及探讨》，《现代传播》2016 年第 8 期，第 1~7 页。
② 张海潮、郑维东：《大视频时代：中国视频媒体生态考察报告（2014－2015）》，中国民主法制出版社，2014。

重要的地位，这是因为在信息传播过程中，充分发挥视觉优势的视频传播方式所能承载的信息量最大，效果最佳。视频传播来源于视觉传播但不能等同于视觉传播，更不能替代其他形式的视觉传播，图片、文字同样是视觉传播的重要组成部分，并在信息传播的过程中发挥着不可替代的作用。其次，当前视频娱乐化趋势明显，从种类繁多的视频娱乐剧目的火爆程度中可见一斑。广告主扎堆娱乐视频节目，都期望借助娱乐视频为品牌营销传播助力。然而消费者的注意力是有限的，广告主需要结合自身品牌特点和资源做出正确选择，不能盲目跟风投入娱乐视频营销。当前很多视频节目都存在植入失败、策略不当等问题，一些新兴的视频形式如直播，也需要注意防范其潜在风险。此外，还需要创新符合网络媒体环境的新型视频广告技术和形式，而不是将电视广告形式进行简单平移。最后，多屏媒介组合是当前广告服务商提供的重要策略，但目前跨屏传播效果监测体系还不健全，如果效果监测和评估问题不解决，多屏传播就没有办法真正落到实处。

B.11
广告主 OTT 广告
运作策略报告

摘　要：　随着 OTT 用户数量的增长，作为电视大屏的创新形态，部分
广告主已经开始尝试投放 OTT 广告。本报告依托广告主调研
数据，对领先尝试的广告主运用 OTT 广告的观念和策略进行
分析。

关键词：　OTT 广告　多屏互动　家庭场景

一　广告主 OTT 广告投放现状

（一）选择 OTT 投放的广告主维持在二成左右

《2017 中国广告主营销趋势调查》数据显示，2017 年投放 OTT 广告的
广告主比例为 21%，相对于 2016 年的大幅上升，保持相对稳定的状态。

大企业的尝试更加积极，40% 的超大型企业已经投放了 OTT 广告，而
中小企业、小微企业投放 OTT 广告的比例不到二成。经过一年的发展，企
业表现出对待 OTT 更加明朗的态度。超大企业和大型企业对该类型广告投
放的占比均呈小幅下降状态，呈相对稳定态势。而小微企业投放比例有大幅
提升，从 2016 年的 2% 上升到 2017 年的 13%，小微企业的态度上升表现了
其对 OTT 广告价值的肯定。

相对而言，超大型企业和大型企业广告投放一般对品牌宣传需求较高，
OTT 广告由于自身强曝光的优势更容易吸引到此类广告主。同时，超大型企

业和大型企业一般广告预算丰厚，选择 OTT 广告风险相对较小，布局 OTT 对大型广告主来说并非难事。而中小型企业本身对广告预算有限，投放广告更注重效益，更愿意选择短期内能够看到回报的广告方式，因此在 OTT 广告发展还不够成熟的阶段，投放更加谨慎。

艾瑞咨询数据显示，快消类广告主更加青睐于投放 OTT 广告。由于快消品类广告主营销预算大、需求高，且更愿意接受新的营销形式，因此对 OTT 广告有更大的接受度。此外处于家庭大场景下的 OTT，更加符合快消类产品的决策和消费场景，这也是快消类广告主选择 OTT 的重要原因。访谈中某大型快消品广告主表示，"我们 2016 年开始和乐视合作做 OTT 广告，那时 OTT 刚兴起，出于创新的目的，我们是抱着尝试的态度去做的"。

在已经投放 OTT 广告的广告主里，2017 年 OTT 在全媒体中占比 1.9%，2018 年预期将达到 2.8%。奥维云网数据显示，2017 年，OTT 广告总额 26 亿元，同比增长 2.7 倍，在 OTT 的占比 2018 年较 2017 年提高接近 1 个百分点的预设下，OTT 市场扩大趋势明显。已有 14% 的广告主将 OTT 的广告预算投放来源设置为新的预算，证明了广告主对 OTT 广告投放的重视。

（二）广告主 OTT 广告投放策略

1. OTT 广告有助于广告主实施多屏互动的策略

创新的传播对很多广告主来讲是一种品牌沟通的战略资源，OTT 广告多样的玩法能够满足广告主创新传播的需求，有助于广告主实现多屏互动的策略。

互联网电视使客厅娱乐发生变革，从传统电视的静态观看变成了交互体验式的动态娱乐。对于重视用户体验的企业来说，OTT 广告相较于其他形式的广告，想象空间大，玩法多，能够帮助广告主定制出更能表现产品特色及使用体验的广告。有饮料企业负责人表示，"我们认为 OTT 广告是创新的，主要表现在硬广与电商的联动，并且搭建品牌专区，打造品牌专属频道，从这个角度来看达到的效果是很好的"。

OTT 广告突破了屏与屏之间的区隔，实现多屏互动，44% 的广告主认为这是他们投放 OTT 广告的原因。在大多情况下，OTT 广告所处的家庭场景中会有多台联网设备，这为多屏互动和跨屏营销带来诸多可能。家庭中处于同一网络条件下的联网设备包括互联网电视、电脑、平板、手机等，通过不同设备 ID 的匹配，实现跨屏用户追踪，能够帮助广告主制定更加科学的跨屏营销策略。此外，OTT 广告可以通过二维码、摇一摇等方式，实现用户端多屏互动，提升可玩性和转化效果。用户能够通过"边看边买"等手段完成从接受广告讯息到完成购物的行为，缩短购买路径。

2. OTT 广告成为广告主家庭大屏场景投放组合新力量

OTT 作为对传统电视的有益补充，使得 OTT 广告成为广告主家庭大屏场景投放组合的新力量。

49% 的广告主选择 OTT 广告的原因是覆盖范围日益广泛，受众规模日益增多。奥维云网通过自主监测的 2500 万 + 的 OTT 终端发现，2017 年智能电视 + OTT 盒子的全量日活已经超过 6500 万，在这种规模下，OTT 爆发出强大的影响力。广告主选择 OTT 广告，一方面是因为 OTT 广告本身覆盖范围逐渐扩大，受众规模日益增多，能够帮助广告主扩大广告覆盖面；另一方面是因为 OTT 作为家庭大屏，能够作为传统电视的有益补充，对 OTT 广告的布局也代表着广告主占领家庭场景大屏的策略。接近七成的广告主认为 OTT 投放是对电视媒体的有益补充，有被访广告主表示，"为了全面覆盖消费者，还是会投 OTT，也会更多地去做硬广"。

传统电视的受众结构和数量有限，年轻消费者的覆盖有限，OTT 作为互联网电视，年轻消费群体对其接受度更高，广告主在品牌年轻化的过程中，愿意把 OTT 广告看作新的机会。某车企品牌负责人认为，"现在我们把它看成非常重要的电视媒体的补充。互联网电视能够帮助我们锁定年轻化的人群，因此我们对 OTT 广告抱有非常积极的看法"。某饮料品牌负责人也表达了同样的观点，"OTT 已经成为我们的常规传播媒体，贯穿在全年的广告活动中，主要是因为年轻人集中在这里"。

同时，OTT 作为互联网电视，具备电视媒体的一些特性，OTT 广告也具备电视媒体广告的部分优点。OTT 开机广告具备干扰性小、强制性曝光的特

点，是广告主和用户最为熟知的 OTT 广告形式。《2017 中国广告主营销趋势调查》数据显示，63% 的广告主投放了开机大屏广告。某被访者认为，开机广告和传统电视一样走曝光路线，做品牌时用的会比较多一点。同时 OTT 作为互联网电视，具备精准投放的功能，能够为广告主提高电视广告的曝光效率提供有益的支持。

基于互联网电视本身的数据收集、回传功能，OTT 能够形成消费者的基础画像，从而帮助广告主识别目标消费者，进一步提高电视广告的曝光效率。OTT 广告能够满足广告主精准投放和提高曝光效率的双重需求，48% 的广告主选择 OTT 广告的原因是 OTT 广告能够实现精准投放，提高电视广告曝光效率。

二　广告主 OTT 广告运用存在的问题

然而，OTT 广告处于发展初级阶段，广告主在选择 OTT 广告时也面临一些挑战。效果难以评估、受众规模有限、缺乏广告投放经验是 OTT 广告发展的三大掣肘因素。

广告主对 OTT 广告第三方监测数据缺失所带来的怀疑是限制其投放的最大因素。近六成的广告主认为，OTT 广告缺乏客观评估数据，很难评估效果。某国内知名保健品企业工作人员认为，现在 OTT 制式繁多，没有一家监测系统能够完全覆盖所有，因此缺乏权威数据。投放过 OTT 广告的一线食品饮料企业品牌管理部工作人员更是表示，"项目推进过程中没有量化的效果，没有第三方的监测数据给到我们"。而 OTT 企业出于销售广告位的切身利益考虑，是否能把真实数据给广告主，也值得怀疑，因此一些广告主对 OTT 广告依旧保持观望态度。第三方监测数据的缺失会大大打击广告主选择 OTT 广告的积极性，权威的第三方系统监测才能让在 OTT 广告上花了真金白银的广告主吃一颗定心丸。

互联网电视基于规模基数的限制，尽管其销量逐年增长，但目前仍未超越传统电视，传统电视的地位依旧稳固。因此有些广告主并不急于投放 OTT

广告，目前仍处在观望阶段。某被访者表示，"现在整个智能电视增长率非常高，但 OTT 在整个行业里的占比还比较低，虽然增长很快但是整个盘子很小。"《2017 中国广告主营销趋势调查》显示，2016 年有 44% 的广告主因为受众规模不够大不投放，这个比例 2017 年已经下降到了 33%。

同时，由于 OTT 广告是近些年才发展起来的新型广告形式，缺乏广告投放经验也是限制广告主选择该类广告的原因之一。尤其是对于广告投放策略原本就很保守的广告主来说，缺乏经验带来了更多的不确定性。一些北方广告主表示，"我们是一家比较传统的企业，OTT 广告太新了，还没涉及"。

除以上三大原因之外，行业混乱、市场价格高也是广告主不选择 OTT 广告的原因之一。有广告主表示，"广告经过层层代理转包，其市场价比较高，投放预算高，对我们而言不划算"。同时，也有广告主 2017 年选择了 OTT 广告，在 2018 年打算放弃，"2017 年有投放，因为当时 OTT 广告环境单一，投放可以形成很高的记忆度，但 2018 年不预计投放，因为行业比较混乱，而且现在单价太高"。由此可见广告主对规范的市场的渴望。

三 OTT 广告未来发展趋势

广告主目前对 OTT 广告效果满意度较高，但对 OTT 广告形式的组合运用还有更大的空间。勾正数据显示，2017 年对 OTT 广告投放效果感到满意的广告主高达 78%，但在 OTT 广告形式的选择上目前广告主大多选择的是 OTT 曝光层面的广告，OTT 广告的多组合应用优势还未完全体现。OTT 广告形式主要分为系统层和应用层，系统层有开机、关机、屏保、专区等广告形式，应用层有贴片、暂停等。尽管形式多样，但从 2017 年广告主实际投放来看，投放结构较为单一，70% 的预算分布在贴片广告上，20% 的预算分布在开机广告上。未来广告主投放 OTT 广告有更多的可能，OTT 运营商也应为广告主提供更大的选择空间。同时，家庭网络的出现为跨屏营销和投放奠定了基础，智能电视所携带的探针能力，可以把处于统一局域网内的家庭智能设备关联起来，为未来跨屏营销带来了更大的发展空间。

　　严格的 OTT 终端监管政策和业内规范组织的成立给 OTT 广告市场创造了健康的发展环境，能够为广告主合理运用 OTT 广告护航。OTT 终端产生以来，一直是政策监管重点，自 2007 年至今，监管机构先后公布数十项监管规定，并多次发文，确定了整个 OTT 市场的准入、运营和监管模式，对 OTT 终端和内容监管的政策影响着 OTT 广告市场。2018 年政策方面有收紧趋势，内容审核方面将更加严格。为了形成规范的环境，业界也在行动。在 2017 年 12 月 1 日的第五届中国网络视听大会上，互联网电视工作委员会正式成立；2018 年 3 月 29 日，由奥维云网与秒针系统联合，在北京发起成立"中国 OTT 广告联盟"。这些举措从一定程度上能够减轻广告主"OTT 广告市场混乱"的担忧，能够为广告主运用 OTT 广告提供良好的外围保障。

　　OTT 广告生态建设正处于初级阶段，一旦稳健、可靠的 OTT 生态建立起来，无论是广告主、OTT 运营商、广告公司还是第三方监测机构等其他利益相关者都能从中获利。打造 OTT 广告生态光明的未来需要各方共同努力。

B.12
奔驰品牌营销传播报告

摘　要：　中国汽车行业2015年进入低增长的成熟期，奔驰在这一环境下仍出现强势增长，并于2017年摘得豪华车销量冠军。奔驰取得如此成绩与其在品牌营销及品牌传播上的努力密不可分。奔驰一方面深化产品布局、优化销售渠道、升级服务体验，为其销售增长打下坚实基础；另一方面通过创新消费者体验平台、深挖中国文化、绑定优质内容等，重塑消费者对奔驰的品牌认知、建立情感联结。尽管奔驰在这一阶段取得了不俗的成绩，但在面对"新四化"的提速浪潮时，奔驰依然在路上。

关键词：　产品升级　文化体验　情感链接

一　2015年起汽车市场步入低增长期，奔驰逆势增长

（一）中国汽车市场进入低增长状态，豪华车市场整体增速亦放缓

2015年，我国汽车市场步入低增长的成熟期。2015年汽车产销量同比增长3.3%和4.7%，比2014年同期下滑了4个百分点和2.2个百分点，①

---

① 国家统计局：《2015年汽车行业运行情况报告》，国家统计局官网，2016年5月25日，http://www.lwzb.gov.cn/pub/gjtjlwzb/sjyfx/201605/t20160525_2790.html。

创 2013 年以来最低增速。2016 年汽车市场虽有所回暖，但 2017 年我国汽车产销仍呈低速增长的态势，较 2016 年同期回落 11.27% 和 10.61%。（见表 1）在行业增速放缓的环境下，此前一直能够跑赢大市的豪华车市场同样增速急速下滑。2015 年豪华车市场十大豪华车品牌①在华销量同比增加 5.2%，增速同比大幅度下滑 17.1 个百分点。豪华车企业经营压力增大，开始由增量市场转变为存量市场的争夺。

表 1   2000～2017 年中国汽车销量及增长率

单位：万辆，%

年份	销量	增长率	年份	销量	增长率
2000 年	208	13.4	2009 年	1364	46.1
2001 年	237	14.1	2010 年	1806	32.4
2002 年	325	37.0	2011 年	1851	2.5
2003 年	439	35.2	2012 年	1931	4.3
2004 年	507	15.5	2013 年	2198	13.9
2005 年	576	13.5	2014 年	2349	6.9
2006 年	722	25.1	2015 年	2460	4.7
2007 年	879	21.8	2016 年	2803	13.7
2008 年	938	6.7	2017 年	2888	3.0

（二）奔驰销量再上新台阶，逆势取得良好增长

2011～2015 年豪华车"德系三强"中，奔驰在销量上始终居于第三，但与宝马的差距在不断缩小。2015 年，在中国汽车市场进入低速增长的压力下，奔驰在华销量同比增长 32.6%，而宝马增速仅为 1.7%，奥迪更是下跌了 1.4%。与奥迪、宝马相比，奔驰品牌在华销量维持较高的上升幅度。2017 年在购置税优惠幅度调整、新能源汽车政策调整等因素的影响下，车企压力进一步增大，但奔驰 2017 年销量（含 Smart）实现反超，成为中国

---

① 十大豪华车品牌指的是奥迪、宝马、奔驰、捷豹、路虎、雷克萨斯、沃尔沃、凯迪拉克、保时捷和英菲尼迪。

豪华车销量冠军。奔驰的"逆袭"既得益于其对一直以来对产品的精益求精、对渠道的深耕细作，也得益于其在品牌营销传播上的努力与探索。

表2 奔驰、宝马、奥迪2005~2017年销量和增长率对比

单位：万辆，%

年份	奔驰		宝马		奥迪	
	销量	增长率	销量	增长率	销量	增长率
2005 年	1.15	39.0	2.35	36.0	5.89	9.6
2006 年	2.12	32.5	3.64	51.3	8.81	39.0
2007 年	3.06	45.0	5.16	42.0	10.90	24.0
2008 年	3.87	26.5	6.58	28.0	12.00	17.0
2009 年	6.85	77.0	9.05	37.5	15.72	33.1
2010 年	14.77	116.0	16.90	87.0	22.80	43.0
2011 年	19.30	30.8	23.36	37.6	31.30	37.0
2012 年	19.60	1.5	32.64	40.0	40.58	29.8
2013 年	23.50	19.9	39.07	19.2	49.20	21.2
2014 年	28.16	19.8	45.60	16.7	57.89	17.7
2015 年	37.35	32.6	46.38	1.7	57.09	-1.4
2016 年	47.28	26.6	51.64	11.3	59.16	3.6
2017 年	61.10	25.0	59.40	15.1	59.80	1.1

二 消费者变化推动市场变革，促使奔驰 调整品牌营销战略

（一）汽车消费者变化推动市场变革

其一，汽车消费者年轻化，个性化消费需求不断凸显。我国汽车消费者中，30岁以下的购车者占比从2013年的26%上升到2015年的36%，30岁以上的购车者则从74%下滑至64%。"80后"占购车者的54%，占据中国

汽车市场的半壁江山。①"90后"汽车消费者的增长速度远超其他世代，已逐步成为中国汽车市场的消费主力。预计到2020年，"90后"消费者将会占据半壁江山。② 相较于"60后""70后"的消费者，汽车消费新势力需求升级，重视个性化、兴趣化、圈层化、品质化，且重视信息及服务的便捷性、及时性，既追求感官主义和品味体验，又追求更为个性化服务和全方位的汽车生活体验。年轻消费者对汽车已不仅仅是产品功能的需求，更多地向情感需求、心理需求等转移。年轻消费群体的崛起，驱动着汽车品牌审视自身定位、更新车型设计和改变营销策略来满足市场新主力的需求。

其二，消费者媒体接触不断数字化，驱动汽车品牌加快数字化布局。传统媒体时代，消费者获取汽车信息的媒体渠道较为单一，以电视、报纸等传统媒体为主。移动互联网时代，消费者获取汽车信息渠道越发多元，其中数字媒体成为消费者主要的信息来源（见表3）。2015年汽车消费者开始倚重数字媒体，汽车之家等专业汽车网站和论坛成为最受欢迎的信息渠道。社交网络、汽车厂商网站等数字媒体平台也开始成为消费者获取汽车信息的重要渠道。截至2017年，汽车相关网站成为消费者最主要的购车信息获取渠道，占比超过70%。③ 豪华车品牌的消费者同样如此，国内豪华车主对于汽车的主要信息来源中网络渠道占比达到了22%，仅次于汽车实体店。④

表3　2014～2015年消费者购车时所使用的信息渠道对比

单位：%

渠道分类	信息渠道	2014年	2015年	增加的百分点
传统渠道	报纸与杂志	61	15	−46
	亲友同事	65	54	−11

① 罗兰贝格、易车：《2015中国汽车消费者洞察报告》，2015年11月18日，http：//www.cheyun.com/content/8564。

② 罗兰贝格、今日头条：《2017中国汽车消费关注度报告》，2017年6月9日，http：//www.199it.com/archives/600661.html。

③ 新意互动与艾瑞咨询：《2017年中国汽车数字营销案例研究报告》，2019年1月25日，https：//www.sohu.com/a/291299508_157536。

④ 胡润研究院：《2015－2016年中国豪华车品牌特性研究白皮书》，2016年4月8日，https：//www.hurun.net/CN/Article/Detailsnum＝B84E3CF1F4BC。

渠道分类	信息渠道	2014 年	2015 年	增加的百分点
数字渠道	专业网站和论坛	42	58	16
	社交网络和网络社区	7	22	15
	汽车厂商官网	25	33	8
	网上广告	13	21	8

（二）贴合消费者变化，奔驰锐意调整品牌营销战略

1. 深化多元化布局、加大国产化力度、推出定制化产品服务以满足消费者多元化需求

其一，奔驰通不断推陈出新，深化产品多元化布局，赢取消费者青睐。奔驰逆势增长的背后，与奔驰持续创新汽车产品、深化中国市场产品多元化布局密不可分。同时中国市场竞争加剧、汽车消费放缓、消费者结构的变化等压力，也促使着奔驰不断推出新产品、保持产品活力，为中国消费者不断带来惊喜。例如，针对年轻消费市场，奔驰持续不断地推出包括奔驰 A、B、C、GLK、GLA 在内的系列新生代车型。并在消费者所偏爱车型的基础上不断扩大产品线，例如针对中国消费者所偏爱的 SUV 车型，奔驰在 2015 年陆续推出了 GLA、GLC、GLE 以及 GLE 运动版等产品。除了不断推出新车型，奔驰还在中大型车、顶级豪华车的配置上不断创新以满足消费者更加个性化、多元化的需求。例如梅赛德斯－奔驰 CLS 四门轿跑车内部搭载了远程几何多光束 LED 大灯以及先进的驾驶辅助系统等，而外有优雅动感的侧面线条以及更具个性的尾部造型，实现了设计与智能的融合，满足了当下消费者对数字化、智能化、感官化的需求。

其二，奔驰不断加大国产化的力度，驱动销量增长。奔驰 2018 年全球销量 231 万辆，中国市场占 28%[①]。奔驰在华取得的成绩很大程度上归功于本土生产的车型。在全新长轴距 A 级轿车之前，奔驰在中国推出的 C 级、E 级、

---

① 新浪汽车：《奔驰 2018 年全球销量 231 万台　中国市场占 28%》，新浪汽车网，2019 年 1 月，http：//auto. sina. com. cn/news/hy/2019 - 01 - 09/detail - ihqfskcn5337948. shtml。

GLC 以及 GLA 四款国产车型，为奔驰赢得了众多新客户，这些车型占据了奔驰在华超过 70% 的销量。为了扩大胜利果实，奔驰还将继续壮大其国产车阵容，以更好地满足中国客户的需求。奔驰将投资超过 11 亿元人民币，在北京建立第二个重要研发机构，为奔驰的国产化进程提速。[①] 奔驰的国产化在保证质量的前提下，拥有更多价格下探的空间，也为奔驰创造了获取更多消费者的机会。

其三，奔驰通过适时推出定制计划，最大化满足消费者个性化、多样化需求。2015 年奔驰推出了为消费者量身打造的"精选定制计划"。根据车型不同，提供四种定制套装，分别是独具外形风格的智享套装、追求顶级视听娱乐享受的智乐套装、带来更为安全驾驶体验的智驾套装与提供更为方便快捷互联体验的智联套装。而消费者在厂商建议零售价的基础上便可获得更为丰富的个性化体验。

2. 优化原有渠道合作关系，夯实线下渠道，升级线上销售渠道

其一，奔驰在经销商经营压力增大的背景下加强与经销商的合作与沟通，巩固双方关系。奔驰在 2014 年为和经销商保持沟通成立了奔驰战略经销商俱乐部以更好地了解市场和经销商的需求。2015 年，经销商经营状况恶化，奔驰为缓解经销商压力和促进自身销售增长，一方面加强和经销商的合作与沟通，另一方面提供实实在在的财力支持。奔驰 2015 年拿出了 10 亿元人民币补贴帮助经销商渡过难关。正是通过这种紧密的沟通与合作、理顺经销商关系，奔驰逆势增长才有了底气。

其二，在整体市场下行的背景下，奔驰继续拓展三、四线城市、拓展线下渠道，进一步夯实市场服务能力。在销售公司成立之前，奔驰的经销商网点覆盖面较小，与竞品相差甚远，导致奔驰车在三、四线城市无法拥有售后支持。从 2017 年起奔驰不断拓展线下渠道，取得了良好的成效。截至 2018

---

① 王跃跃：《全新长轴距 A 级轿车下线　奔驰国产化继续提速》，中国经济网，2018 年 11 月 22 日，http：//auto. ce. cn/auto/gundong/201811/22/t20181122_ 30840386. shtml。

年 8 月，奔驰在华经销商网点总数接近 600 个，覆盖 227 个城市。^① 这张强大的销售网络，使奔驰车主们即使在中国很多五线城市，都一样能够享受到奔驰授权经销商一流的服务。

其三，积极开拓线上渠道，打造自身的数字化平台，完善客户体验。在网购逐渐渗透到消费者生活中的情况下，线上渠道也成为奔驰的重要发力点。奔驰于 2010 年开启电商探索之路，上线淘宝后原计划 21 天销售的 205 辆奔驰 Smart 系列在网售正式启动 3 个半小时后告罄。而该车型在中国区线下全年的销售量仅 500 辆左右。可见线上销售渠道的巨大能量。因此，奔驰自 2010 年来不断布局线上渠道，多次探索与电商不同形式的合作，逐渐打造出涵盖销售、养护、车主服务、二手车服务等的丰富业务体系。同时奔驰于 2015 年开始着手打造奔驰汽车自主数字化购车电商平台，并于 2017 年正式推出移动终端版电商平台——Mercedes me，为用户提供看车、聊车、选车、订车的便捷服务。

三　通过创新体验、深挖文化、绑定内容等重塑品牌认知，建立情感联结

（一）夯实服务基础，打造沉浸式体验，增强奔驰的品牌认知

其一，优化线下、线上店面体验，为消费者提供实质性的优质服务体验，营造良好口碑。从 2015 年开始，奔驰引入智能化设备和数字化理念，借助奔驰电子商务平台和展厅数字化升级打造"智能网络"。推出"2020 网络升级计划"，力求为客户打造一个线上与线下、新车与二手车、销售与客户服务相结合的有机网络，为客户打造独具魅力、无缝交互的体验。2018 年，首家"2020 网络升级计划"经销商店在深圳焕新开业，标志着奔驰的

---

① 驾仕派：《新零售时代的经销商还重要么？看看奔驰怎么说！》，百家号，2018 年 9 月 11 日，https://baijiahao.baidu.com/s? id = 1611287427056751224&wfr = spider&for = pc。

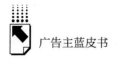
经销网络逐步从"以市场为导向"转变为"以客户体验为导向",① 为奔驰实现线上线下无缝交互的客户体验迈出坚实一步。

其二，打造创新性的客户体验平台，为消费者构筑沉浸式品牌体验。满足客户需求是奔驰品牌不断向前发展的动力之一，为此奔驰还推出了"最佳客户体验战略"。一直以来，奔驰试图为客户打造出以奔驰品牌为核心的生活方式生态系统，创造新的客户体验平台，为此奔驰创新式地开设了"Mercedes me 三里屯体验店"。在体验店除了有经典款式和新款的奔驰汽车展览，还提供餐饮美食、咖啡果汁，同时还有各式各样的"Mercedes me"周边产品供消费者欣赏购买。据悉，自 2016 年梅赛德斯－奔驰在北京三里屯开设体验店以来，已经接待了超过 140 万人②。体验店为消费者提供了全面了解奔驰的平台，通过贯穿其中的奔驰品牌元素，彰显奔驰的品牌文化与品牌理念。奔驰通过在其展厅里的创新举措试图搭建起消费者与品牌沟通的平台，打造出属于奔驰用户的社群圈子，传递奔驰的生活理念。

其三，突破品牌形象边界，打造沉浸式体验营销。奔驰作为豪华车，一直以来给消费者传达出稳重、高端、品质的品牌形象。而品牌营销不应"高高在上"，而应与消费者建立起更深层次的互动关系和情感联结。因此奔驰一直以来不断努力，尽量消除与消费者的距离，走近消费者的心里。奔驰推出 V260 AMG 运动版车型时，针对该车型"年轻、运动"的定位，采用了沉浸式的体验营销。在这场营销活动中，奔驰打破了观众与舞台的界限，借助影像艺术与电影音乐，奔驰 V 级车在真实场景和虚拟幻影之间穿梭，让消费者在视听盛宴中更直观地感受到车的动感与律动。奔驰以"不守常规"的态度，诠释着梅赛德斯－奔驰 V 级豪华多功能车的独特个性，并通过沉浸式的体验让消费者直观地感受产品态度与魅力。

---

① 梅赛德斯－奔驰：《一脉相承，预鉴未来》，梅赛德斯－奔驰官网，2018 年 9 月 26 日，https：//www. mercedes－benz. com. cn/news/news－20180927. html。

② Marketing：《奔驰的汽车体验店，到底想让顾客体验什么?》，百家号，2018 年 4 月 19 日，https：//baijiahao. baidu. com/s? id＝1598186253173193387&wfr＝spider&for＝pc。

（二）根植中国文化，寻求情感共鸣

"全球化思维，本土化行动"已基本成为跨国品牌的共识，既要有国际视野，以带领品牌进入国际高度，亦要有灵活的本地策略，以适应各地营销面对的竞争。[①] 跨国公司本土化包括研发本土化、生产本土化、营销本土化、人力资源本土化等，其中消费者能直接感知的便是营销本土化。营销本土化要求品牌根据当地消费者的文化背景、经济发展等情况做出品牌定位、营销策略等的调整。奔驰作为跨国品牌，为了加强与消费者的情感沟通，也在不断探索着本土化的营销传播方式。

"The Best or Nothing"是奔驰在全球的品牌口号，在 2015 年之前，奔驰在中国的品牌口号便是其直译过来的"唯有最好"。"最好"是奔驰根植于内心的标准和信仰，却难以引起中国消费者内心深处的共鸣，"最好"带来了中国消费者对奔驰的尊敬，也带来了距离。因此 2015 年，奔驰推出了全新的品牌主张"心所向，驰以恒"，其灵感来源于中国古代诗人屈原的经典名句"亦余心之所向兮，虽九死其犹未悔"，包含了中国精神的传承。这份"心之所向便持之以恒"的精神与追求便是奔驰与中国消费者的情感联结。

取悦客户是品牌责无旁贷的任务，奔驰想要用客户的语言、以客户喜好的方式来满足客户的需求。自推出新的品牌主张以来，奔驰在如何放低姿态与用户沟通、拉近与消费者的距离这一问题上"上下求索"，做出了诸多新的尝试。例如在迈巴赫 S 的营销中，奔驰融入了"梅兰竹菊""礼待天下"等符合中国文化和客户精神的文化元素。在全新一代奔驰 E 级轿车上市时，奔驰选用"智者，大成"这样极富东方文化底蕴和人生感悟的关键词。奔驰通过对中国文化的深入研究、对中国元素的灵活应用，演绎出了中华文化的高雅与格调，找到了与中国消费者情感沟通的切入点。

---

① 朱伟幸：《中国品牌走向国际》，《现代广告》2007 年第 1 期，第 34 页。

（三）深度绑定优质内容，传达品牌理念

其一，通过大量赞助高品质活动，多方位接触消费者，构筑品牌高端形象。奔驰逐步形成了体系化的传播"平台"，借助对品牌场馆、运动赛事、艺术时尚等领域的高端活动的赞助，极大地增加了品牌与目标消费人群的接触点，提高了品牌的曝光度。如上海梅赛德斯－奔驰文化中心主场馆在2015～2016年举办了101场演唱会，小场馆"音乐俱乐部"举办了142场演出，主场馆平均约3.6天举办一次大型演唱会，小场馆平均2.6天举办一次演唱会。高频率的出入场为奔驰带来了巨大的广告效应。① 此外，奔驰还冠名时装周，通过"梅赛德斯－奔驰·中国国际时装周"将汽车工艺与艺术美学进行碰撞；梅赛德斯－奔驰对高尔夫、网球等高端项目也保持长期关注，这是一种汽车文化与时尚健康生活的有机融合。通过与高端活动的合作，奔驰让消费者在感受运动之趣、艺术之美的同时受到品牌潜移默化的影响，对奔驰建立高端时尚且年轻亲切的品牌形象具有重要意义。

其二，借助内容植入，实现产品特点的输出、品牌理念的渗透与延伸。首先，由于汽车品类的特殊性和销售环节的局限性，汽车产品的某些特性难以完全呈现，消费者也难以通过图片、文字的形式形成直观感受。因此奔驰通过在影视剧中恰当植入，让消费者"身临其境"地感受到产品的优越性与特殊性。如在电影《侏罗纪世界》中，奔驰将其最新产品植入极端恶劣的野外驾驶场景，使消费者直观地感受到奔驰车的优势。

更进一步，奔驰通过与内容优质、理念契合的影视剧或节目合作，实现品牌的渗透与延伸，强化消费者对品牌特质的理解与认可，形成品牌认同。奔驰与优酷的人气真人秀节目《侣行》合作便是典型例子，双方合作期间共实现6集车型的深度剧情植入和产品露出，并结合节目内容定制了48集骑士语录内容，充分展现了奔驰的"骑士精神"。第三季的合作中，梅赛德斯－奔驰 G-Class 及全系车型为《侣行》征服多元化的路况环境，并为探寻

---

① 王炫：《梅赛德斯－奔驰中国区跨界营销策略研究》，硕士学位论文，河北大学，2017。

丝绸之路文化遗产提供了重要的动力支持，既展现了奔驰汽车产品的风貌，又彰显了奔驰品牌的精神。奔驰与《侣行》的合作为其带来了全季不间断的品牌露出，并借助内涵且有深度的内容植入为企业打造了一个专属的长期品牌阵地，实现了品牌精神、品牌理念的深入渗透。

四 "新四化"时代下奔驰品牌营销传播的机会与挑战

（一）行业进入新阶段，奔驰营销传播应加强差异化布局

第五代移动通信技术带来了汽车的网联化与智能化，曾经改变世界的汽车现在正在被改变，以电动化、智能化、网联化、共享化为趋势的汽车"新四化"时代到来。汽车市场上不断涌现出新的汽车形态，如新能源汽车、无人驾驶汽车等。同时，中国市场对新的汽车形态与业务具有较高的接受度。中国消费者对智能联网汽车的购买欲望，以及对无人驾驶汽车和新能源汽车的接受程度均明显高于北美和欧洲。[①] 随着技术的发展、人们生活理念和生活方式的变化，消费者更加理性，购买新车不再是出行的唯一选择，购买二手车、短时或长期租车、通过打车应用软件搭乘车辆及使用汽车共享服务等反而更受消费者青睐。[②]

需求侧的变化也在刺激着供给侧的布局，刺激着企业入场，推动了车企的业务布局。在这一环境下，奔驰面临着同业和异业的强势竞争（见表4）。

从同业来看，宝马、奥迪等汽车巨头陆续提出智能汽车相关战略，中国汽车市场开始进入以自动驾驶、新能源汽车、智能汽车等为主要元素的竞技

---

① 凯度：《2017 年智能联网汽车消费者调查报告》，搜狐网，2018 年 1 月 22 日，http：//www. sohu. com/a/218143592_ 560132。

② 麦肯锡：《寻找快车道：中国汽车市场发展新趋势》，2016 年 4 月 21 日，https：//www. mckinsey. com. cn/% E5% AF% BB% E6% 89% BE% E5% BF% AB% E8% BD% A6% E9% 81% 93% EF% BC% 9A - % E4% B8% AD% E5% 9B% BD% E6% B1% BD% E8% BD% A6% E5% B8% 82% E5% 9C% BA% E5% 8F% 91% E5% B1% 95 - % E6% 96% B0% E8% B6% 8B% E5% 8A% BF/。

场上。奥迪早在 20 世纪 90 年代便有尝试，而当下奥迪在插电混动领域已投放了包括奥迪 A5 Sportback e-tron 在内的多款汽车，走在豪华品牌的前端。宝马布局较晚但不断加强在新能源领域的推广力度，通过与长城的"联姻"、成立纯电动子品牌等举措加快发展步伐。奔驰相较于奥迪、宝马在新能源领域的产品积累较少，虽与比亚迪合资推出电动车品牌"腾势"，市场表现却不亮眼；与此同时，奔驰还面临着积淀已久的丰田、比亚迪等传统巨头和以特斯拉为代表的后起之秀的挑战。目前奔驰在新能源方面主要集中在开发 S 级、C 级、E 级的 PHEV 版本上，并成立了 EQ 电动车品牌。面对未来更加激烈的市场竞争，奔驰如何在产品上创新并在竞争对手中脱颖而出是一个颇具挑战性的问题。

表 4　部分车企巨头对新能源汽车的战略布局

品牌名称	新能源战略布局
奔驰	"CASE"电动化战略,2022 年所有车型电气化
宝马	第一战略,2025 年推 12 款纯电动车
奥迪	全球电气化,2025 年推超过 20 款新能源车
捷豹	电动化战略,2020 年所有车型电动化
大众	"Roadmap E",2030 年集团全系产品电动化
北京现代	"纯电动战略",2020 年前推 8 款纯电动车
福特	"创新 2020"战略,2022 年前推出 8 款纯电动车型
通用	"Evness"战略,2025 年实现全自动化

资料来源：MobData 研究院、汪氏整合、蓬景数字《2018－2019 中国汽车市场研究报告》。

从异业来看，一方面，互联网企业逐渐成为造车新势力，其能量不可小觑（见表 5）。面对中国汽车市场的快速发展，中国领先的互联网企业均纷纷加码汽车领域，除了在新能源汽车、无人驾驶等硬件上发力，也在不断推动着汽车平台化、互联网化。造车新势力的进入为汽车市场注入了新的思维方式、经营模式。传统汽车企业如何与造车新势力合作、如何构筑起自己的核心竞争力是传统汽车企业目前急需思考的问题。奔驰在 2016 年已同百度展开合作，将在未来的车型中安装百度 CarLife 车联网解决方案等。未来，奔驰将在打造智能化、数字化的汽车产品上持续创新，并携手互联网企业提供更优质的服务与产品。

表5　互联网企业进军汽车行业

互联网企业	汽车行业布局
百度	2015年12月成立自动驾驶事业部，由其高级副总裁王劲担任事业部总经理，并宣布百度自动驾驶技术"三年商用，五年量产"
阿里巴巴	2015年3月12日与国内最大的汽车企业上海汽车集团股份有限公司合作，双方合作生产的首款量产汽车荣威RX5在北京车展亮相并于2016年7月上市
腾讯	2015年4月联合富士康、和谐集团启动造车项目，新公司名为Future Mobility Corporation Ltd.
易车	2014年底推出整车项目蔚来汽车，并与江淮汽车达成战略合作，双方合资规模可达100亿元

资料来源：根据百度、阿里巴巴、腾讯、易车网公开资料整理。

　　另一方面，租车和共享出行成为越来越多汽车消费者购买新车之外的替代性选择。2016年IBM商业价值研究院的研究显示，35岁及以上的消费者希望将私家车作为主要交通工具的比例下降22%；他们希望车辆有更多用途，或者希望采用拼车方式。[①] 预计到2030年移动出行O2O服务（包括租车和共享出行）将削减400万辆/年，届时汽车年销量估计为4000万辆。同样，二手车市场增幅巨大，从2000年到2015年的16年间，二手车市场的交易量从25.17万辆上升到941.71万辆，增长了约37倍。预计到2020年，中国二手车交易规模将达到2920万辆，新车与二手车交易规模比例将接近1:1。

　　对于包括奔驰在内的传统车企而言，二手车、租车和共享出行大大挤压了消费者的新车购买需求，如优信二手车、滴滴打车等。另外，中国二手车市场以及共享出行市场还具有很大的发展空间，这都促使奔驰等传统车企通

---

① IBM商业价值研究院：《人车关系新发展，全球消费者希望汽车如何适应自己的生活》，新浪财经，2016年8月5日，http://vip.stock.finance.sina.com.cn/q/go.php/vReport_Show/kind/industry/rptid/3378042/index.phtml。

过差异化布局来增强自身的抗风险能力。在这一环境下，奔驰上线了二手车服务，推出了汽车共享项目"即行"（Car2go）等。

奔驰等传统车企的入场，一方面仅意味着传统车企进入了新的竞赛场地，搅动着以上领域的竞争格局；另一方面，包括奔驰在内的传统车企在经营以上业务时也面临着更高生产成本、运营成本等压力以及可能拉低品牌形象的风险，这对于奔驰等传统车企不啻为一大挑战。

（三）品牌传播应顺应消费者变化，把握社交化趋势

虽然奔驰历任高层都表示十分重视中国市场，但过去奔驰在营销传播上显得不够接地气，一些表现甚至使这个原本代表尊贵的品牌显得有些不近人情，"傲慢"一度成为奔驰在华的代名词。奔驰自身也意识到了这一问题，并于 2016 年更换了合作多年的广告代理公司，选择数字营销团队 Socialyse 负责北京奔驰 2016 年度数字营销战略制定。并且加大了本土化营销传播，例如使用中国元素构筑消费者与奔驰的情感联结等。

在中国，奔驰汽车消费者年轻化，"90 后"消费势力崛起的环境下，奔驰一直试图拉近与消费者的距离，用消费者喜欢的语言和方式加强沟通。为此，奔驰一是通过说唱、恶搞、反转等年轻人喜闻乐见的娱乐形式进行品牌传播，二是起用了当红流量明星为奔驰品牌或产品的代言人，试图"圈粉"年轻消费者，塑造年轻化的奔驰品牌形象。但两种手段均以失败告终。首先，奔驰于 2018 年推出魔幻广告——《巅峰聚会》、《神之赏赐》和《三生三世》，通过对影视剧中经典桥段的重新演绎，用搞笑反转的方式让消费者知晓车型的卖点，尽管广告十分魔幻且引人注意，适合当下年轻人的喜好，但对于奔驰这一豪华车型而言，这种恶搞式广告显然拉低了品牌形象与定位。其次，选用流量明星效果不佳，2018 年奔驰选用了当红流量女团成员孟美岐为国内形象代言人，但在广告片中，孟美岐表现出的形象气质与奔驰汽车的定位十分不谐调，并遭到网上的吐槽。

另外，2018 年奔驰在国外社交媒体上发布的一则引用达赖话语的海报传到国内，引起国内消费者及主流媒体的抨击与抵制。这一事件暴露出了奔

驰国内外品牌营销传播信息的阻塞，也暴露出了奔驰营销传播危机预案的缺失。国内外舆论场的共振，无形之中也给奔驰品牌营销传播加上了镣铐。

因此奔驰在开展品牌营销传播时，首先要把握好"度"，不能为了迎合消费者而做出有损品牌形象的行为，不能为了刺激销售过多消耗品牌资产；同时还应加强品牌内部的沟通，针对中国的舆论环境做好相应的危机预案。品牌的形成与塑造需要花费大量的心血与时间，但可能毁于一朝一夕。

为了紧跟产业趋势和消费者需求，众多车企包括互联网企业都在不断布局、调整定位，而奔驰这位有着133年历史的"绅士"也将不断探索，继续担负引领豪车品牌的责任。

B.13
钻石珠宝品牌 I Do
营销传播报告

摘　要：　作为始终引领行业娱乐营销战术的知名珠宝品牌，I Do 自
2010 年起连续四年荣获中国文娱产业顶级权威机构艺恩颁发
的"紫勋奖"中"最佳娱乐营销案例"，并获得《新京报》
"2014 中国时尚权力榜"中"年度时尚影响力事件"大奖。①
2015 年 I Do 开始以纪念日系列新品作为切入点，深入布局婚
后情感市场，而娱乐营销作为品牌核心营销战略一以贯之，
在品牌战略升级导向下实现了新的跨越。本报告从 I Do 的定
位、产品、渠道三方面升级出发，结合营销战略的深度推动，
探讨其娱乐营销方式的变化、升级，并提出相关反思。

关键词：　钻石珠宝　娱乐营销　战略升级

从《奔跑吧兄弟》冠名品牌安慕希酸奶、《极限挑战》冠名品牌互联网
购物 App 拼多多，再到《这就是街舞》冠名品牌一叶子面膜，通过娱乐营
销跃升至当红品牌的案例不在少数。在面临年轻化、娱乐化的营销环境下，
珠宝行业即使再传统，也有先驱者勇于尝试，I Do 就借娱乐营销之风屡获市
场案例金奖，其作为案例研究的典型性昭然若揭。

"I Do"源自西方婚礼誓言——"我愿意"。品牌名称的由来就决定其

---

① 联商网咨询中心：《珠宝品牌 I Do 获中国最佳娱乐营销案例》，联商网，2014 年 9 月，
http://www.linkshop.com.cn/web/archives/2014/301986.shtml。

与爱情、婚姻等情感元素紧密关联。I Do 是恒信玺利集团于 2006 年 9 月推出的钻石珠宝首饰品牌。正如吉姆·斯登格所言"理想是取得行业领先的最终驱动力"[①]，I Do 的理想是表达"全世界最温暖情感"。I Do 面向目前成熟且增长迅速[②]的钻石珠宝首饰消费市场，特别是其中的婚戒市场，无论是在产品美誉度、品牌知名度还是渠道铺设方面都值得称赞。但是在经济新常态之下，跨国品牌进入，传播渠道多元化，面对增速趋于放缓的婚戒市场，2015 年起 I Do 开始抢占婚后情感市场，并以此进行品牌战略全面升级，而娱乐营销作为其核心营销战略，从内容、形式到媒介策略也实现了拓展与深化。

一 婚戒市场增速放缓，I Do 品牌面临整体战略升级

（一）定位突围：婚戒市场增速放缓，I Do 开拓婚后情感市场

过去的二十年间珠宝行业以两位数的复合式高增长造就了一片繁荣，同时每年居民登记结婚人数稳步提升。超过 76% 消费者购买钻戒是因为结婚，具有刚性需求的婚戒有相当大的潜力和可挖掘性。[③] 专注于婚戒定位的 I Do 借此机会取得了市场份额的稳步递增与品牌知名度的提升。

2013 年结婚率出现小高峰后便呈现逐年下降趋势，2014 年全国依法办理结婚登记 1306.7 万对，2015 年为 1224.7 万对，较上年下降 6.3%。[④] 内需增速的放缓加之黄金价格的持续走低，无论是珠宝投资需求还是消费需求

---

① 〔美〕吉姆·斯登格：《增长力：如何打造世界顶级品牌》，王幸、谭北平译，机械工业出版社，2012，第 12 页。

② 智研咨询：《2018－2024 年中国中高端钻石珠宝行业市场发展模式调研及投资趋势分析研究报告》，中国产业信息网，2018 年 5 月 4 日，http：//www.chyxx.com/industry/201805/636874.html。

③ 《I Do 逆流提速打造珠宝品牌新"蓝海"》，中国时尚品牌网，2009 年 9 月 16 日，http：//q.chinasspp.com/1－5060.html。

④ 数据来源：中华人民共和国民政部《2014 年社会服务发展统计公报》和《2015 年社会服务发展统计公报》。

均出现疲软迹象，行业增速大幅下滑。随着 2014 年珠宝首饰业"黄金时代"的结束，在 2015 年国内经济持续下行、有效需求不足等因素的影响下，我国珠宝首饰市场出现行业拐点。①

于是在市场表现方面，婚戒消费从 2006 年至 2010 年保持了飞速增长后急转直下，于 2014 年达到最低点。随着行业增速大幅放缓，竞争压力加剧，行业进入整合变革期。

在国内较为严峻的经济形势与低落的消费意识下，面对愈趋饱和、总体规模扩大但增速放缓的婚戒市场，I Do 品牌于 2015 年起开始进行战略整体升级，在洞察到除婚戒以外的纪念日、生日、节日等也为钻饰消费带来巨大的市场后，其产品定位由最初专一的婚戒定位拓展至"婚戒＋纪念日"的定位，以纪念日系列新品的推出为切入点，将业务从婚戒市场延展至婚后情感市场，借此填补消费者在"纪念日"乃至婚后钻戒市场的空白。

（二）消费者洞察：推出纪念日系列丰富品牌内涵，冲锋高端市场

I Do 品牌的已有产品基于最初婚戒市场定位主要包括两个大系列，即经典系列和国际设计师系列，产品价格为 5000 元至 10 万元之间，另外还包括明星婚戒私人定制产品。根据贝恩咨询公司对于黄金珠宝首饰产品等级划分和 I Do 的产品价位，I Do 将自身定位于中高档首饰行列（见表 1）。

表 1   黄金珠宝首饰产品价格等级划分

（单位：元 人民币）

产品主要等级	主流产品品类	主流产品价位
奢侈品首饰（卡地亚、宝格丽等）	K 金、铂金、珠宝镶嵌	5 万～10 万
中高档首饰（周大福、周生生、老凤祥等）	黄金、铂金、珠宝镶嵌	2000～10 万
低档首饰（杂牌为主）	黄金、其他	2000 以下

---

① 李英雪、苑广跃：《老凤祥股份有限公司财务分析》，《智富时代》2016 年第 12 期，第 32 页。

2015 年 I Do 在全面推进品牌战略升级的目标导向下，以品牌诞生十周年纪念日为契机同步推出了 I Do 纪念日系列，包括 Tower 系列、时光系列、铭记系列和永恒系列等四大系列新品。另外在明星私人定制产品方面，I Do 从 2013 年开始也逐渐从打造明星婚礼钻戒延展至明星结婚周年纪念日（见表 2）。配合新品上市，I Do 推出了"纪念日三部曲"微电影广告片，从三个层面讲述了婚姻生活中女性的伟大付出，累计播放量达 600 多万次，使 I Do 品牌关于爱情的表达升级到与责任、家庭相关的"大爱"。2016 年 I Do 继续打造明星专属婚戒，并多次展开与香港艺人合作，助力品牌发展。

表 2　I Do 品牌明星定制产品

明星夫妇	职业	定制婚戒	定制时间
李小璐 & 贾乃亮	演员	唯一的爱	2012 年结婚
郭涛 & 李燃	演员	Only Rose	2013 年结婚七周年
郝蕾 & 刘烨	演员	世间并蒂莲	2013 年结婚
何洁 & 赫子铭	歌手、演员	月光下的黄蔷薇	2013 年结婚
刘芸 & 郑钧	演员、歌手	只为你拨动心弦	2013 年结婚
沙宝亮 & 朱娜	歌手、演员	爱的十年约	2013 年结婚十周年
黄小茂 & 李静	音乐制作人、主持人	懂你	2013 年结婚九周年
杨威 & 杨芸	运动员	为爱"杨"帆	2013 年结婚五周年
严屹宽 & 杜若溪	演员	时光情缘	2014 年结婚
李丹妮 & 田晓龙	演员、商人	喜事多多	2014 年结婚三周年
保剑锋 & 何珈好	演员	挚爱轨迹	2014 年结婚五周年
胡可 & 沙溢	演员	似海深爱	2014 年结婚三周年
李小鹏 & 李安琪	运动员	情系橄榄枝	2014 年结婚四周年
佟健 & 庞清	花样滑冰运动员	冰舞之恋	2015 年结婚四周年
包贝尔 & 包文婧	演员	包你幸福	2016 年结婚

相较于原有婚戒产品，一方面，纪念日产品系列冲击了垂直性的婚戒定位，是对 I Do 品牌内涵的丰富和延展，实现了品牌从婚礼誓言到婚后爱情升华的表达；另一方面，纪念日系列定价相对更高，也表现出 I Do 对于高端钻饰市场的强烈追求。

（三）渠道升级：打通线上线下，力求打造多触点、无缝化体验

I Do 始终保持对传统线下渠道的重视，采用"自营＋加盟"的渠道营销模式，首先通过布局一、二线城市完成品牌知名度打造，打开消费市场；在此基础上，深入三、四线城市，通过全方位布局实现实体店下沉。I Do 借助自身的渠道布局能力以及店铺运营能力为品牌渠道合作方提供有力支持。其自营店从 2013 年末的 99 家发展到了 2014 年末的 112 家，品牌加盟店从 2013 年末的 260 家发展到 2014 年末的 309 家。2015 年 I Do 持续对店面进行优化升级、进一步细化和强化加盟店面的管理，推进加盟店同直营店一体化管理。I Do 高效的集中管理与大规模实体店下沉为之后线上线下营销闭环的实现奠定了基础。

与此同时，2015 年一些国内知名珠宝品牌出现业绩下滑。截至 2015 年 9 月底，周大福共关闭 115 家零售店，上半财年净利润同比降低 42.2%。同期六福珠宝也发布盈利预警。① 市场变化与经济承压倒逼珠宝企业转型调整。同时，网购珠宝逐渐普及，交易规模及其整体销售收入中的占比不断扩增。因此，在珠宝行情整体走低、持续低迷的情况下，I Do 在夯实自身销售渠道时，也积极开拓电商渠道。2016 年 2 月京东官方旗舰店上线，随后，天猫旗舰店上线。线上电商平台的打通标志着 I Do 向线上线下营销闭环的迈进。

I Do 凭借其优越的店面体验和渠道的高度认同，在线下渠道持续扩张的同时携手京东、天猫等电商平台，实现线上线下相互渗透、彼此融合。一方面通过线上预购、支付，向线下引流、渗透，搭建起线上线下营销闭环；另一方面逐步强化线下实体店电子交互体验，优化顾客评价系统，并以此完成顾客大数据收集，进一步实现商品、会员、交易、营销等数据的共融互通，向顾客提供跨渠道多触点、无缝一体化体验和服务。

---

① 《2016 年中小珠宝企业如何熬过寒冬成功转型?》，中国珠宝招商网，2016 年 1 月 7 日，http：//www.zb580.tv/news/117474.html。

二 三大内容营销战略，构筑泛娱乐传播阵营

2006 年品牌初创的 I Do 确立了其以明星资源为核心的娱乐营销战略并成立了娱乐营销部门，突破了明星代言、冠名赞助等常规形式，推出明星私人定制婚戒并与多部影视剧合作，走出一条区隔于其他钻饰品牌的营销传播之路。2015 年 I Do 在整体战略升级背景下，横向整合影视、游戏、音乐、演出等跨行业资源，寻求品牌与娱乐产业的深度融合、实现多维度增长。2016 年，公司采取与"时尚、情感、艺术"相结合的娱乐营销大战略，通过开展影视营销、艺人营销、事件营销、音乐营销等多元营销手段提升品牌力，实现品牌价值共振。

（一）深度挖掘与开发娱乐产业资源，提升品牌传播声量

I Do 品牌娱乐营销初期以影视剧植入以及明星婚礼赞助为主要的娱乐营销形式。借助《婚姻保卫战》等影视剧热度，以品牌植入、场景植入等手段打响品牌知名度；利用明星公众人物的影响力，通过为明星婚礼提供婚戒定制和婚礼赞助，挖掘其情感故事，以情感主张撬动热点娱乐事件，提升品牌热度并实现品牌理念在社会的传播与延展。I Do 品牌在影视剧中求婚、结婚场景的植入以及对明星婚礼的赞助，均紧紧围绕 I Do 的最初婚戒定位进行，以此建立起 I Do 与婚礼的品牌联想。随着 I Do 品牌整体战略全面升级和品牌内涵延展，I Do 开始深度挖掘和开发娱乐产业资源，从单纯、短期的品牌植入转向深度影视 IP 资源开发（见表3），提升品牌传播声量，主要体现在以下两个方面。

表3　与 I Do 品牌合作的影视剧

类型	名称	上映时间（年）	形式
电视剧	《婚姻保卫战》	2010	品牌植入
电视剧	《男人帮》	2011	求婚情节品牌植入

广告主蓝皮书

续表

类型	名称	上映时间（年）	形式
电视剧	《北京青年》	2012	求婚情节品牌植入
电影	《我愿意》	2012	植入式广告电影
电影	《我的早更女友》	2014	品牌植入；首映礼宣传
电影	《露水红颜》	2014	品牌植入；影片上映全程宣传
电影	《爱情进化论》	2014	品牌植入；影片上映全程宣传
电影	《杜拉拉追婚记》	2015	电影出品；品牌植入
电影	《咱们结婚吧》	2015	品牌植入；借 8 位明星持续助力品牌传播
电影	《美人鱼》	2016	联合导演周星驰打造珠宝产品"鱼萌萌"
电影	《火锅英雄》	2016	联手主角陈坤设计相"信"爱钻石项链
电影	《春娇救志明》	2017	求婚情节品牌植入
电影	《西游伏妖篇》	2017	打造"一眼定情"钻戒
电影	《幕后玩家》	2018	I Do TOWER 系列钻戒为情节推动线索

1. 整合影视行业资源，进行立体化、全方位的品牌传播与推广

I Do 借影视剧 IP 聚合粉丝为影片造势宣传，实现双方共赢。如 2015 年 I Do 选择与品牌理念高度关联的电影《咱们结婚吧》进行合作营销，从映前造势、首映礼到上映期间全程发力，充分把握和利用电影映期来推广产品及品牌。2016 年 I Do 独家冠名《致青春·原来你还在这里》IP 主题"影音联动"演唱会，实现品牌情感与 IP 主题的最大化结合，使传播声量迅速扩大，腾讯视频直播创下线上直播新纪录；同时在线峰值人次高达 455 万人。

区别于同类品牌盲目追随具有话题热度和传播广度的影片进行单纯的道具、场景植入（见表 4），I Do 基于自身品牌关于爱情、婚姻和承诺的情感表达，进行影片关联度的评估和选择。如《我愿意》《咱们结婚吧》等影片在片名和剧情上与品牌高度契合，相比之下同期大热影片《北京遇上西雅图》则因主角第三者情感定位问题而被排除。① 这些影片上映时期是贺岁

---

① 吴立湘：《电影〈咱们结婚吧〉背后广告主的娱乐营销版图》，2019 年 6 月 18 日，http：//jingkan. net/getarticle/5d08849885d1091e335cf1e3。

档、情人节档期，同时也是珠宝钻饰销售旺季，因此影片故事情感诉求、节日的情感表达能与消费者产生情感共鸣，引发主动传播与购买行为。

表 4　部分珠宝品牌电影植入形式比较

时间	影片	情感主题	植入品牌	植入方式
2012 年	《我愿意》	勇敢追逐真爱	I Do 婚戒	场景、情节、情感、道具
			Bulgaria	道具
	《高海拔之恋 2》	文艺爱情电影	ARTE 珠宝	道具
2013 年	《北京遇上西雅图》	跨国爱情奇遇	伯爵珠宝	场景
2014 年	《小时代 3：刺金时代》	友情、爱情、青春、时尚	Aurora	场景
			Darry ring	场景
			Tiffany 钻戒	道具
2015 年	《杜拉拉追婚记》	找回自我、追求真爱	I Do 婚戒	情节、情感
	《剩者为王》	剩女问题	Just us 对戒	道具
	《新步步惊心》	奇幻、古装爱情	每克拉美	场景
	《何以笙箫默》	执着于等待和相爱	钻石世家	道具
	《咱们结婚吧》	都市年轻人婚恋问题	I Do 婚戒	场景、情节、情感
	《我的早更女友》	都市年轻人的爱情	I Do 婚戒	道具、情节、情感
2016 年	《火锅英雄》	小人物的青春、真爱与梦想	I Do 定制项链	道具、情节
	《美人鱼》	神话、爱情	I Do 定制项链	电影海报
2017 年	《春娇救志明》	经营爱情	I Do 婚戒	道具、情节
	《傲娇与偏见》	年轻人的爱情	LOVE&LOVE 珠宝	道具、情节、电影海报
	《爱乐之城》	追求爱情与成长	Kyle Chan Design	道具、情节
			Monique Pean	道具、情节

2. 开发影视剧衍生品，进一步释放影视剧 IP 价值

2016 年基于周星驰手稿 I Do 设计开发《美人鱼》"鱼萌萌"首饰挂件；围绕电影《火锅英雄》关键线索"情书"，联手电影主角陈坤设计了相"信"爱钻石项链，并在吊坠上的刻印"To my hero"字样以呼应电影

名台词①；2017 年再度与周星驰合作，基于《西游伏妖篇》电影主题，将爱与守护的元素融入其中，推出"一眼定情"钻戒。I Do 将自身情感理念与影片成长主题或情感诉求相结合，赋予产品更深层的寓意，助推 I Do 品牌理念进一步深入。

I Do 在影视剧衍生开发上的实践并没有停留在产品设计上，而是抓住影视剧映前到映后的黄金周期，借势 IP 热度和明星效应开展全方位营销，进一步提升观众对品牌的认知度。如在庆祝《美人鱼》30 亿票房和晒"美人鱼钻石项链"活动中，大批明星佩戴了"鱼萌萌"产品，打造出现象级娱乐话题。艺恩电影营销智库数据显示，《美人鱼》的认知指数在情人节充满情怀与爱意传播后达到顶峰。②

（二）情感营销：牢牢把握品牌情感内核，实现价值共振

I Do 品牌一直以来面向目前成熟且增长迅速的情感表达类钻石珠宝首饰消费市场，形成了"与爱相关"的品牌形象，"情感"是 I Do 品牌的核心关键词，也是与其他竞品品牌形成差异化区隔的关键。而在 I Do 的娱乐营销版图中，娱乐只是营销的一种手段，情感表达才是品牌传播核心。基于自身战略升级要求的 I Do 更是牢牢把握并扩展了其品牌的情感内核。

1. 将情感诉求和品牌理念渗入事件营销，激发社会讨论，引起价值共振

2015 年 I Do 将真爱永恒的品牌价值主张与已婚受众的情感需求紧密结合，结合中国离婚率逐年上升等婚姻生活现状及国民婚姻情感幸福指数背景，通过"结婚证 7 年有效期"的争议性话题引发全民讨论，随后征集千对夫妻结婚红底照，以"#你被红底照刷屏了吗#"为话题在微博社交平台引发网友参与互动，晒出结婚红底照，回忆婚礼时刻幸福瞬间。围绕如何在婚姻中践行誓言、经营幸福的主题，借助话题热度输出品牌"不忘初心，方得永恒"的

---

① 《〈火锅英雄〉陈坤携手 I Do 跨界设计相"信"爱钻石项链》，凤凰时尚，2016 年 3 月 30 日，http://fashion.ifeng.com/a/20160330/40155790_ 0. shtml。

② 华夏商盟：《I Do 李厚霖谈影视衍生品：强 IP、创意与营销创新》，2017 年 2 月 13 日，http://www.sohu.com/a/126132706_ 539411。

情感主张，将品牌升级传播变成全民关注、热议、反思、感动与启示。

同时，I Do 利用特殊节日，充分挖掘情感联系。一直以来，I Do 是一个以情感为主、因爱而生的品牌，强调对情感的始终如一、用行动践行真爱。2016 年 I Do 在圣诞节发起"为爱关机 7 小时"的活动，借助圣诞节"感恩"之意，向伴侣正确表达"感谢"，用真真切切的陪伴、没有手机打扰的陪伴找回爱情最初的模样。2017 年情人节 I Do 在微博平台发起"#214，来真的#"话题，用一幅幅戳中情侣痛点的文案海报试图让恋人们在情人节当天真正为另一半去践行一些从未尝试过的改变。I Do 将自身对情感建设的理念通过一次次事件营销向受众逐渐渗透。

2. 利用品牌联动、跨界营销实现多方位品牌声量传导与价值渗透

I Do 一直通过打造符合品牌文化 DNA 和情感 DNA 的多种营销方式区隔同类品牌，利用品牌联动、跨界营销等多种方式运作品牌 IP，扩大品牌传播声量。

品牌联动方面，I Do 在 2018 年以微博为媒体平台，联合招商银行、墨迹天气、网易新闻、海尔等几十个品牌，推出了"#2018 练爱十八招#"话题，将爱情经营中的甜言蜜语与各家品牌特点相联系，如联合招商银行推出的练爱第一招"早安晚安打卡不如'刷我的卡'"，借助微博影响力名人的辐射作用向更大范围人群传播。联手瑞幸咖啡打造"求婚系列"，利用适合情侣拍照的求婚拍照体验场景和情话满满、爱意满满的咖啡让受众感受到爱情的甜蜜与美好，并借助 2018 瑞幸咖啡的热度实现最大化的受众触达。

2018 年 I Do 大胆跨界推出香水产品，并启用当红的偶像组合 NINE PERCENT 诠释"恋爱的味道"，向年轻人群的展开情感攻势。本次跨界，I Do 选取"恋爱"为撬动点，这既是其品牌核心情感诉求，亦是年轻人的情感追求。同时 NINE PERCENT 作为偶像团体正是粉丝群体的恋爱对象，因此"恋爱"营销便借助粉丝经济进一步引爆。I Do 并未将本次跨界营销视为一次性战役，而是将其作为长线式的营销培养，从"520 告白日"到"七夕表白日"，从线上流量聚集到线下快闪店体验，I Do 从偶像到粉丝再到普通情侣，从产品到情感的营销构筑，通过长线的、陪伴式的营销循序渐进地

建立并深化了与年轻人的情感链接。

跨界营销还体现在音乐营销中。与传统的品牌广告歌曲不同，I Do 致力于打造时代金曲。I Do 通过打造品牌同名歌曲，将歌曲的灵感构思、创意表现与品牌理念融通，再利用对歌手价值的充分开发，实现品牌共振。如2016 年 I Do 联手音乐人陈奕迅推出同名歌曲《I Do》，借助陈奕迅两年间首发新歌的势头，在未显露品牌合作时，便通过前期新歌的广泛传播使品牌情感理念触达大量歌迷群体，并在陈奕迅鸟巢演唱会上引发全场大合唱。2016年恰是陈奕迅与太太的结婚十周年庆，专情的陈奕迅每年都会为爱妻准备惊喜，第十年便利用 I Do "爱与责任"的品牌主张来表达。2017 年 I Do 音乐营销再升级，携手莫文蔚再次推出品牌同名歌曲《I Do》。在莫文蔚与初恋相识 30 周年、结婚 6 周年纪念之际，借助艺人情感经历背书，并以推出阔别歌坛 3 年首发单曲《I Do》为引爆点，通过全平台音乐渠道推送，触达广泛目标人群，引发热烈讨论。再通过推进城市旋转木马游乐园同步播放《I Do》的营销活动，线上线下联动，实现音乐与品牌场景化、生活化的交融。通过打造莫文蔚专属纪念日婚戒，借势结婚纪念日等话题实现品牌热度最大化，最终实现品牌、明星、受众多方深刻情感共振。

（三）艺术营销：扩充品牌艺术内涵，实现品牌形象提升

品牌的建立基于消费者需求层次。根据马斯洛需求层次理论，消费者在满足较低层次的生理和安全需求的前提下，会寻求更高层级的社会、尊重需要以及自我实现需要的满足。而在尊重与自我实现需要之间，还存在认知和审美需要①。I Do 作为定位于情感表达类钻戒的珠宝品牌，其产品在满足受众的功能性诉求外，还需满足受众情感上以及审美上的诉求。另外，对 I Do 而言，提升产品的艺术性有利于建立产品优势，帮助 I Do 向高端钻饰消费市场推进；提升品牌的艺术性既是对品牌内涵的丰富，也是对品牌形象的提升。

---

① 〔美〕亚伯拉罕·马斯洛：《动机与人格》，许金声译，中国人民大学出版社，2007，第18 页。

2015年，ＩDo以"魔幻天堂"为主题概念，联手艺术家张洹先生推出"ＩDo｜洹艺术生活空间"，通过当代艺术的审美视角，用工业设计的表现形式展现出对精神信仰的追寻，展现ＩDo"爱与永恒"的品牌理念。同时，ＩDo还与全球多位艺术家达成共识与合作，将每一位艺术家的艺术理念以ＩDo艺术生活空间作载体输出，实现集个人博物馆、商业空间、画廊于一体的商业模式，并采用"一店一作"的展示形态表达爱、展现爱。

ＩDo相信情感世界里高质量的精神交流以及深层次的思想沟通是守护爱情的良方，而艺术就是思想深层次交流的重要载体之一。① 因此ＩDo持续推进品牌的艺术性，继推出"ＩDo｜洹艺术生活空间"后，2016年9月，《ＩDo X 艺术：情感与艺术的灵感交汇》艺术展亮相第十二届CIGE中艺博国际画廊博览会。作为该届CIGE中艺博国际画廊博览会的赞助商，ＩDo携"ＩDo｜洹艺术生活空间"艺术图片展、纪念日系列产品及来自全球六个国家十位国际设计师的百余件珠宝作品亮相，并邀请数位国际艺术大师、设计大师进行沙龙对话。如果说建立生活空间是ＩDo的艺术营销的初步尝试，那么参展CIGE中艺博是ＩDo品牌在艺术领域持续探索的全新模式，也是品牌艺术升级的延续与升华。ＩDo希望借此传达让消费者通过艺术感受爱情里更高级别的追求，最终为人们高品质的生活方式与深刻爱情思考带来积极的引导与表达。②

三 ＩDo品牌营销传播两点反思

（一）娱乐内容多元混杂，品牌传播需抓紧情感核心

现阶段娱乐营销处于粗放且快速的发展阶段，娱乐内容日趋泛滥，若选

---

① 万哥：《ＩDo首家艺术生活空间落户上海，用艺术表达情感》，万表网，2016年1月4日，http：//news. wbiao. cn/ido/35991. html。
② 《ＩDo携手国际艺术家亮相第十二届CIGE中艺博国际画廊博览会》，风尚中国网，2016年9月2日，http：//www. fengsung. com/n－160902163629349. html。

择不当将会对珠宝钻饰品牌形象产生负面影响，多元混杂的娱乐营销形式亦可能冲淡珠宝钻饰品牌的奢华、高雅格调。I Do 前期在电影植入和明星专属婚戒定制方面紧扣品牌情感，强化了品牌定位，而近年来 I Do 在将娱乐形式不断拓展至音乐、游戏、马术等领域时，其对娱乐的界定愈加泛化，品牌格调存在被分割的危险。即使是在合作电影的选择上也出现了盲目跟从的问题。如与《火锅英雄》和《美人鱼》合作推出定制产品，I Do 对影片情感定位与品牌的联通性缺乏思考，更多地考虑到 IP 的传播热度。

在这一点上，I Do 可以向奢侈品珠宝品牌 Tiffany 学习和借鉴。Tiffany 与电影结缘由来已久，1961 年经典影片《蒂凡尼的早餐》从片名、主角造型到故事情节打造出 Tiffany 经典品牌印记，这一电影也成就了 Tiffany 的奢侈品地位。尽管 I Do 也冠名了同名电影《我愿意》，但该片调性以及影片中过多的包括其他品牌的广告植入等问题使得该片无法像《蒂凡尼的早餐》那样实现 I Do 品牌形象塑造与品牌认同的构筑。2013 年 Tiffany 联手电影《了不起的盖茨比》将品牌与影片的奢华氛围完美融合，同期 Tiffany 还推出了 "Tiffany & Co. The Great Gatsby" 系列高级珠宝，使品牌与影片达到高度共鸣。因此对于 I Do 而言，除了选择与自身品牌调性相符的产品外，在影片衍生品的开发上，也需要与自身的品牌调性相吻合。

（二）资源开发需把握好"度"，品牌传播需把握主动权

I Do 在利用内容、品牌或名人等资源捕获消费者注意力、扩大传播声量时，一方面需要考虑这些资源与品牌形象、品牌调性的契合度，另一方面也需要把握好资源在价值开发上的"度"。内容、品牌或名人等资源价值的有效开发有助于品牌能量及合作效应的进一步释放。但价值开发不当、价值契合度失调、价值传播断裂等将会影响品牌营销传播的效益。例如 I Do 在音乐营销中对艺人情感价值进行开发，进而形成艺人形象与品牌情感诉求的融合，并进一步实现品牌、明星、受众的情感共振，这一情感价值的开发充分又恰当。但 I Do 在跨界营销时对 NINE PERCENT 商业价值的过度"开发"引起粉丝的不满，导致 I Do 不得不公开道歉。这种将明星偶像的粉丝当作

圈钱工具，引导粉丝展开销量竞争的过度商业价值开发便会对品牌形象产生损害。

另外，I Do 品牌营销还存在资源开发不足、传播主动性不足的问题。I Do 虽然凝聚了大量资源，如明星夫妇、影视剧赞助等，但 I Do 仅仅是以明星夫妇的情感故事为原本为其定制专属婚戒或纪念日钻戒，以影视剧情节为品牌情感表达方式，单纯依靠其自身为品牌"吆喝"，这是被动、短暂的，缺少品牌对于明星资源、影视剧资源等的主动再编排、再利用。同时，I Do 在包括影视剧在内的资源的利用上与消费者互动性不足、合作性欠缺，这也是其品牌营销占据被动地位的问题所在。品牌在营销中脱离了与消费者、合作伙伴的亲密互动无异于单手拔河。

四 娱乐营销是蜜糖也是砒霜，需适度而为、主动而上

美国最大媒体与娱乐业顾问机构 Booz Alan&Hamilton 管理顾问公司的创始人迈克尔·J. 沃尔芙认为，在这个消费者的时间如此少、口味又如此多变的世界，企业应如何吸引消费者的注意？一旦抓住消费者的注意力，企业可以加进些什么来提高产品的价值，使产品更具吸引力？答案是："娱乐内容"或"娱乐要素"。[①] 业已创办十年的 I Do 品牌凭借其婚戒这一细分市场定位打开了钻饰市场，也走上了一条独特的品牌传播道路，即与"时尚、情感和艺术相结合的"娱乐营销战略，因此市场占有率和品牌知名度得到了极大提升。如今在婚戒市场趋于饱和、增速放缓的压力下，I Do 品牌面临整体战略升级，娱乐化的营销方式也从单一、表层形式升级为品牌与娱乐产业的升级融合；在内容方面深挖娱乐内容，在渠道方面整合"传统＋数字"媒体渠道并发力国际市场。

不过，国内娱乐营销尚处于未成熟、粗放式发展阶段，娱乐内容多元混

[①] 〔美〕米切尔·J. 沃尔夫：《娱乐经济——传媒力量优化生活》，黄光伟、邓盛华译，光明日报出版社，2001，第 28 页。

杂，极容易淡化品牌调性，使品牌趋向娱乐化，甚至会损害珠宝钻饰品牌的奢华、高雅格调。因此珠宝钻石行业品牌进行娱乐营销时要恰当有"度"，把握品牌情感核心，不因传播热度而盲目追随娱乐热点。要清晰认知道：珠宝钻饰行业只有通过丰富和发展自身文化才会强化消费者的信赖；基于情感表达与创意的产品，会更易获得溢价。除了重视娱乐营销带来的商业价值外，正向引导社会价值也会使品牌走得更稳固更长久。

B.14
玛丽黛佳品牌营销传播报告

摘　要：　中国彩妆市场近年来规模不断攀升，作为国产彩妆的重要力量，玛丽黛佳无论是产品打造还是营销推广都走出了一条不同于任何国际大牌的道路。没有大牌明星代言人，更没有巨额广告投入，如何更好地与消费者沟通，与更多的"人"产生链接，才是玛丽黛佳更多考虑的。除了产品功能的诉求，新的消费者更需要的是价值观的共鸣。

关键词：　新艺术彩妆　内容营销　跨界营销　新零售

一　国内化妆品市场规模攀升，玛丽黛佳借势崛起

中国作为全球潜力最大的消费市场，目前正在消费升级的道路上行进，而中国消费者的升级趋势主要集中在化妆护理品、饮品与生鲜食品领域，其中化妆品领域体现最为明显。国家统计局数据显示，2019年上半年，国内社会消费品零售总额195210亿元，同比增长8.4%；消费升级类商品销售增长较快，限额以上单位化妆品类同比增长13.2%，增速快于社会消费品零售总额4.8个百分点。腾讯社交广告平台发布的2018年美妆行业趋势解读显示，中国化妆品市场销售规模逐年攀升，目前已经成为仅次于美国的全球第二大化妆品消费国，且行业增速居全球首位，其增速也高于同期社会消费品零售总额增长水平。作为化妆品行业一个重要分支的彩妆市场规模也逐年增长，玛丽黛佳正是趁着这股风势，逐渐占领了市场。

这种良好势头与近年来我国宏观发展中的经济、社会及技术条件所带来的机遇有关。

（一）经济平稳增长，社会文化需求推动化妆品市场蓬勃发展

近年来，我国消费品市场总量持续扩大，增长平稳，结构不断优化，零售业态融合趋势明显，市场供给方式加速创新，消费继续发挥经济增长主要驱动力的作用。从国际上来说，和平发展、合作共赢的共识也为我国经济发展提供了有力保证。

一方面，为促进国内产品市场竞争，促进行业转型升级，深化消费品供给侧结构性改革，我国从 2018 年 7 月 1 日起将化妆品进口关税平均税率由 8.4% 降至 2.9%，下调幅度为 65.48%。这意味着中国化妆品市场在关税保护层面接近完全开放，这对当下正处于变革转型期的中国化妆品市场而言，势必带来较大压力，但这也体现了政府对化妆品市场的激活程度不断提高。同时，为规避市场不断发展带来的诸多问题，国家近年来出台了一系列监管法规，如《化妆品卫生规范》《化妆品生产企业卫生规范》等；2019 年国家对《化妆品监督管理条例》进行了修订，从管理部门、行业、进出口等方面加强了管理。法规政策的进一步完善，有利于化妆品市场的良性发展并增强人们的消费信心。

另一方面，从 2018 年始全球经济增速放缓，国际经济形势复杂，我国经济政策、生产结构调整，经济增速明显放缓等，对居民消费水平、消费结构带来了影响，同样也给化妆品行业发展带来了挑战。但经济增速放缓的背后，"口红效应"显著，恰恰促进了化妆品尤其是美妆类产品消费需求的快速增长。

（二）化妆品行业竞争激烈，玛丽黛佳逐渐夯实自身优势

从行业产业链各环节竞争形势来看，欧美化妆品品牌具有相对优势，而我国国产品牌处于弱势地位。不过近年来，我国品牌奋起直追，在研发技

术、营销方式和渠道上不断突破创新，赢得了部分市场。

1. 产业链上游：不断打造核心供应链

化妆品行业上游为原料设备供应与生产端，包括原材料行业、包装行业和代工厂等。欧美原料商掌握着较为先进的工艺技术和生产水平，因此在全球竞争中具有优势，许多欧美品牌正是依靠独特的原料来源和获取渠道，从而跻身世界高端品牌之列。而我国原料供应商对国外生产商的依赖度较高，技术研发能力、测试检验系统及化妆品产业认知能力等相对落后，制约了国内品牌商的研发。

玛丽黛佳背靠两家后备工厂：上海创馨和上海创元。这两家工厂均主要为国内外化妆品销售企业加工产品，同时也具备生产自主品牌进而销售的能力。这两家企业虽在国内市场中的竞争力并不突出，但为玛丽黛佳品牌的突围奠定了坚实的基础。

2. 产业链中游：位处国产中低端品牌竞争圈层

在化妆品产业链中，品牌端占据主导地位，品牌商和渠道商是重要的提价环节。腾讯2018年发布的美妆行业趋势解读显示，凭借强品牌溢价能力，高产品附加值，欧美品牌仍占据我国中高端市场，获取最高关注度。近年来随着跨境电商的市场放开，更多国外小众品牌，如西班牙安瓶等，也加速渗入中国市场，加剧了行业竞争。

我国现代化妆品产业起步较晚，产品研发技术和营销传播方式相对落后，化妆品品牌溢价能力不足，产品大多靠着"高性价比"的优势在低端市场竞争。不过近年来，我国一些老牌的化妆品生产企业如百雀羚、美加净等也积极进行研发，不断翻新和制造适合市场的新产品，创新包装设计和营销传播方式，以打破老化固有的形象，吸引年轻消费者的注意力，开始进军原本被欧美品牌雄踞的市场，如药妆市场、儿童护肤品市场等。

另外也出现了一批具有现代化生产模式、具有独特定位、营销方式灵活、价格较低的新锐国产品牌，这些品牌获得了中低端消费者的青睐。从价格和归属来说，玛丽黛佳属于国产中低端彩妆品牌。2015～2017年，玛丽黛佳连续三年成为天猫销量最高的中国彩妆品牌。凯度消费者指数发布的

2018 年中国美妆品牌足迹排行显示，消费者选择前十名的彩妆品牌中，玛丽黛佳位居第三，前五大快速增长的彩妆品牌排名中，玛丽黛佳位居第五。而这些上榜品牌中不乏欧美、日韩品牌，这说明玛丽黛佳在我国彩妆市场中，虽距离欧美品牌存在差距，但已具有一定的竞争力。同时，玛丽黛佳通过积极利用电子商务平台等进行创新营销推广，对二、三线城市进行市场拓展，对外资品牌形成了竞争力。

3. 产业链下游：线上、线下渠道多元发展

电商平台的兴盛，使化妆品行业线上营销和传播渠道得到了较大拓展。第一财经商业数据中心（CBN Data）发布的 2018 美妆趋势报告显示，近年来彩妆尤其是线上彩妆增速迅猛。而线上消费人数的增长，是线上彩妆高速增长的主要驱动力。

化妆品线上渠道包括垂直电商平台、社交电商平台、综合 B2C 平台和部分新兴渠道等。其中，我国一些新兴渠道如拼多多、小红书等平台，凭借低价拼团等社交裂变的方式，吸引了众多消费者，成为玛丽黛佳增量增流的黄金利器，其销售额快速增长。

在线下渠道，与其他线下实体行业一样，传统百货商店专柜客流下滑、成本增加；专营店则面临着房租高昂、效率低下的问题。而以单品牌店为代表的全品类一站式、体验式业态逐渐引领化妆品线下渠道的新风潮。玛丽黛佳近年也在不断创新销售终端，如采用"无人贩卖口红机"等，适应新零售热潮，获取了较大的关注度和较好的市场销售效果。

（三）消费者变化促使玛丽黛佳加强研发和营销推广

互联网的蓬勃发展，电子商务迅速崛起，使得营销传播渠道和消费者购买行为均发生了改变。线上线下联动，时空界限被打破，为产品销售提供了更为广阔的空间。尤其是中小企业获得了更大的发展空间。

消费者越来越多倾向于在网络上获取产品相关信息、他人的评价，以及进行购买。而大数据技术则有助于进一步洞悉消费者购买行为，这就要求化妆品行业营销传播渠道和方式进行转变。同时，各种智能技术也使得各类智

能化护肤及美妆设备被开发出来，行业品类日益多样化。

2019 年 3 月 4 日天猫发布的 2019 年颜值经济报告中，美妆类产品的销售同比增速超过 60%。京东联合南都大数据研究院发布的《2018－2019 美妆电商消费趋势报告》显示，当今化妆品市场消费者日益年轻化，虽然"80 后"仍为主力军，但"90 后""00 后"也开始有了较强的护肤、化妆意识，且消费增速较快。新潮、独特的形象成为年轻消费者标榜个性的时尚追求。许多化妆品尤其是彩妆类产品，为突出年轻人我行我素、不循规蹈矩的个性，从品牌调性、产品包装、社群传播上进行全方位表达。玛丽黛佳以艺术彩妆为理念，在设计、传播方式上加入了许多艺术审美元素，正是为了适应这一趋势。

宏观经济形势和经济政策、良性的市场竞争秩序、不断增长的消费需求、技术带来的创新营销传播渠道和形式，是玛丽黛佳发展的有利条件。但经济增速放缓、国内外贸易形势的复杂多变、生产结构的调整、销售终端和消费行为的转变带来的风险，是全行业也是玛丽黛佳时刻需要警醒的因素，玛丽黛佳把握消费趋势，洞察和创造消费者需求，围绕专业彩妆的定位做了一系列的持续、快速创新的举措。

二 从消费者出发，玛丽黛佳始终保持产品创新

大牌明星代言人、巨额广告投入是在商业领域被无数次证明的品牌取得成功的标准路径，在中国彩妆市场上却有一个特立独行者，它就是玛丽黛佳。作为中国彩妆市场的重要力量，玛丽黛佳并没有复制这样的路径。无论是产品打造还是营销推广，玛丽黛佳都走出了一条不同于任何国际大牌的道路，而越来越多的事实正在证明，这条路是行得通的。玛丽黛佳这种与众不同的基因似乎要追溯到其品牌创始人崔晓红身上，不像其他品牌创始人对品牌市场、营销的关注，崔晓红自始至终都将精力放在做好产品、"让天下没有难画的妆"上。

（一）专注彩妆，完善、丰富产品线，满足消费者细致、多元需求

产品是品牌的根基，产品策略是品牌营销的重中之重。有品质、体验感好，且能切中消费者痛点的产品，才能真正增加用户黏性，成为品牌营销和传播的坚实后盾。而完善、丰富产品线是提高市场份额的有效途径，也能增加品牌知名度，吸引潜在的用户。从玛丽黛佳目前的产品系列及其研发动向来看，其产品策略最大特点是围绕消费者需求持续发力、快速推新，同时兼顾品质和消费者体验。

从玛丽黛佳的产品研发历程来看，其是以彩妆为核心，围绕消费者对彩妆产品的个性化需求，不断完善产品线。同时其尝试渗透新市场，满足多样化的消费群体需求。

因此，从 2006 年第一支嫁接式睫毛膏，到现有 10 个系列、145 款彩妆产品，从睫毛膏、眼线笔、口红到底妆，玛丽黛佳围绕彩妆，进行了全品类覆盖。2006 年 12 月玛丽黛佳正式推出全球首款可增长睫毛 300%、增浓 700% 的嫁接式黑流苏睫毛膏；2011 年创新碳壳笔芯结构，研发出 77 米不间断的酷黑眼线笔用以解决长期以来困扰消费者的眼线笔耐用度问题；2016 年开创第五代气垫底妆革命，打造无须对镜即可快速上妆的小蘑菇气垫；2018 年推出小蘑盒眼影，只为满足消费者立体眼妆的强烈诉求。从品牌创立第一天开始，玛丽黛佳就认准了"产品为王"的路线，通过重点产品和爆品的突破，快速占领了用户心智。

表 1　玛丽黛佳产品线

品系列名称	适合年龄	系列产品
玩色系列	20～25 岁	眼影、唇膏、美颜霜、高光盘、颊彩盘、睫毛膏、妆前乳、眉笔、眼线液、精华露
原色印象系列	20～25 岁	眉粉、唇膏、口红、睫毛膏、眼影、唇彩
工笔系列	25～35 岁	眼线水笔、睫毛膏、眼线胶笔
爱的多米诺系列	25～30 岁	DIY 眼影组、王牌浓密睫毛膏、绿茶纯净洁颜油
无感大师底妆系列	25～30 岁	气垫霜、水凝霜、保湿饰底乳、粉饼、蜜光柔粉

品系列名称	适合年龄	系列产品
新艺术粉彩腮红系列	20～25 岁	彩粉腮红
生如夏花艺术珍藏系列	30～40 岁	粉饼、唇膏、眼影组
寓言限量版系列	30～35 岁	眼影盒、BB 霜、保湿粉饼、眼影组、眼线笔、唇膏
眼妆系列	全年龄段	眼线笔、眼线液、三色眉粉、速干眼线水笔、彩色睫毛膏、彩色眼线胶笔、水眉粉
唇妆系列	全年龄段	魔幻唇膏、哑光唇釉、金属唇膏、唇彩、雾光唇膏

此外，玛丽黛佳还推出了多款联合定制产品。如 2017 年 6 月，玛丽黛佳凭借为丝芙兰①定制的高端彩妆线"COLOR STUDIO 玩色系列"成为第一个入驻丝芙兰的中国彩妆品牌。2019 年初，玛丽黛佳与著名文具品牌晨光携手推出"晨光文具盛世新颜×玛丽黛佳限量礼盒"，在功能上将签字笔与眼线笔，便签本与眼影盘对应，外观色彩绚丽，图案灵感源于京剧旦角头饰，采用现代设计手法，将国粹艺术融入潮流，既收获了广泛的关注，也与其"新艺术彩妆"的理念契合。这一策略既可以丰富产品线，又可以通过借势营销，吸引潜在消费者，提高自身品牌知名度，扩大影响力。

与此同时，玛丽黛佳还开始发力高端、小众人群市场。近两年，玛丽黛佳上市了一些新品牌。这些新品牌定位与原有产品系列进行了差异化，可以看出其渗透多元市场的尝试。如 2018 年 8 月，玛丽黛佳上市的第二个品牌"YES! IC"，是针对年轻消费者的相对高端的彩妆品牌，主打腮红、眼影、粉底液产品，以多色和多功能为特性。其中如祖母绿、银灰色、深海蓝等眼影色彩个性突出，迎合年轻人喜好。随着消费升级，更多年轻人有能力尝试高端产品，推出这一品牌不失为一次有益的尝试。

（二）兼顾品质和消费者体验，增加用户黏性

唯品会与艾瑞咨询于 2018 年联合发布的《种草一代·95 后时尚消费报

---

① 丝芙兰（SEPHORA），全球化妆品零售权威，1969 年创立于法国里摩日。SEPHORA 在全球拥有超过 1000 家门店，遍布巴黎、米兰、罗马、马德里、巴塞罗那、华沙、里斯本、雅典、纽约、洛杉矶、旧金山、迈阿密、莫斯科等超过 28 个国家的国际化都市。

告》报告显示，"新、奇、惠"品牌更得人心。个性化、爆款、新品、折扣，成为"95后"消费者最青睐的品牌标签。凯度在《新时代"四有"女性——25～35岁女性美妆市场消费分析》报告中指出，25～35岁消费群体在化妆品消费中更注重有益、有效、有型，即健康、专业、个性。个性化、多元化是年轻消费群体的共同追求。

所以个性化、多元化的快速产品迭代成为玛丽黛佳增加用户黏性的一大因素。快不代表粗劣，玛丽黛佳快速迭代的产品创新兼顾了优秀的品质和良好的使用体验，这些也是维系消费者的关键因素。从玛丽黛佳的市场表现及企业内部结构设置可以看出其在此方面的努力。

玛丽黛佳的酷黑速干眼线水笔荣获"2016天猫金妆奖眼妆类年度单品大奖""2017天猫金妆奖眼部彩妆类单品大奖"，红参弹润精华美颜霜荣获"2018天猫金妆奖底妆大奖"等。这些奖项说明其在快速产品创新的同时，不断增加用户黏性，这也是其能于2015～2017年连续三年成为天猫"双11"国内彩妆品牌销售冠军的主要原因。

玛丽黛佳在企业内部还成立了专门的用户体验中心，分析研究实现消费者体验所需要的技术和路径。如其洞察到当今女性不爱化妆的两大根源在于"不会化妆"和"嫌麻烦"，因此"让天下没有难画的妆"是玛丽黛佳的品牌使命。玛丽黛佳洞察到当今人们的时间越来越宝贵，推出的"小蘑菇"美颜霜极大地帮助消费者节省化妆时间，用小蘑菇圆形美颜扑取代传统粉扑，帮助女士快速上妆，同时增加细腻触感，让上妆变成愉悦的体验。这些特点使小蘑菇刚上市一个月即销售破亿元，成为玛丽黛佳一大明星产品。

（三）逐步加强对消费者的研究和管理

《2018－2019美妆消费报告》显示，2018年线上美妆消费远高于线下，对行业市场增长贡献大。在技术和数据的双驱动下，线上美妆业已经进入融合发展新阶段。艾瑞咨询2018年2月监测数据显示，19～24岁用户已经成长为电子商务应用的主流用户，"95后"消费人群中，28.4%的用户平均每天打开电商平台3次以上，45.1%为重度网购用户，每周至少下单1笔。这些数据均说明彩妆品牌要想在未来深入接触用户，需要更多发力网络平台。

通过线上渠道，消费者可以搜索更多产品信息，还可以通过社交媒体分享使用体验，以及通过直播平台更直观地了解彩妆效果，学习更多化妆技巧。许多品牌官方网站还提供试妆技巧，帮助消费者更好地了解自己的使用效果。线上渠道也使产品更便于购买。多种优势使网络购买成为年轻彩妆消费者消费行为的一大趋势。从产品设计、功能研发，到营销渠道、推广活动，均具有时尚性、创新性特征，适合年轻人的消费喜好，体现了玛丽黛佳对消费者的研究与管理。

互联网时代，品牌可以通过大数据技术获取多种多样的用户信息。但信息纷繁复杂，品牌要想获得有用信息，需要对用户进行更深入的挖掘和全方位的数据打通。玛丽黛佳近年来重视对用户的研究和数据管理，这有助于其采取更精准的营销策略，收获更好的市场效益。

玛丽黛佳基于微信强大的用户基数和用户黏性，把微信小程序作为重要的搜集用户数据的渠道。其通过小程序，可以触达线下渠道，再反转到数据库去做分析，把每一个人群做用户画像研究，进而引导后台的 ERP 系统和数据终端。

2019 年 5 月，玛丽黛佳与英檬科技展开了以提升新零售用户运营效率为核心的全面合作，以期为其实现用户运营系统升级、全渠道数据打通和统一管理、门店导购赋能、会员运营策略优化等多个层面的转变。英檬科技可依托其多年经营所沉淀的用户，帮助玛丽黛佳通过对用户所有行为路径、过往购买渠道、喜好等的智能分析，进行标签化和人群分组。这些分析不仅可以告诉产品研发部应该是什么样的产品受欢迎，还可以在最贴合用户运营的场景下推送精准化营销和服务。

三　围绕专业彩妆，持续、快速创新传播策略

（一）定位为"新艺术彩妆"，传播品牌艺术调性

在产品研发和营销中，玛丽黛佳创始人崔晓红均较注重塑造品牌的艺术

气质，提出"新艺术彩妆"的品牌理念，基于此，玛丽黛佳开展了多种营销传播活动。其中，最能体现其品牌调性的可以说是其连续 9 年举办的"玛丽黛佳越域精神艺术展"。从 2010 年开始，玛丽黛佳每年都会自办一场跨界艺术展，以艺术手法表现彩妆创意。艺术展中没有任何玛丽黛佳的LOGO 与产品出现，没有任何新产品借此上市，其目的是传递艺术的价值、品牌的精神。活动对艺术的追求本身就是一种力量。

此外，从其定制艺术家联名款产品与艺术家作品展联合营销，到其产品包装等，人们都可以看出其对于艺术格调的追求。具有艺术气息的视觉造型、举办的艺术展活动等与彩妆产品美化形象的功能契合，同时也能赋予品牌独特的个性。

出于对艺术调性的追求，玛丽黛佳推出或参与了一系列艺术活动，这也是其与众不同之处，有助于其形成独特的品牌个性。此外，不同于其他品牌大手笔的广告宣传，玛丽黛佳认为传统广告收效甚微，效果不理想，因此多年来投入的硬性广告很少，更注重内容营销和跨界联合营销。众多吸引眼球的活动使其知名度得到了提升。不过近年来，其也开始进行一些广告宣传。此外，其还开展了一系列活动以塑造行业领导者的形象。

（二）更注重内容营销，逐渐加大硬广投放

1. 注重进行内容营销

在广告主对传统广告效果失望、互联网技术快速发展的环境下，内容营销近年来受到广告主的青睐。与品牌有关的具有传播力的内容能迅速提高品牌知名度，并帮助品牌与消费者深度互动。玛丽黛佳在此方面也推出了多样化的内容营销方式。一方面，其在社交媒体上不断提升内容影响力。如其微博、微信账号等，已经积聚了百万粉丝。在其他平台，玛丽黛佳还与各类KOL、达人合作，利用图文、文章、短视频、直播等多种形式来进行传播。如其结合天猫 3 月的直播盛典，找到十位电商直播达人合作，在预热和爆发期间形成网红矩阵，每个网红轮番上阵。玛丽黛佳还通过经营"玩色学院"，尝试把客服变成化妆达人，进行妆容教学内容分享。这些内容由于具

有一定知识性和网红热度，更易受到消费者关注和青睐。另一方面，其创新、备受关注的新零售营销方式，如艺术展、小蘑盒快闪店，口红贩卖机等也为宣传提供了内容素材。

2. 对于硬性广告的投入开始增加，谨慎选择广告渠道

由于消费者对美妆产品的需求是多元化的，但难以请多个代言人去代表产品，而 TVC 广告黏性不强，成本高昂却收效甚微，因此这些年来，玛丽黛佳的硬性广告很少。其荣获 2013 艾瑞金瑞营销奖中国最佳网络广告案例奖的创意视频《色彩游乐园》也主要在优酷视频网站，玛丽黛佳官方微博、官方微信、线下代理商大会以及全国线下终端店铺的 LED 屏投放。

不过玛丽黛佳近年来逐步加大广告投放力度。经历了品牌 10 年沉淀之后，自 2018 年始，玛丽黛佳广告投放也逐步展开。如其携手人气明星王一博共同推出限量联名款小蘑菇精华美颜霜，并推出了相关海报。2018 年品牌十周年之际，玛丽黛佳还推出了广告片《我爱这样的我》，展现了女性的多样人生，鼓励女性去接纳最真实的自己，绽放、演绎自我，成为自己最想成为的人，该品牌形象宣传片提高了其品牌传播力与影响力。

不同于很多品牌的高举高打，玛丽黛佳在投放广告渠道的选择上非常慎重。其不仅看重渠道在年轻消费者中的影响力，也会考虑投放的性价比。目前重点选择楼宇、电影院以及朋友圈广告等形式。如 2018 年 3 月 15～28 日，玛丽黛佳"小蘑盒"广告片在分众晶视旗下全部 1317 家电影院、9251 个影厅播放，达到了 80 万以上场次的覆盖播放。

3. 跨界营销传播产品调性

从玛丽黛佳近年来携手的品牌来看，其跨界的领域多样，营销活动创新、独特，且一些活动产生了不错的营销效果。如其 2017 年 5 月与肯德基合作，推出限量版彩妆套盒，开卖 28 分钟销售就突破 1 万套。活动三天内，玛丽黛佳天猫旗舰店销售额高达 1250 万元，位列天猫美妆第一。2018 年 4 月 15～21 日，玛丽黛佳成为首个与抖音展开合作的彩妆品牌，二者联合推出"#一键秒出色#"挑战活动。抖音统计数据显示，本次视频挑战赛最多参与人数达 7.5 万，打破了抖音品牌挑战赛中的最高纪录。活动中，用户登

录抖音 App，使用玛丽黛佳专属定制"鬼马蘑菇刷"贴纸，以"#一键秒出色#"为主题进行视频创作，即有机会领取玛丽黛佳小蘑盒眼影。玛丽黛佳公开数据显示，该视频挑战活动以及相关广告投放共实现了约 2.88 亿次曝光。

跨界不等于随意混搭。虽然玛丽黛佳跨界营销领域广泛，且方式具有较强的创新性，但从合作伙伴及合作方式的选择可以看到以下特点：主要围绕其目标消费群体——年轻消费者，力求与产品调性、大胆创新的理念契合。如其与肯德基合作的产品是冰激凌，开展的广告活动以"粉酷"为主题，广告宣传语为"粉就是酷"。粉色不仅是当时肯德基推出的草莓冰激凌花筒的颜色，也是玛丽黛佳新推出的"遇见'莓'好"唇膏礼盒的主打色，二者在产品视觉上契合，且粉色也能受到年轻女性消费者的青睐。而"酷"不仅代表着肯德基不断创新产品的追求，也反映出玛丽黛佳的品牌理念，同时也是当下年轻人张扬个性的体现。

在跨界营销日益普及的今天，营销方式要独到、有创意才能吸引消费者的眼球，从而获得较高的品牌知名度。如 2017 年 12 月 18 日玛丽黛佳与 IP "暴走漫画"展开跨界合作，在"暴走漫画"官方微博及微信公众号平台发布鬼畜病毒视频，视频中暴走漫画主持人王尼玛涂着玛丽黛佳惊叹水唇膏，夸张的视觉形象、搞怪的补妆动作和语气，加之暴走漫画本身在年轻人中的高人气，形成了大规模病毒式扩散，吸引了大量粉丝在评论区互动留言。两个原本不相关的品牌找到了契合点，且风格独特、令人印象深刻，同时也能受到当下年轻人欢迎，可说是一个不错的跨界联合营销范例。

大胆的创新营销配合独到的品牌价值塑造，能使产品与品牌形成强关联，打造适合新时代思维方式的独特传播模型。玛丽黛佳的系列营销活动为品牌带来明显的生意增长，并且随着产品质量的不断精进逐渐拉开与其他国产品牌的销量差距。

4. 着力塑造专业彩妆行业领导者形象

从玛丽黛佳目前的产品布局可以看到，其目前主要围绕彩妆开展营销传播活动，力求打造国内专业彩妆领导者的形象。围绕此目标，玛丽黛佳也开展了一系列营销活动。

（1）发布流行趋势，教授彩妆知识，打造专业化形象

专业领导者不仅需要有一定影响力的明星产品，也需要能把握潮流趋势、体现专业能力。这种形象会使企业、品牌在行业中获得话语权，植根于消费者心中。玛丽黛佳在塑造自己的专业形象方面做出了一系列努力。2016年8月，玛丽黛佳携手全球唯一服务于彩妆业和包装业的趋势预测机构BEAUTYSTREAMS，共同发布2017年的趋势色——Power Pink（力量粉），希望给都市女性带来更不一样的自信力量。此外，玛丽大家还运营"玩色学院"教授美妆知识，以及结合美妆行业的热门话题，将玛丽黛佳原创的内容出版等。

（2）与中国独立设计师合作，入驻多个时装周

国际四大时装周（伦敦、巴黎、纽约、米兰时装周），是国际时尚潮流风向标。入驻时装周不仅可以向国内外展示和宣传自己的品牌，提高知名度，也是打造自身行业领导者形象的较好途径。自2015年以来，玛丽黛佳连续登陆国际四大时装周。在这些时装周中，玛丽黛佳皆与中国设计师合作，妆容往往风格独特，与其一贯追求创新的理念契合。如2017米兰时装周中，玛丽黛佳携手中国独立设计师品牌ANNAKIKI，尝试用"FASHION EXCESS（流行过剩/审美疲劳）"系列颠覆刻板审美。

除了四大国际时装周外，玛丽黛佳还开始参与一些新兴的时装周，如2019年韩国首尔时装周。这些新兴时装周带着更专属的地域特色，往往更能代表当季潮流新趋势。

四　拓展新零售方式，夯实既有售卖渠道

玛丽黛佳开发了一系列独具特色的新零售终端以及场景营销方式，对于其迎合目标人群年轻消费者的喜好、提高品牌知名度、传达品牌创新理念产生了较好效果。这也是玛丽黛佳品牌营销的一大特色。同时，其不断在线下渠道进行布局、在线上营销平台进行拓展。

（一）打造人、货、场、线上线下融合的新零售方式

新零售需要充分了解消费者心理才能获得良好效果。如玛丽黛佳电商总经理 Eva 说，"90 后"消费群体不太愿意主动社交，购物的时候更加喜欢在非常自由的情况下做出选择，因此玛丽黛佳才推出了自动贩卖机。数字营销和传播总监代立超也说，不是一个机器就有这么大的魔力，主要还是需要从人和场景去判断。

新零售方式可以打通线上线下渠道，为消费者提供场景化、创意性的消费体验，也更便于企业获取消费数据，以制定出更为精准的营销策略。玛丽黛佳近年来不断推出多种形式的新零售终端，如其线下无人色彩贩卖机，能使消费者通过扫描液晶屏的二维码进入商品页面，关注玛丽黛佳天猫旗舰店，再选择心仪的口红颜色，试装，支付，即可取走一支 mini 口红体验装，整个过程不到 2 分钟。消费者还可以在 AR 互动趣味游戏"蘑菇森林大作战"中感受现场多人竞技的乐趣。相比而言，其他售卖渠道则无娱乐活动，顾客在线下专柜试口红，如想尝试更多颜色，需要更长时间，而传统线上渠道物流时间较长。这一新模式所带来的交易方式、轻松的交易环境、便捷的购买体验，引起了人们的极大兴趣，大大提升了玛丽黛佳的销量和关注度。据玛丽黛佳统计，无人色彩贩卖机刚上市一天销售即突破 1000 支，累计触达消费者 36 万人次，该模式在阿里巴巴作为新零售的典范于全行业推广。此后，玛丽黛佳对口红贩卖机进行了多次改进，不仅使操作流程更便捷，还能通过消费记录和转化率数据收集分析，更好地了解消费者喜好和营销效果，这也是新零售方式的一大优势。此外，玛丽黛佳还推出了快闪店、无人店等多样化的营销渠道。玛丽黛佳还广泛利用音乐节、酒吧等进行场景营销。新颖时尚的营销形式使其受到了广泛关注。

新零售是将消费者需求和场景特征、产品结合，如把音乐跟场景、新品、限量品绑在一起，打通了人、货、场，由此实现更高效的品牌传播和销售转化。

（二）基础扎实、逐步提升的线下渠道策略

化妆品的传统线下销售渠道主要有品牌专卖店、化妆品店专柜、百货商场专柜等。化妆品店指以化妆品为主的集成店，如屈臣氏等。百货店以 BA 专柜为主。线下现场售卖能展现产品实物、品牌视觉形象，也便于消费者亲身体验产品性能。高颜值的设计往往能吸引更多消费者关注，增加客流量。良好产品的试用体验能增加消费者的产品美誉度。客服人员与消费者近距离沟通，良好的服务态度、专业的知识和营销技巧、高品位的审美水平，都能使品牌更好触达消费者，提升消费者的信任度，促进销售转化率。同时，现场场景设计、参与体验式活动，也能很好地实现品牌与消费者互动，提高品牌知名度和美誉度。

营销渠道还能体现品牌的定位与市场地位。近年来，玛丽黛佳开始在高端市场发力，这不仅体现在其产品线的延伸上，也体现在其营销渠道的拓展上。2017 年，玛丽黛佳入驻法国奢侈品集团 LVMH 控股的美妆集成零售品牌——丝芙兰，成为入驻的国内第一个彩妆品牌，如今在全球 33 个国家拥有 2300 个门店。为了赢得对彩妆知识更熟悉、需求更前卫的年轻顾客，确定入驻丝芙兰后，玛丽黛佳仅用了三个月的时间，为其定制了一个由 20 多款单品组成的全新系列，并将更前卫、更有技术含量的单品在丝芙兰独家销售。对于高端产品及渠道的拓展体现了玛丽黛佳在十年沉淀后，不满足于现状，开始更高品质的追求。

（三）稳健创新的线上渠道策略

玛丽黛佳目前的线上渠道也丝毫不放松，传统电商平台，如天猫、京东、唯品会、聚美等为其主战场。这些电商平台用户基数大，丰富的营销手段更能为品牌带来较高的销售转化率。玛丽黛佳多个单品获得了天猫金妆奖，其曾连续三年成为天猫"双 11"国内彩妆品牌销售冠军。

此外，玛丽黛佳还不断拓展其他平台，利用网红达人的带货能力提升销售量和知名度。如其 2019 年与在小红书、抖音爆红，且曾为欧莱雅美容顾

问的"口红一哥"李佳琦签约一年的深度合作。李佳琦拍的短视频在 2019 年 3 月 7 日晚播出后，第二天两只色号顿时卖空。玛丽黛佳认为，通过达人的带货，实现最强的转化，把钱花在最有效的人身上，比请代言人更加有效，这也是玛丽黛佳取得成功的一个重要因素。

B.15
小米手机品牌传播策略报告

摘　要：　2011 年 8 月 16 日，小米手机正式发布。2014 年 10 月 30 日，小米公司已经超过联想公司和 LG 公司，一跃成为全球第三大智能手机制造商，仅次于苹果公司和三星公司。小米手机坚持"为发烧而生"的设计理念，基于海量的大数据分析对产品进行研发，采用社会化媒体整合营销，打造粉丝文化，开辟互联网思维下的品牌传播新路径。

关键词：　小米手机　品牌传播　粉丝文化

近年来，在传统商业的品牌营销上，"互联网思维"的提法为人熟悉并广为传播。互联网已经成为主体经济不可分割的一部分，现在越来越多实体、个人、设备都连接在一起。资深互联网人士陈光锋在《互联网思维：商业颠覆与重构》中，将雷军的互联网七字诀"专注、极致、口碑、快"，拓展为"标签思维、简约思维、NO.1 思维、产品思维、痛点思维、尖叫点思维、屌丝思维、粉丝思维、爆点思维、迭代思维、流量思维、整合思维"12 大核心要素。也有人指出"互联网思维，就是在互联网、大数据、云计算等科技不断发展的背景下，对市场、对用户、对产品、对企业价值链乃至对整个商业生态进行重新审视的思考方式"①。

"品牌"作为一种无形资产，是企业发展战略的重要内容，是成就企业基业长青的基础支撑②。作为社会传播活动形式之一的品牌传播，其本质是

---

① 黄合水：《品牌学概论》，高等教育出版社，2009，第 57 ~ 59 页。
② 尚文婕、小米：《用互联网思维颠覆传统产业》，《中国品牌》2013 年第 12 期，第 30 ~ 31 页。

品牌信息的传递或者品牌信息系统的运行。建立良好的品牌传播是企业创立新品牌和维护老品牌都必须持之以恒去做的事情。任何传播活动都是有目的的，品牌传播的直接目的在于提高品牌的认知度和美誉度，终极目标则是不断提升品牌的无形价值。

在激烈的行业竞争中，打造强有力的品牌是企业赢得市场、站稳脚跟的重要手段。企业或商家必须通过自觉的品牌传播来实现与消费者的互动，从而使消费者了解产品、进行体验并做出评价。品牌的形成得益于企业与消费者之间的互动，互动只有通过品牌传播才能实现。互联网思维极大地契合了企业品牌传播以用户为核心、"传者——受者"互动为常态的特点。这种基于互联网思维的品牌传播正在颠覆传统产业的营销方式，使传统商业模式产生革命性的变化。

小米公司从某种程度上说也是一家互联网公司，其互联网思维更是深入骨髓，成为企业基因。小米在产品生产过程中利用互联网信息实时交互的特性，高效地与用户沟通，获取用户需求，指导设计生产，打造真正切合用户痛点的爆款产品。本报告将通过 4P 理论，分别从产品（product）、价格（price）、渠道（place）、促销（promotion）四个方面研究小米手机的品牌传播策略。

一　互联网思维下的小米手机营销组合策略

（一）小米手机的产品策略与表现

1. 以用户需求为指导，与用户联手打造软硬件爆款产品

小米并非一开始就是做手机的，而是做手机软件的。在开发小米的MIUI 安卓手机系统的时候，小米通过官方论坛与小米用户沟通，及时发现产品的问题和消费者需求，并及时迭代。这一点看似很简单，但是要真正做到和用户沟通且是持之以恒地和用户沟通就是一件很难的事情了。

为了把和用户沟通做到常态化，小米公司发起了橙色星期五的活动，每

周发布更新的系统，且让用户为其打分，评出最受欢迎的更新、最鸡肋的更新以及了解到最希望的更新。通过常态化地和用户沟通，小米在很大程度上解决了生产和消费信息不匹配的问题。

了解了用户的需求之后便是对产品的打造。小米以爆款产品的策略成功地从软件市场杀入手机市场。小米最初通过整个团队用尽全力开发出一款劲爆的产品吸引市场的注意力，而非开发多个产品覆盖更广的市场。小米 1 的发布便是爆点的开始。

2011 年 8 月小米手机正式发布，该款手机是国内首款双核 1.5G 主频的智能手机，号称全球主频最高。同时小米手机有 MIUI 定制系统，系统运行更加流畅，在线资源更加丰富，更新迭代更为及时。最具吸引力的还是小米 1 的定价——1999 元人民币。在当时同等配置的手机国内尚无太多的竞争者，国际上大牌三星、苹果定价都在 4000 元以上。1999 元的价格让米粉为之疯狂，也让国民看到了换一部高端机的希望。没有悬念，小米 1 发售后被抢购一空。当时准备发售的 60 万台供应量根本满足不了市场几百万的需求量，导致抢购成为常态，米粉甚至把抢购发展成为一场带有重要仪式的活动，抢到抢不到手机都会在社交媒体贡献一波巨大的 UGC 内容。

2. 多产品品牌开发，全方位覆盖消费市场

小米在前期利用小米系列手机产品，快速杀入手机市场，成功获得大量消费者认可。但是一款手机毕竟承载的内容有限，并不能满足中国这个复杂的手机消费市场。于是，小米还开发了小米 Note、小米 Mix、小米 Max 和红米四个产品品牌，全方位覆盖高中低端手机消费市场。

小米系列一直是其旗舰机型，是其全力打造的一款爆款产品，承担着高性价比的品牌展示任务，针对的是中高端的市场；红米系列配置相对来说要低很多，当然价格也相对低很多，主要针对的是低端市场；小米 Note 在配置和价格上都相对较高，主要针对中高端消费市场；小米 Mix 定价和配置非常高，旨在冲击高端手机市场。另外，小米还开发了小米 Max 这一款针对大屏需求的产品，覆盖了大屏长续航这一利基市场。

（二）小米手机的价格策略与表现

1. 低价策略快速收割用户

小米手机初创时期，手机市场上存在着如三星、苹果这样的"高配高价"产品，还有如酷派等国产安卓机和众多山寨机的"低配低价"产品。中国当时的智能手机市场存在一个"高配低价"的市场空白，而以互联网思维、"铁人三项"模式为支撑的小米手机，主要通过小米网建立了互联网软件和硬件销售渠道，干掉了中间商，使得贴着成本价售卖手机成为可能，可以最大限度降低成本。定价为1999元的小米旗舰手机，使当时绝大多数"手机发烧友"实现了兴趣和低价需求的双重满足。同等配置的低价策略使小米手机实现了首批用户的快速收割。

2. 差异化定价策略最大限度覆盖用户群体

小米第一款旗舰机小米1定价为1999元，奠定了小米手机在消费者心目中"高配低价"的品牌印象。随后几乎每年一款的小米旗舰机成为小米手机当中针对"中端用户"推出的产品，覆盖对手机消费价格定位在1999~2699元的消费者。

2013年，小米手机推出"红米系列"，主打低端市场，定价为699~999元，后来在电商平台上有营销活动时消费者可以以499元、599元的价格买到，红米手机针对的是对手机消费的价格定位在499~1000元的消费者。

从2015年开始，小米手机进一步丰富自己的子品牌，在"小米系列""红米系列"的基础上推出了针对大屏细分市场的中端手机"小米Max系列"，还推出了"小米Note""小米Mix"等针对不同细分市场的高端手机，其中"小米Note""小米Mix"主要覆盖的是手机市场当中消费能力较高的群体，价位为2299~4000元。

3. 以"用户"为中心进行定价，稳定并增加品牌接触点

小米的策略是稳定"米粉"，开拓"新用户"，以用户变化指导定价策略，进一步稳定和不断增加小米手机的用户。以"科技发烧友"为核心用

户时产品的定价是较低的，旗舰机的定价为 1999 元，而伴随着核心用户群体的变化和农村电商的迅猛发展，"中老年""三、四线城市网民""农村网民"也逐渐进入小米手机的用户范围，499 元、599 元、699 元、799 元……这样的价格使作为山寨机绞杀器的红米手机以其同价位配置中高、质量硬、品牌响等优势一炮而红。伴随着时间的推移、市场环境的变化、消费的升级等因素，小米手机又将"高端商务人士""年轻时尚白领""自拍达人"等用户纳入自身产品的用户群，这些用户相对于"科技发烧友""中老年""三、四线城市网民""农村网民"等群体，对于手机的价格并不会在意太多，反而更加在意手机的特性、品质，甚至以价格高低来判断手机好坏和品位高低，因此，主要面向商务、拍照、大屏等细分市场的手机以较高的价位吸引着不同需求的用户，在稳定"科技发烧友"和"米粉"群体的基础上，通过较高水平的差异化定价不断增加小米手机品牌的接触点。

（三）小米手机的渠道策略与表现

1. 高效的线上渠道，降低售价，助推品牌崛起

小米手机初创时期，采取了以成本价进行线上销售的渠道策略，利用减少中间商差价的策略优势，快速填补了"高配低价"的市场空白；利用自有网站小米网，通过去除中间商保证了以几近成本的价格销售手机；利用"高配低价"策略成功在一片手机红海市场中突围。尤其是"红米"系列低端手机，其一入市场就收获了市场的知名度和美誉度，红米系列手机也被消费者亲切地称为"山寨手机的绞杀器"。

小米手机为扩大销量和影响力，开始与电商平台合作，淘宝、天猫商城、苏宁易购、京东等具有代表性和影响力、用户基数较大的电商平台都成为小米手机的线上销售渠道。虽然相对于小米网的销售渠道来讲，通过这些渠道成本会有所提高，但依然具有线上销售的渠道优势，与线下销售相比，依然具有高效的特征，可以降低产品售价，并且入驻各大电商平台无疑为小米手机增加了与用户的接触点，同时还可以共享各大电商平台的用户资源与注意力。中期这样的渠道策略也在很大程度上推动着小米的持续发展。这个

阶段的小米网也依然是重要的销售渠道，此时的小米手机渠道可以称作全网销售渠道。

高效的线上销售渠道在小米手机发展的前期与中期都使得小米手机在同行业同配置手机当中保持较低的售价，"高配低价"策略依然占据优势，助推品牌发展成长。

2. 线下渠道布局较晚，错失三、四线换机潮，区域发力不平衡

2016 年是小米新零售的开局之年，"用自己的渠道把产品卖给自己的用户"，是雷军对线下布局的形容，这一年小米手机的渠道策略开始了颠覆性的开拓与扩张，其中最为典型的就是小米公司开始大规模快速开拓线下销售渠道；三条线下渠道布局。2016 年也是小米开始将用户定位由米粉向更大范围的消费者转变的重要节点。第一条线是 2016 年小米春季新品发布会提出把小米之家从服务店升级成零售店，2016 年 2 月 19 日，北京五彩城店试营业。第二条线是与苏宁易购和国美及迪信通等渠道商合作。2016 年 3 月 1 日小米 4S 手机发布，在渠道方面，小米与苏宁线下联合首发，在苏宁易购的 1200 个门店和 1400 个销售点一起发售，极大地扩大了与消费者的接触面。第三条线是与国内运营商合作，达成包销协议。2016 年 6 月 15 日，小米与中国联通宣布展开全渠道、全终端合作，双方预计，2016 年中国联通全渠道销售小米终端 1500 万台，小米品牌终端进驻联通营业厅不少于 1 万家。

小米基于电商提供了高性价比的产品，线上线下结合，让更多米粉在线下也可以感受小米手机，体验小米提供的服务。有了这个想法之后，小米开始在商场里试开小米之家，2016 年 12 月，小米之家销售体验店全国布局超过 50 家。在如今的小米线下渠道布局当中，一、二线城市近三百家小米之家，发力 80% 的线下手机市场，弥补线上体验性与即得性的缺失。三、四线城市开设了小米小店（线上服务）、专卖店与零售店三种渠道业态，提高了小米手机品牌在三、四线城市的认知度与知名度，实现小米手机渠道的下沉。

小米在 2016 年大力布局线下渠道，并计划在未来 5 年内继续扩张线下

店的规模，虽然单独看小米的渠道布局与渠道扩张并没有什么问题，但纵观自小米手机诞生之日至今的中国手机市场，我们不难发现，中国手机市场经历了两次大的换机潮，第一次是在 2013 年前后的"功能机换智能机的风潮"，小米手机不仅抓住了这个机遇，并且乘着"互联网的东风"一举俘获众多"发烧友"誓死追随之心，在很长一段时间内，小米手机依靠米粉的支持获得了长足发展。第二次是发生在 2015 年前后的"三、四线城市和县、乡市场的换机潮"，这一次，小米由于纯线上的销售模式而丧失良机，导致 2016 年小米手机销量下滑。

2016 年，OPPO 和 vivo 依靠线下渠道和明星代言横扫二、三线城市，出货量迎来年度大爆发，市场占有率大幅度提高，品牌形象逐渐树立。艾媒咨询分析师认为，国内中高端消费市场对智能手机的需求渐趋饱和，而三、四线低消费群体正值换机高峰，对智能机的需求普遍较高，市场空间较大。OPPO 和 vivo 正是将战略集中于三、四线城市，抓住了用户需求而赢得了市场。雷军说："2015～2016 年我们遇到两个困难，第一个困难是线上市场遭遇恶性竞争。当我们 450 亿美金估值出来以后，所有人都觉得自己也能干，只要烧钱就行了。所以在过去两年时间里，一些同行在手机市场赔的钱是天文数字。第二个困难是我们专注线上，但错过了县、乡市场的线下换机潮。"

因此，虽然小米手机在发展至今的中后期积极进行线下渠道布局，但依然难掩时间差的缺憾，错失了三、四线城市和县、乡市场的换机潮，导致区域发力不平衡，渠道策略影响了小米手机的发展。

3. 全渠道布局，增加品牌接触点，提升品牌体验

如今的小米手机销售渠道策略是：线上加线下新零售，国内与国际齐发力，强接触与重体验深度链接用户。这样的渠道策略不仅助推小米手机的销量重回国内前五，同时也为小米手机品牌的进一步发展奠定了坚实的基础。

从最初仅有小米商城，到在天猫、京东、苏宁易购等开设旗舰店，再到开设线下小米之家，在三、四线城市铺设线上小米小店以及线下专卖店与零售店，小米不断拓展品牌渠道版图，全渠道布局，不断增加品牌与用户的接

触点，扩大用户群体，目的都是为了最大限度降低销售成本，更好地提高销售效率，触达更多消费者，在增加接触点的基础上扩大销量。小米在互联网红利期抓住互联网这股东风全力布局线上市场，高效接触用户；在互联网下半场，线上红利逐渐散去，为了更好地触达消费者，互联网企业纷纷布局"新零售"，其目的也是增加与消费者和用户的接触点，进一步优化品牌接触点，提升品牌知名度。与此同时，小米利用线下店提升品牌体验，在增加品牌美誉度、忠诚度的基础上扩大销量，同时加强米粉对小米品牌的使用黏性。

除此之外，小米手机在国际销售渠道也风生水起，在印度市场获得销量冠军的 2017 年，小米又制定了 2018 年进军欧洲市场的渠道策略，在线上线下两个市场、国内国际两个空间的渠道布局下，小米手机进一步扩大了影响范围和销售范围。

二　小米手机的营销传播策略

（一）粉丝营销

互联网高效便捷的信息传输打破了生产和消费端信息不匹配的困境，促进了生产和消费互动。小米使用互联网通信工具，以低成本得到消费者的信息，实现了与消费者的顺畅沟通，同时小米也抓住互联网这一特性，把用户摆在重要的位置，让用户参与产品的开发设计、产品的测试迭代甚至产品的营销传播，最大限度释放用户的价值。

第一，通过 MIUI 论坛快速积累原始粉丝。小米的粉丝群体叫"米粉"，这个群体最早是一群手机发烧友，是小米公司在做 MIUI 系统的时候积累的最原始的一部分粉丝。当时，手机发烧友都有自己"刷包"的习惯，及时体验新系统带来的便利，具有动手能力的发烧友还会自己发布 ROM 系统包，在论坛上进行分享。

橙色星期五持续积累粉丝。MIUI 设计开发团队还在论坛和用户互动，收集用户反馈；系统定期于周五进行更新，同时用四格体验报告反馈更新体验。用户评价最高的更新项目的员工将获得一桶爆米花以及"大神"荣誉称号。这项活动一直延续到现在，通过 MIUI 系统积累了大量的粉丝，为后续小米品牌的产品延伸奠定了粉丝基础。

第二，线上线下沟通矩阵，持续进行粉丝运营。小米粉丝运营最重要的策略就是"顾客参与产品开发"，通过线上线下多渠道搜集用户信息，用以指导小米的产品开发设计，营造参与感。

小米的互联网团队开发模型，人数多达 10 万人。最中间的是 MIUI 最核心的 100 人开发团队，向外一层是 MIUI 论坛 1000 人的论坛荣誉开发组成员，再向外一层是 MIUI 论坛核心用户，最外层是 MIUI 论坛的所有用户。

这个模型只是小米和用户沟通的一角，小米还通过线上完善的社会化媒体矩阵实现和线上用户的即时沟通，其中包括微信公众号、微博、QQ 空间和论坛，还有最近兴起的淘宝微淘，利用各种短视频内容，继续向米粉传播品牌信息，并搜集米粉的需求。线上活动虽然具有时效性强的特点，但是缺乏线下活动的临场感。于是小米构建了包括爆米花、同城会、米粉节、开放日、橙色跑等多领域的线下活动矩阵，通过活动常态化的举办维持和强化米粉和小米之间的关系。

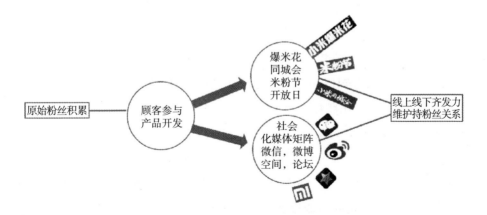

图 1　小米粉丝营销模式

2. CEO 营销

CEO 营销以打造企业家个人品牌为主要任务，通过个人品牌增强与用户的互动，同时利用消费者移情的特性，强化用户对产品品牌的好感度。小米公司成功塑造了雷军个人品牌，满足米粉对品牌的情感需求，增强米粉对品牌的忠诚度。

第一，正面积极的个人品牌包装定位。要想成功塑造一个知名的个人品牌，在各种传播活动之前，首先是个人品牌的定位。雷军本身就有许多可以挖掘的故事。他是两年就修完四年大学课程的学霸，是引领新国货运动的梦想者，是农民出身白手起家的企业家，是艰苦创业辛勤工作的劳模，同样也是活跃在二次元网站，网络综艺之中的网红歌手。

第二，符合定位的多场景个人品牌曝光。首先是发布会。小米的发布会就像一个电影的放映厅，现场布置十分简洁，舞台上只有一个黑色的幕布和一块 LED 屏。这部电影给观众展现了一个关于梦想与爱情的故事，讲述了雷军和小米公司为了这款产品付出的所有努力和爱，倾其所有只为了让这款产品更加完美，在影片的最后雷军代表整个小米公司许下了一个：希望让"每一个人都可以享受优质科技产品"的伟大愿望。在该影片中雷军身穿黑色 T 恤、蓝色的牛仔裤，给人一种轻松、自信、亲近的感觉。不难看出，整个发布会的过程都像极了苹果的发布会，雷军本人的穿着和演讲风格也和乔布斯神似，因此他也常常被冠以"雷布斯"之名。

其次是出书。白纸黑字具有天然的权威，出书也是非常有效的个人品牌包装手段。从 2012 年 12 月 1 日开始，包括武汉出版社出版的《雷军：人因梦想而伟大》，文汇出版社出的《雷军：你要相信你比想象中强大》以及中国法制出版社出版的、孙建华著的《雷军的谜：小米野蛮生长内幕》。

再次善用权威媒体，实现个人品牌传播背书。雷军及小米产品多次被央视晚 7 点的新闻联播播报，2013 年 10 月 1 日晚新闻联播播放了一段雷军给习近平总书记讲小米的商业模式及小米产品的视频，大约 5 秒钟；2013 年 11 月 3 日晚 7 点央视新闻联播又以"互联网思维带来了什么？"对小米公司进行了报道；2013 年 11 月 24 日雷军做客《对话》栏目《寻找硅谷 DNA》。

最后是通过社交媒体、网络综艺、视频网站增加曝光机会。雷军自己有微博号、微信公众号、大鱼号、头条号完整的社交媒体矩阵；他的鬼畜歌曲"ARE YOU OK"传唱在大江南北；他还亲自参加了网络综艺《奇葩说》，成功圈了一大波年轻粉丝。

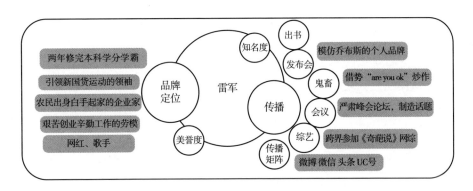

图 2　雷军个人品牌塑造

雷军个人品牌的塑造，增加了小米手机品牌的曝光和热度。小米手机品牌和雷军品牌已经紧密地联系在一起。雷军个人品牌知名度和美誉度的提高，能够显著提高小米手机品牌知名度和美誉度，进一步深化米粉对小米手机的品牌忠诚度。

3. 代言人营销

小米公司的互联网思维坚持的是以用户为中心的高效率与强交互，而这也体现在其代言人营销策略中。

2016 年 7 月，小米手机旗下的红米系列公布吴秀波、刘诗诗、刘昊然三位国民明星为其最新代言人。2016 年 10 月，小米最新款手机小米 Note 2 特邀梁朝伟为其代言人。2017 年小米手机全面更换代言人，选择吴亦凡为小米手机最新代言人。

首先，小米公司是以用户为中心去选择代言人。2016 年的红米系列，其产品用户为使用低价位平民款手机的三、四线城市年龄偏大的用户群，因此，小米手机选择深受此用户群青睐的吴秀波、刘诗诗、刘昊然三位国民明

星。而产品小米 note 2 的用户多为商业男士，因此，小米选择梁朝伟为其代言人。2017 年，小米公司通过市场分析以及大数据分析发现，"95 后"用户日益成为消费的主力军。在采用产品多样化策略的基础上，小米手机选择了年轻用户所喜爱的年轻一代偶像吴亦凡为其代言人。

其次，小米公司试图通过代言人本身的形象与粉丝基础快速提升手机销量。互联网思维下的小米公司强调高效战略，而正确的代言人营销，这种营销方式本身对于产品销量的提升，就是快速而直接的。代言人在用户心中的形象会附加到产品之中，例如，吴亦凡国际、高端、时尚的形象会附加到他使用的产品，也就是小米手机之上。此外，最重要的一点，代言人粉丝的购买力是最直接的销量来源。

最后，小米公司试图通过明星与粉丝之间的强交互，实现企业与用户之间的强交互。由于明星本身与其粉丝通过各种社会性媒介平台互动，有着很强的交互联络性。企业通过代言人这一中介，不只是将代言人粉丝转化成产品用户，并且搭载了代言人与粉丝强交互这一优势，实现与用户的强交互性。

4. 综艺营销

2017 年是小米手机多元化营销传播的元年，而综艺营销是其最重要的一环。2017 年第二季度，小米手机冠名爱奇艺热门网综"奇葩说"，2017 年第三季度，小米手机赞助爱奇艺热门的网综"中国有嘻哈"。

首先，根据用户关注度与好感度选择综艺。小米公司通过自身 MIUI 系统等系统背后的用户数据，深度了解用户喜好与触媒习惯，选择用户喜爱的综艺节目。例如，根据小米公司所提供的用户画像，当下小米手机的主要用户的特点中很重要的一点是理性、娱乐，这与"奇葩说"强调文化多元的综艺型辩论节目的用户定位契合。而代言人营销中，已经提到过的"年轻化用户""代言人粉丝群体"，这种特征与"中国有嘻哈"的用户相符。

其次，高效引流头部网综 IP 的巨大流量。"奇葩说"与"中国有嘻哈"作为当时各自时段最火的头部网综，具有巨大的关注度。小米手机通过冠名与赞助的形式，与之建立联系，并在节目开播过程中，通过全媒体围绕节目展开营销宣传的形式，想尽一切办法，将头部网综的巨大流量引流至小米手机本身。

最后，搭载头部网综 IP 的话题热度，实现小米手机与用户间的强交互。像"奇葩说""中国有嘻哈"这种头部综艺是自带话题性的，节目期间往往占据着微博热搜榜，各社会化媒介平台上，关于节目的讨论数量均不在少数。冠名或赞助这种综艺节目，除了增加品牌曝光度之外，小米手机也在努力地搭载。

5. 社会化媒体营销

社会化媒介营销是最能体现小米手机所坚持的互联网思维的一种营销方式。

首先，根据用户的触媒习惯选择合适的社会化媒介平台。小米手机利用自身 MIUI 系统 2.8 亿的用户数据，精准把握米粉的触媒习惯：在什么时间段，什么用户，选择什么媒介平台，进行什么活动。因此，小米手机在开展社会化媒体营销的过程中，第一步所做的就是利用自身数据，根据用户的触媒习惯，选择合适的社会化媒介平台。

其次，利用社会化媒介的实时互动，实现与用户的互动沟通。社会化媒介最重要的一个特征便是用户的高参与感与强交互性，小米公司采用社会化媒体营销，通过与用户的实时互动，实现了互联网思维下的互动沟通。

三　总结和建议

小米建立了一个属于它的商业帝国，通过手机这一窗口，我们可以窥探到小米这一商业生态的核心——互联网思维。在未来，随着消费进一步升级，新零售将为其开启新的篇章。

（一）坚持以用户为核心，提升产品质量和服务

拥有互联网思维的营销方式固然重要，要想让企业得到客户的认同、肯定和赞扬，最根本还是产品和服务的质量。作为厂商，必须从市场定位、产品研发，生产销售乃至售后服务整个价值链的各个环节，建立起"以用户

为中心"的企业文化，商业价值必须要建立在用户价值之上。小米手机在生产产品时，要注重产品的质量和售后服务，成立专门的质检部门，严格检查每一部出售的手机，完善手机的售后服务。同时，还要积极配合有关部门查处假冒授权的小米销售店，确保用户能够得到品质上乘的产品和服务。

（二）重视品牌价值观建设，设立品牌文化推广部门

随着技术的不断进步，企业若想在激烈的竞争中处于不败之地，必须重视品牌文化建设。品牌文化的建设不仅能够促进产品的销售，还能有利于延伸产品的推广，让消费者将品牌的知名度和联想向延伸产品迁移。同时，还能增强企业的吸引力，筹集资金，吸引合作者，得到产品所需的硬件供应商的积极支持和配合，保障企业供应链条的稳定。小米公司在未来发展中，应当重视公司品牌文化的建设，成立专门的品牌推广部门，形成科学高效的品牌体系，构筑独有的品牌文化和品牌生产。通过提升企业的品牌资产，以使品牌获得更多的忠诚者，减少竞争对营销活动的影响，减少营销危机的影响，同时可以获得较大的贸易合作和支持、增加品牌延伸的机会①。在出现负面新闻时，品牌推广部门可以运用专业的方法进行品牌危机管理，化解品牌危机，建立良好的信誉，多渠道地进行品牌传播。

（三）整合小米生态资源，发力线下市场

小米手机销售的线下渠道自 2016 年才开始布局，而此时的线下手机市场的渠道已经被 OPPO、VIVO、三星、苹果、华为等手机品牌占据，尤其是大中小城市当中每隔几条街就一定可以见到的 OPPO、VIVO、线下体验店，早已占据了大部分线下消费者的注意力和潜在消费心智。小米在这时进行新零售布局，去挤占线下手机市场的注意力，需要差异化的竞争优势，"小米生态"就是很好的切入口。因此，小米手机充分利用生态链产品打差异化牌之外，做到线上线下联动，有效地将线上资源向线下导流，协同发展。

---

① 阙娜：《新媒体环境下品牌传播的新理念》，《青年记者》2014 年第 1 期，第 82 页。

B.16
康师傅方便面品牌传播报告

摘　要：　消费分级时代，康师傅通过对消费者的洞察，在产品理念、营销模式、渠道推广方面皆采取了多样的创新举措。作为中国方便面行业的领军企业，面临同行、异行品牌的激烈竞争，康师傅从健康产品打造到全方位品牌传播的构建角度出发，铆足干劲欲突围行业困局，试图探索出一条方便面企业的转型之路，更励志于引领方便面行业从"垃圾食品"向"高端健康"生活方式的转型。

关键词：　行业转型　高端化　年轻化　健康化

英国调查公司欧睿发布 2019 全球快速消费品 100 大品牌榜单，康师傅位列榜单第 12 位，其品牌价值在 80~90 亿美元。[①] 一直以来，无论是一线都市的商超，还是偏僻小村的街头店铺，总能找到康师傅及其旗下产品，这也是康师傅能在食品行业常年稳居市场前列的重要原因。随着技术的迭代，消费者的更新，快消品行业的转型成为重要并且十分迫切的课题。梳理快消品行业巨头——康师傅的转型举措，对破局方便面行业乃至快消品市场的困境都有着重要的借鉴意义。

一　方便面行业进入转型"攻坚期"

2011 年起我国国内生产总值增长速度开始下滑，2015 年国内生产总值

[①] 《2019 全球快速消费品 100 大品牌榜单出炉：可口可乐位列榜首》，东方财富网，2019 年 4 月，http://finance.eastmoney.com/a/201904081090510639.html。

增长率为 6.9%，更是创 25 年新低，我国经济发展进入新常态。虽然国民经济仍运行在合理区间，但增长速度下滑依然为各行业带来一定的影响。以方便面行业为例，自 2011 年始持续四年出现产量负增长，尤其在 2015 年方便面产量增长率为 -8.54%（见图 1）。2016 年虽呈现回暖态势，但中国方便面企业长期发展中存在的诸多矛盾和挑战亦在经济下行压力下充分暴露，整个行业在不断萎缩。

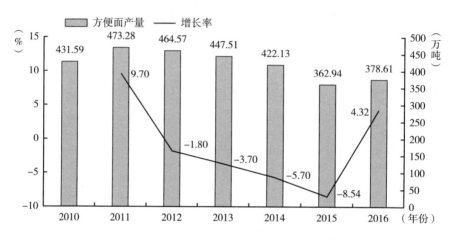

图 1　2010～2016 年方便面产量（万吨）及增长率

作为我国方便面行业巨头的康师傅，自 2013 年开始也出现了方便面营业额的下滑，且连续两年下降幅度不断变大。2014 年降幅达 -4.5%，2015 年降幅达 -12.7%[①]，情况不容乐观。

在 2015 年中国方便食品大会上，中国食品科学技术学会理事长孟素荷表示，全国方便面及其他方便食品制造行业利润增长率低于食品行业整体水平，销量连续四年下跌，行业发展陷入困局。面对方便面行业的"阵痛期"，品牌策略调整的势头加剧，不少方便面品牌纷纷进军高端市场，康师傅方便面也开启年轻化、高端化，安全化之路。

---

① 数据来源：根据康师傅 2013～2015 年度财务报告数据，由作者统计整理得到。

（一）同行竞争和异行入侵不断压缩方便面市场空间

1. 产品同质化严重，恶性竞争令行业陷困局

方便面行业的竞争者之间，产品结构相似，无论在口味、价格还是包装设计上都很类似。差异化营销成就了众多方便面新品牌，使康师傅部分产品错失市场先机。如五谷道场"非油炸"与康师傅方便面形成了明显的市场区隔；今麦郎"弹面"的新卖点与康师傅在产品上形成了差异化；统一"老坛酸菜牛肉面"与康师傅"红烧牛肉面"等产品在口味方面形成差异化。虽然能够利用其强大的销售网络，大范围分销新品，但错失市场先机仍会导致康师傅在消费者心目中无法拔得头筹。

面对激烈的行业竞争，2013年底，统一推出新升级版的"红烧牛肉面"，不仅加肉、加蛋，还以赠送火腿肠的方式进行宣传。康师傅随即宣战，其主席魏应州更明确表示，康师傅不会在老坛和卤肉系列方便面中停止送火腿肠的推广活动，直到市场占有率达到70%。

巨头之间的价格战在打击对手的同时，也损失了自身的利润。中国食品科学技术学会理事长孟素荷表示，过度竞争以及价格厮杀，失大于得，使行业价值下跌。价格比拼无赢家，面对市场需求的转变，"合作造饼"比"竞争分饼"更重要。品牌率先产品创新，率先发现并适应市场新需求，才能赢得更多市场。①

2. 替代商品迅速崛起，挤压方便面增长空间

速冻产品作为方便面主要的替代品类从2010年始不断增长，挤压了方便面行业发展空间。2010~2013年我国速冻米面食品增产率步步攀升，尤其在2013年增长率高达39.5%，超过同年方便面产量约125万吨。虽然在2014年速冻米面食品的产量出现下滑趋势，但仍超过同年方便面产量106万吨。

在消费者的印象中，速冻的低温速食产品在口味、营养健康等方面较方

---

① 《价格战比拼没有赢家，消费者对方便面失去信心》，中研网，2015年9月8日，http://www.chinairn.com/news/20150908/174928951.shtml。

便面更胜一筹。有很多白领人士表示，"一个月都难得吃一次方便面，去超市基本跳过方便面柜架""选择速冻产品较多，偶尔才吃方便面"。①

3. O2O 电商带动线上外卖市场爆发式增长，蚕食方便面市场

随着互联网的进一步发展，生鲜电商不断涌现，同时以饿了么、美团外卖等为代表的 O2O 平台高速发展，也对方便面行业带来了巨大的冲击。2016年中国互联网餐饮外卖市场规模高达到 1133.2 亿元人民币，占同期中国餐饮业总收入的 3.2%。从 2016 年全年来看，餐饮外卖市场保持稳定增长态势。

外卖 O2O 门槛低且功能强大，对消费者来说更为方便。除了能满足方便面带给消费者的饱腹、解馋和方便快捷之外，线上外卖能将更美味可口、更丰富、更优惠的饭菜送到消费者手中。同样的消费群体面对方便面和外卖时，外卖作为方便的、较为健康的饮食方式正在取代方便面这种在消费者印象中不健康的饮食方式。

互联网的快速发展对康师傅来说，既是挑战更是机遇。借助互联网优化僵硬的传统渠道，充分利用新型的营销模式，不墨守成规，康师傅便还会有逆转的空间。

（二）追求营养、健康的餐饮文化威胁固有方便面市场诉求

1. 中国方便面"不健康"的刻板印象深

我国的方便面被普遍定位为代餐食品，甚至有消费者认为吃方便面就是一种将就。在韩国和日本，方便面已经完全融入消费者的生活中，甚至可作为礼包而礼尚往来。我国不少消费者认为方便面不健康、热量高等，这些负面的刻板印象直接影响到方便面的销售。

2. "80后""90后"成消费群体的主力军，产品品质和新鲜感更具吸引力

"80 后"是中国互联网消费的中坚力量，但"90 后"的消费力正迎头赶上，线上人均消费持续走高，成为本轮消费升级的重要驱动力。对于

---

① 《曾经风靡大江南北的方便面为啥没人爱吃了？康师傅 20 年来第一次慌了》，2016 年 2 月 25 日，http://www.360doc.com/content/16/0225/01/30539091_537179828.shtml。

"贪吃爱玩"的美食消费者主力军"80后""90后"而言，食物的品质、口味或概念的新鲜感已经成为吸引他们的主要因素。

3. 消费者理念发生改变，追求营养、健康诉求的产品

2014年国务院颁布了《中国食物与营养发展纲要》，明确了营养健康事业的国家战略地位，并表明当前我国正处在经济社会发展的关键阶段，对食物的消费观念不再仅限于"吃得饱"，而逐步向"吃得好""吃得营养""吃得健康"转变。

随着生活节奏加速和生活水平的提高，消费者不单考虑食品的快捷性，更开始关注食品的健康、绿色、时尚等诸多因素。随着人们对健康的追求越来越强烈，消费者口味也从"重口味"刺激型转向清淡、清爽的健康口味，从追求调料的味道转变成吃食材本身的味道，一些天然健康清爽、清淡的菜品更加受年轻消费者欢迎。近两年轻食、简餐、素食餐厅很受欢迎，也说明了这种趋势正在快速扩展。

基于此，追求营养的方便面产品，摆脱方便面固有"不健康"的刻板印象成为行业大势所趋，方便面行业进入转型"攻坚期"。康师傅作为行业标杆企业开启了革新之旅。

二 康师傅洞察消费者变化，塑造"高端、年轻、健康"的品牌形象

康师傅为突破发展瓶颈，开始了品牌转型升级。第一，实施多价格带的产品策略，巩固高价面、发展高端面；第二，满足年轻消费者的偏好与需求，打造年轻化传播矩阵，让吃方便面成为年轻人的日常话题；第三，通过营销活动，不断构筑健康品牌形象。

（一）关注中产阶级崛起，巩固高端面市场

1. 推出多款新产品，抢占方便面高端市场

近年，各大方便面品牌纷纷推出新产品，抢占高端市场。康师傅对旗下

产品进行全面升级，在配料汤头和包装等多个方面进行全面提升，逐步带领方便面品类走出廉价的产品定位，同时满足消费者日益提升的对产品品质的需求。自2014年以来相继推出三款全新的高端产品系列——汤大师，珍料多和爱鲜大餐。汤大师主打汤底醇香，珍料多主打配料丰富、轻巧时尚，爱鲜大餐主打健康美味。三款产品的定价多在5元以上，康师傅通过提高新产品的竞争力来树立高端品牌形象。

以爱鲜大餐为例，在口味选择上，康师傅通过对上万名的消费者测试，筛选和打造出最受欢迎的四款精品口味，分别是"私房牛肉面""秘制辣牛肉面""上汤炖鸡面""精炖排骨面"；在技术上，康师傅提出了"非油炸蒸熟面"的概念，向消费者传达出健康美味的诉求理念；在包装上，康师傅也做了全新的升级，奶茶杯式封盖的便利设计和更加大气的外观，都在传递着爱鲜大餐高端的产品定位。

2. 联手时尚圈跨界营销，树立高端品牌调性

康师傅积极开展跨界营销，借助高端品牌声势打破消费者心中对方便面品牌低廉、难登大雅之堂的品牌印象，逐步建立起康师傅与高端形象的品牌联想。通过跨界营销，借助品牌双方内在特质的相关性，力求实现"1+1 > 2"的营销效果。

2015年7月，康师傅珍料多携手时尚杂志《伊周femina》于上海虹桥南丰城举办了"有型有料"跨界潮流盛宴，邀请了大量时尚圈人士，通过潮流巴士、时尚快闪、创意杯底作画评选等环节，将康师傅的品牌调性与时尚、潮流的元素紧密关联。2016年4月康师傅通过与奢侈品品牌PRADA合作，上线"最壕泡面送PRADA"微博活动，借助PRADA向消费者传递康师傅高端潮流的品牌调性。

（二）立足年轻受众的偏好和需求，打造年轻化传播矩阵

品牌环境随着时代变化而变化，原有消费群体老化和新一代消费群体爱好改变导致传统企业品牌竞争力逐渐下降。"品牌年轻化"成为广告主应对市场销量疲软，保持品牌长久知名度和影响力的重要手段。康师傅同样面临

品牌老化的问题。为了赢得"90后""00后"等年青一代消费者的喜爱，康师傅从2014年以来开始"逆生长"，通过接触年轻受众，满足其需求，扩大品牌覆盖率及影响力。

1. 精心布局年轻受众媒介接触点，社会化媒体成主要阵地

康师傅从2014年起，就积极在各大社会化媒体展开营销传播活动，将品牌与产品的信息传递给更多的目标年轻消费者群体。通过对康师傅近两年的营销传播活动整理，微博的话题互动传播是其最常用的媒体平台。不管是签约代言人，还是发布网络广告视频，甚至是举办线下活动，康师傅都会通过微博平台进行造势，制造话题扩大营销活动的传播力，并且从阅读量和互动量上看，都取得了不错的效果（见表1）。

表1 康师傅社会化媒体营销活动传播效果梳理

营销活动	效果
签约TFBOY做代言人	官方消息一推出，就引发了粉丝群的热烈反响，发布后4小时，阅读量超过2000万，4万以上的用户互动数，并荣登热门话题榜
广告片《一碗面的功夫》	腾讯视频播放量：3195万；微博热门话题"一碗面的功夫"阅读量：9146万，讨论：52万。广告门、界面等大流量专业网站均为其做同期案例宣传，阅读量双双破10万
微电影《辣味英雄传》	短短两个星期内，播放量高达：3亿次；微博热门话题：#辣味英雄传#阅读量：2.3亿，讨论：37.9万；陈赫微博配合宣传，点赞数过10万
《炒面套餐七生七世在一起》病毒视频	播放量：149万；魔性主题曲登录唱吧，复古卡拉OK风强行洗脑，微博用户自发转发视频及MV
《伊周》跨界时尚发布会	微博热门话题#有型有料#的阅读量：879万；讨论8.1万
康师傅宝宝英语教室	在2015年10月16~11月30日期间进行重点传播，截至11月12日，爱奇艺播放数达：2.1亿播放量

2. 关注年轻消费者偏好与需求，积极搭建娱乐营销矩阵

自2014年始，康师傅不断尝试与电影、电视剧、游戏、综艺等进行跨界合作，逐步构筑其娱乐营销矩阵。如与东方梦工厂《功夫熊猫3》品牌合作，联合打造《一碗面的功夫》广告片；联手《爱情公寓》拍摄《辣味英雄传》微电影；联合赞助东方卫视《中国梦之声》综艺栏目，启动放天灯

活动并以网络及终端扩大传播效益；签约人气偶像组合 TFBOY 做形象代言人，充分挖掘粉丝经济等。

除此之外，康师傅还充分抓住年轻消费者群体对娱乐性的追求，在广告传播、营销活动中注入娱乐元素。2015 年康师傅为推广新品炒面靓汤系列，制作《炒面靓汤重新在一起》病毒式视频，以极具恶搞与娱乐性的内容迎合年轻消费者喜好，引发关注与讨论；并借助视频中对影视剧经典桥段的重新演绎，引发了年轻消费者的情感共鸣和认同。2016 年，康师傅爱鲜大餐与英雄互娱《僵尸侠》深度合作，将爱鲜大餐拟人化，并作为游戏的角色与游戏情节有机融合，使年轻消费者实现在二次元世界体验爱鲜大餐"拯救健康"的光荣使命。

3. 借力体育营销和航天精神，构筑健康品牌形象

（1）借体育之活力破方便面"不健康"之形象，培养健康膳食，推行健康生活方式

长期以来，方便面都被贴上了"不健康"的标签，甚至是"不健康"生活方式的一个代表。康师傅借助体育赛事及体育运动员的健康活力展现出其品牌的"健康有力"。2016 年 8 月正值里约奥运会，康师傅在里约开了一个面馆，抓住"中国胃"吃不惯异国饮食的难题，为中国奥运代表团提供地道的中国食物。奥运会期间，多位中国运动员、教练以及媒体人士在微博上晒出食用康师傅方便面的照片，引发广泛关注与讨论。随后康师傅将"面馆式"体育营销延续到平昌冬奥会上，凭借地道的美食和温馨的服务体验吸引了大量外国游客、志愿者等。康师傅独辟蹊径的面馆营销借助奥运会的高关注度与运动员的明星效应实现品牌传播的最大化，借助体育运动员注重健康饮食的形象进而打破康师傅方便面"不健康"的形象。

康师傅还通过充分挖掘体育明星的价值，逐步建立起与消费者的情感联系。康师傅于 2006 年朱婷留洋时便与其开始合作，推出了"一路婷你"的安心陪伴计划，聘请专业厨师为朱婷在土耳其排球联赛征战期间提供饮食保障。康师傅借助朱婷的影响力与体育运动员的身份，透过朱婷在各种生活场景下对康师傅的提及和露出、喜爱与感谢，使康师傅的体育营销达到"润

物细无声"的传播效果。

康师傅通过服务马拉松赛事逐步培养起跑者健康膳食的习惯。康师傅在 2016～2017 年两年间，服务了包括北京马拉松、杭州马拉松、广州马拉松、重庆马拉松、兰州马拉松在内的多场国内最具影响力与知名度的马拉松赛事。并且在不同的马拉松赛事服务中采用不同的营销手段，让每一场马拉松都有不同的营销爆点。北京马拉松期间康师傅推出早安跑者计划，奥运冠军陈定在现场为跑友亲自冲泡；在长春马拉松赞助黑人选手领跑；在兰州马拉松赛赞助跑兔军团为跑友配速领航。不仅如此，从东京马拉松到纽约马拉松再到北极圈马拉松，康师傅护航中国跑者跑向全世界。[1] 康师傅通过服务马拉松赛事，一方面推行康师傅科学膳食的理念，促使康师傅方便面成为跑马的标配；另一方面通过比赛现场贴心周到的服务让百万跑者对康师傅建立情感认同，康师傅健康、安心的形象深入人心。

（2）携手航天精神驱动消费，借航天品质构筑健康形象

在信息爆炸的当下，各大消费品品牌都在不断探索自身的品牌建设之路，康师傅选择了一条航天品牌之路。自 2017 年 8 月，康师傅正式加入中国航天事业合作伙伴阵营；11 月，康师傅在天津举办了航天梦想嘉年华系列活动，将新落成的天津梦想探索乐园打造为航天科普教育阵地[2]；2018 年 10 月 22 日，康师傅在西安举办了一场航天科普展——航天精神中华行暨康师傅食品安全科普展。康师傅基于其在食品安全科普教育方面累积的经验和优势实现航天科普和食品安全科普的共同发展，并以此为企业社会责任注入更多内涵。

康师傅牵手航天，借助一场场公益性的科普展览，既是科普航天事业、展现航天精神，更是推动品牌文化、品牌价值与航天精神相融合。康师傅利用航天展览讲述着康师傅用航天精神去做好一碗面的故事。康师傅一方面是

---

① 陈曾义：《从北京马拉松到北极圈马拉松，康师傅一年服务百万跑者输出跑者膳食理念》，搜狐网，2018 年 1 月 22 日，https：//www.sohu.com/a/218262169_ 138481。

② 《迈入新 25 年，康师傅携手航天共筑中国梦》，2017 年 11 月 10 日，https：//www.sohu.com/a/203559830_ 162522。

将航天技术转化运用到方便面的生产管理中，例如高汤萃取技术、快速成型技术等。另一方面也引入了美国宇航局为宇航员提供食品的 HACCP 食品安全管理体系，设定了航天全程护航产品的安全和品质。在展览现场，康师傅通过高科技技术高度复原了方便面的生产流程，用互动体验的形式让参观者感受到"航天级"的产品品质。

康师傅借助科普展览向公众展现了其在应用航天技术方面取得的成效、对航天技术转化运用的努力与思考，使受众形成康师傅与航天品质的品牌联结，从而进一步提升康师傅方便面产品的健康、安全的品质形象。航天代表着自立自强、艰苦奋斗的民族精神，康师傅携手航天，试图利用航天精神来驱动消费者，用航天品质为康师傅的背书，助力康师傅向安全健康产品、高品质品牌迈进。

三 康师傅转型之路任重道远，品牌传播需持续加力

康师傅再定位后推出了一系列产品并搭配了不同的营销方式和销售渠道。其转型是否成功的直接衡量标准无疑是销售量和销售额。在康师傅确定新定位并尝试在营销传播活动上做出调整之后，2016 年第三季度康师傅市场占有率仅有 50.0%，是 2013～2016 年的最低水平，较最高占有率下跌 7.2 个百分点。同期统一市场占有率稳步提升至 21.4%。[①] 康师傅持续开展产品组合优化与升级，2018 年康师傅第一季度方便面销售额同比上涨 8.55%，但康师傅的市场占有率表现却不尽如人意，市场占有率创下多年新低（见图 2）。

由此可见，虽然康师傅尝试推出主打"高端、年轻、健康"的产品，并配合了一系列的新型营销方式，但在市场占有率上仍然呈现出持续下滑的趋势，销售转化表现并不理想。究其原因有以下几点：

---

① 李春平、罗亦丹：《康师傅方便面销售额下滑　市值 5 年多缩水逾 900 亿港元》，2017 年 1 月 9 日，https：//finance. sina. com. cn/roll/2017 – 01 – 09/doc – ifxzkfvn0965134. shtml。

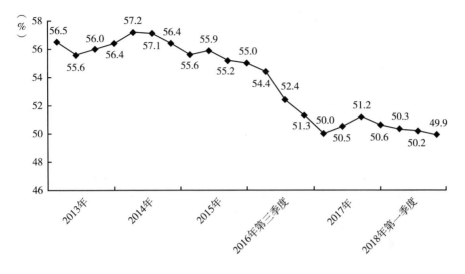

图2 康师傅控股方便面市场占有率

（一）消费者的产品认知与品牌诉求脱节，产品创新力有待加强

康师傅方便面，其品牌中"康"字是指健康，"师傅"二字也传递出具有亲切、责任感、专业化的内涵；其 logo 又十分敦厚可亲，热情张开双臂的形象为众多老一代消费者熟知和喜爱。传统的康师傅品牌形象依然保持着很高的知名度，但是随着细分品类的增加，消费者的选择多样，老品牌的影响力被不断削弱，年轻消费群体对于康师傅的品牌认知度和喜爱度有所下降。

1. 消费者的产品认知与品牌诉求脱节

针对消费者最喜爱的方便面品牌进行调查，中国传媒大学广告主研究所研究人员发现在 296 个样本量中，康师傅的好感度位居榜首，占据 52.4%（见图3）。由此可见康师傅作为传统方便面巨头，在拓宽方便面市场版图的征程中，赢得了半数消费者对其品牌的认知度和好感度。

虽然好感度极高，但消费者对于其品牌的诉求和印象仍然停留在其品牌传播策略调整前期的认知。在 273 个样本中，选择美味、实惠的形容词

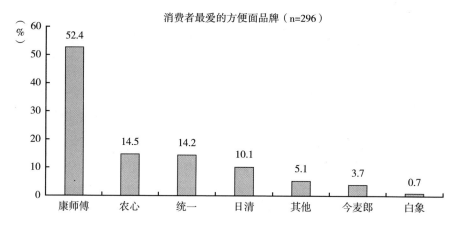

图3 消费者最爱的方便面品牌

的有 149 人，占 54.6%；而选择年轻化、健康形容词只有 27 人，仅占 9.9%。

消费者对康师傅方便面的传统印象依然根深蒂固，康师傅品牌转型以来的传播活动效果还有待进一步加强。根据消费者深度访谈的调研发现，消费者对于康师傅方便面品牌传播活动的认知度较高，但并未产生情感上的认同。正如某消费者所说："我了解康师傅最近的活动是想告诉我康师傅方便面变高端年轻了，但是仅仅通过这个活动并不能让我完全扭转对康师傅方便面的感觉。"

2. 产品创新力有待加强

康师傅在其定位转型后，先后推出了三款新产品——爱鲜大餐、真料多和汤大师。但在市场上已有同款商品占领先机。与"真料多"形成强烈竞争的是来自日清集团的"合味道"。两者产品诉求相同，"合味道"2016 年占据中国杯面市场约 60% 份额①。与"汤大师"形成激烈竞争的是统一集团的"汤达人"，两者产品均以"低汤纯香"为诉求点，但统一较早推出

---

① 赵晓娟：《方便面发明者日清在中国建杯面新工厂，迎合消费者高端需求》，界面新闻·商业，2016 年 6 月 23 日，http://www.jiemian.com/article/711206.html。

"汤达人"，并且经过一段时间的培育，产品已经逐渐得到消费者的认可，占据了消费者心目中"香浓好汤"方便面的定位。

可见，康师傅产品创新力度小。在消费者口味变化、消费升级的压力下，康师傅应对速度较慢。康师傅的产品创新多是在老品牌、老产品上进行升级优化，而在新产品的推出上，缺少对消费趋势的把握和反应，过多相信品牌的力量以致陷品牌于被动地位。因此康师傅须加大创新机制的研究与产品创新的投入，增强对消费趋势的洞察力和掌控力，把握消费者消费习惯、口味喜好等差异，针对不同的消费族群适时推出新产品。

（二）社交媒体运用自如，但品牌传播还需触及内心

康师傅方便面在营销活动中均会涉及社交化媒体的运用，并且取得了不错的效果，一方面拉近了消费者与品牌的距离；另一方面通过线上线下的打通，打造从曝光、落地跳转到支付的闭环购物体，实现品牌建设和商品交易的一站式服务，以此建立卓越的用户体验。以康师傅和康师傅红烧牛肉面官方微博为例，两者的粉丝数分别达 198 万和 197 万。尽管粉丝数不少，但每条常规微博中的粉丝互动数却为个位数，结合明星新闻的微博粉丝互动数仅仅过千。由此可见，康师傅较为注重短期活动所带来的效果，对于长期的品牌自媒体建设和运营缺乏足够的认知和重视，其运营水平也有待提升。

作为康师傅方便面最大的竞争对手，统一方便面于 2015 年在社交媒体推出了品牌形象宣传系列微电影——"小时光面馆"。广告片以小时光面馆老板为第一人称向观众讲述了发生在面馆顾客身上的故事，或是开心、悲伤甚至意想不到。统一"用心做好每一份面，以心情调味"的品牌形象因此深入消费者内心。此系列微电影三个月内就在 YouTube 上获得了超过 870 万的浏览量，促使销售额增长了 37%。[①] 由此可见，促进销售不仅可以从推广产品入手，品牌自身的树立和价值观传播也十分重要。

---

① 《统一小时光面馆，品牌 IP 塑造之路》，2018 年 12 月 31 日，http://www.360doc.com/content/18/1213/11/40105776_801497701.shtml。

如今，市场早已变为买方市场，产能过剩倒逼广告主的营销传播更加趋向个体化、个性化。而品牌文化和故事是吸引、打动消费者，为其留下记忆、传递情感的最好方式。企业需要文化推广，人与人之间也需要充满情感的故事来维系。

四 基于消费者的全面创新是行业转型之良药

在经济下行、方便面行业不断萎缩的压力下，康师傅方便面在逆境中砥砺前行，提出"高端、年轻、健康"的诉求后，不断进行产品升级和组合优化，努力创新营销模式和传播手段。在经历了2015年、2016年方便面市场的低潮期，方便面市场呈现出回暖之势。但由于康师傅大众廉价的品牌形象过于根深蒂固，因此想要传递新"三化"理念——高端化、年轻化、健康化，展现出自己的品牌态度，实现品牌的逆生长仍然任重道远。

消费升级带来健康消费理念的提出，加之消费者对方便面长期以来存有"不健康"的刻板印象，因此尽管康师傅在市场教育上取得了一定的成绩，但对整个消费市场而言，方便面的消费者教育还有较长一段路要走。全球化竞争格局下，在没有市场的地方创造市场从而教育消费者向品牌靠拢已经是全球品牌的共识，基于消费者的全面创新才是行业转型之良药。作为方便面市场的领军者，康师傅应带领方便面行业基于消费者进行多方位的创新，包括产品创新、媒介创新、营销模式创新等方面，如通过加大创新投入，不断优化升级产品、不断通过创新营销活动或公益行为来强化自身的健康的形象，努力为行业树立最好的品牌示范——与市场环境一同迭代。

B.17
故宫文创品牌营销传播报告

摘　要： 作为一个拥有近600年历史的文化符号，故宫拥有众多皇宫建筑群、文物古迹，成为中国传统文化的典型象征。随着文化创意产业的发展，故宫也变身成为"网红"，通过故宫文创产品将历史珍品通过艺术衍生品的形式进行开发和传播，不仅打出"来自故宫的礼物"这一概念，还让艺术衍生品进入了2.0时代①。本报告以故宫博物院文化创意产品为基点，从夯实产品基础、打造多元渠道、借助新势力传播等方面剖析其营销脉络，探究其背后成功的原因，并总结出其内部组织架构复杂、产品体系聚合力不足等问题，以期为故宫文创乃至文化创意产业的发展提供科学参考。

关键词： 故宫文创　品牌传播　文创2.0时代

文化创意产业在我国推行多年，由于缺乏丰富的资金支持和有组织的管理机构，很难形成一条持续的产业链。其中，故宫文创的成功称得上可借鉴的典范。文创产品，即文化创意产品，是一种文化产品，一般是指传播思想、符号和生活方式的消费品。② 博物馆的文创产品可谓是将器物蕴含的文化因子，透过"创意"寻求一个新的表达方式。"创意"的目的是通过对这

---

① 1.0时代指的是简单将作品印在T恤、茶杯、鼠标垫等上的形式，2.0时代指的是基于藏品本身多维度展示、开发的新传播形式。

② 国家文物局博物馆与社会文物司编《新形势下博物馆工作实践与思考》，文物出版社，2010，第299页。

些文化因素的提取和转化，生产出现代人喜欢并且愿意花费成本购买的文化产品和服务。① 博物馆文创产品既是历史文化的载体，也是文物资源的重要展示形态和传播手段，更是博物馆社会教育功能的延展。因此，文创产品的发展越来越受到各大博物馆的重视。

早在 1952 年，故宫就设置了专门的部门负责此项工作。在 2008 年，故宫博物院正式成立了故宫文化创意中心，发力文化产业，但却囿于严肃正经的文化背景，其所打造出来的产品既显高冷又缺乏新意，因而并未激起水花。而台北故宫文创的火热，为故宫博物院点燃了创意的火花。2013 年 8 月，故宫博物院第一次面向公众征集文创作品，举办了一次盛大的以"把故宫带回家"为主题的文创设计大赛。此后，故宫文创便逐渐跳脱出严肃古板之态，用更接地气的创意方式将故宫文化带到消费者的身边。从朝珠耳机到萌萌哒的雍正爷再到各式各样的胶带以及化妆品，故宫文创产品覆盖面越发广泛，市场表现也越发突出。故宫文创的收入从 2013 年的 6 亿元，增长到 2017 年的 15 亿元②。

故宫文创取得如此成绩的背后与故宫持续不断的产品创新与消费者洞察密切相关，也离不开故宫文创别具一格的营销传播活动。

一 国家政策、消费升级，利好博物馆文创市场发展

近年来，国家加大对文化产业的扶持和保护，鼓励博物馆文创开发。2013 年底中央便提出要系统梳理传统文化资源，让收藏在禁宫里的文物、书写在古籍里的文字活起来。2015 年 3 月颁布《博物馆条例》，明确指出博物馆可以从事商业经营活动，鼓励博物馆多渠道筹措资金促进自身发展，为博物馆发展文创产业的合法性提供了制度保障。接着，2016 年 3 月国务院

---

① 〔美〕尼尔·科特勒、菲利普·科特勒著《博物馆战略与市场营销》，潘守勇等译，北京燕山出版社，2006。
② 《故宫 2017 年文创收入 15 亿，超过 1500 家 A 股公司》，百家号，2019 年 2 月 19 日，https：//baijiahao. baidu. com/s? id = 1625849225249049905&wfr = spider&for = pc。

印发《关于进一步加强文物工作的指导意见》、2016 年 5 月四部委联合发布《关于推动文化文物单位文化创意产品开发的若干意见》、2017 年 2 月国家文物局发布《国家文物事业发展"十三五"规划》，均明确指出要大力发展文博创意产业，打造文化创意品牌。国家密集出台的扶持政策为博物馆文创产品的开发提供了制度保障，也强烈刺激了国内文创市场的活跃度。

此外，国民文娱消费提高，文化产业及文创产品发展的经济基础良好。随着我国社会生活水平的提高，我国消费者在文教、娱乐等领域的消费支出呈现上涨的趋势。根据国家统计局统计公报，2017 年我国居民人均教育文化娱乐的消费支出为 2086 元，占整体消费支出的 11.4%，比 2016 年上涨 0.2 个百分点。随着我国消费者物质性需求的不断满足，其对精神性消费的需求增加。消费者文娱消费的上涨为文创产品的消费带来极大的市场空间。

除此之外，从市场对文化类节目的投入及消费者的良好反馈来看，消费者对文化、对文博的关注度不断上升，也为博物馆文创发展奠定了良好的文化土壤。加之数字技术的发展，也为博物馆文创的开发和传播带来了新的机遇，博物馆文创开发拥有良好的市场环境、社会环境和消费基础。

二 夯实产品基础，开发多元渠道，为故宫文创的发展奠定坚实基础

（一）多元化的产品开发满足消费者多样化的需求

经过多年的深耕细作，目前故宫博物院的文创主要有四大类型，一是基于故宫文化、文物故事等出版的电子或纸质品类，如"游戏书"《谜宫·如意琳琅图籍》《故宫日历》等；二是故宫馆藏精品的复制品或高仿品，如清明上河图高仿手卷、黄庭坚草书诸上座帖卷高仿手卷；三是基于文化符号所开发的各类生活用品、装饰品等，如"雍正御批"胶带、"冷宫"冰箱贴；四是基于故宫或故宫文物所开发的动漫、游戏、应用程序等衍生品，如故宫与腾讯动漫打造的《故宫回声》，《每日故宫》《胤禛美人图》《故宫陶瓷

馆》等 App。故宫文创的持续发展离不开其产品的持续开发，离不开故宫文创稳定的管理。

其一，管理严格化，保障故宫文创的高质量发展。故宫的文创产品主要由自己的研发设计团队出创意、出标准、出蓝图，合作单位完成设计开发生产环节。目前与故宫达成文化创意产品设计和加工的企业有 60 余家，根据合作时间及研发能力等因素分为三级，并且每年年底还会根据这一年为故宫提供文创产品的数量、质量、销售情况、文化传承等多维度进行评审，实行"末位淘汰制"①。完善的运行机制和严格的管理模式为故宫高质量的文创开发和产品的持续创新提供了良好的保障。

其二，产品设计平民化，开发贴近大众生活的故宫文创。2013 年故宫制定了一套围绕故宫 IP 开发的三要素原则，即"元素性、故事性、传承性"，简单来讲，就是要求故宫开发的文创产品须突出故宫的元素，要能讲出背后的故事与寓意且易于公众接受，需要以传播文化为出发点让故宫文化走近、走进现代人的生活。故宫文创在洞察消费者日常生活习惯的基础上，结合消费者所追捧的文化元素进行创造，开发出"朕知道了"胶带、"朕就是这样的汉子"折扇等系列文创产品。针对消费者猎奇、求异心理，创造性地运用故宫元素，推出了朝珠耳机、顶戴花翎防晒伞等形式新颖又兼具实用性的物品。故宫文创开发一直寻求故宫文化与消费者生活的结合，并努力以受众喜闻乐见的方式去表达文化、传播文化，实现"高冷"的藏品向"接地气"商品的转化。

其三，定位差异化，满足不同消费群体的消费需求（见表 1）。故宫文创在文化底蕴的基础上具备了更多的实用性，与消费者的生活紧密相关，涵盖生活用品、服装首饰、家居、文具等多个方面。但同时故宫文创也有着差异性的定位，针对不同的消费人群有不同风格的产品，对应不同的产品价格。故宫文创主要有"萌"和"雅"两类，"萌"类产品多具有呆萌、可爱的元

---

① 朱耘：《600 岁故宫也"卖萌" 文创产业链尚未打通》，《商学院》2017 年第 21 期，第 27 页。

素，整天感觉更具青春活力，定价亲民；而"雅"类产品传统文化的意蕴更
为浓厚，定价偏高。故宫文创通过差异性的定位满足不同人群的消费需求，
扩大故宫文创的影响范围，用不同风格的产品诠释别样的故宫文化。

表 1　故宫文创差异化定位　以故宫淘宝和故宫博物院文创旗舰店产品为例

	分类	价格（元人民币）	种类
故宫淘宝	故宫娃娃	15～99	手机座等小摆件
	生活潮品	0.8～1280	钥匙扣、冰箱贴、团扇等
	文房书籍	5～399	书签、收纳袋、便签等
	手帐周边	2～360	胶带、手账本、印章等
	宫廷饰品	10～860	香囊、随身镜、腕表等
	包袋服饰	3～450	T恤、眼罩、丝巾等
故宫官方旗舰店	天子童年	10～99	故宫猫、书包
	创意生活	8.8～15800	文具、手机壳、帆布袋等
	文房雅玩	35～1980	团扇、镇纸、书签等
	故宫笔记	36～168	笔记本
	紫禁服饰	29～5390	丝巾/围巾、配饰
	家具陈设	88～15980	风雅画饰，茶道香具
	国礼之选	399～26800	瓷像、馆藏高仿品等

资料来源：故宫淘宝及故宫博物院文创旗舰店网站。

（二）打造多元化销售渠道和销售形式，实现产品销售和文化体验并行

其一，故宫文创借助网站导流形成销售合力，不断加大线上布局，增强
与年轻消费群体的沟通（见表2）。2013年之后，故宫博物院文创产品开始
走红网络，文创产品的收入连年走高。2016年文创部线上产品销售额3000
余万元，2017年文创部总收入较2016年增长26.7%。[1] 故宫除了文创部，
还有其他部门做文创产品，因此目前故宫的网上销售渠道也较为多元，且均

---

[1] 《故宫博物院文创部2017线下收入近1亿元线上收入近5000万》，凤凰网财经，2018年1
月9日，https：//finance. ifeng. com/a/20180109/15917644_ 0. shtml。

有不错的销售成绩。故宫文创的线上销售渠道以淘宝、天猫为主，其中故宫博物院官方旗舰店以及故宫博物院出版旗舰店均设有文创购买板块，其链接均跳转至故宫博物院文创旗舰店，为其导流，形成合力。鉴于近年来微信小程序在品牌营销上所释放的巨大能量，故宫博物院在文创产品的营销传播上也开发了三个小程序来增强与年轻消费者的沟通，促进销售转化。例如2018 年故宫文创新品故宫口红便选择了微信小程序"故宫文化创意馆"首发，凭借小程序即看即分享、即看即买等优势推广其化妆品新品。

表 2　故宫文创线上销售渠道统计

平台	店铺名称	主要产品
天猫	故宫博物院官方旗舰店	售卖门票为主并提供部分文创购买链接
天猫	故宫博物院文创旗舰店	售卖创意生活用品,定价偏高,风格雅致
天猫	故宫博物院出版旗舰店	售卖故宫出版物
淘宝	故宫淘宝	售卖创意生活用品,定价偏低,萌系路线
京东/1 号店	故宫商城旗舰店	玩具、文具、家居、字画、吉祥物、随展作品等
自建网站	故宫商城	手机壳
小程序	故宫微店	售卖创意生活用品、雅室陈设、服饰、笔记本
小程序	故宫文化创意馆	售卖彩妆、茶具、围巾、钱包、摆件等

资料来源：根据淘宝网、京东、自建网站、小程序等数据整理。

其二，夯实线下渠道，产品销售和文化体验并行。除了发力线上渠道，故宫博物院对线下渠道的发展也十分注重。故宫博物院的线下销售主要有商店、随展馆和体验馆三类。商店与随展馆更侧重于销售，但其形式与内涵又有些许不同。商店主要用于售卖故宫文创产品或纪念品。而随展馆则是根据故宫博物院的展览主题而设置，售卖馆藏文物的高仿品，且通常以客户定制为主。故宫博物院抓住消费者参观故宫后要带走纪念品的心思，针对不同消费者打造出不同的产品销售模式。面向不能到故宫的消费者，故宫还在北京市内其他区域以及北京市外铺设线下店，如北京奥林匹克公园瞭望塔的故宫博物院精品文物馆、澳门艺术博物馆在其馆内与故宫合作开设的文创销售店等。

除此之外，故宫博物院为了进一步推广传统文化，还开设文创体验馆，通过集中性地观赏、亲手开发、VR 体验等形式感受文创产品背后的文化内涵，感受故宫文化的魅力。2015 年，故宫推出故宫博物院文化创意体验馆，包括丝绸馆、服饰馆、木艺馆、陶瓷馆等 8 间各具特色的展厅，集中展示和销售故宫博物院研发的各类文创产品。故宫文化创意体验馆可谓是故宫博物院"最后一个展厅"，是消费者对传统文化、故宫文化的集中体验平台。2016 年故宫开放的儿童体验馆，既为孩子们带来深入的知识讲解和趣味性的营地活动，还提供了动手制作文创产品的机会，以寓教于乐的形式推广传统文化。

为了能让故宫文化走进更多人的生活中，故宫 2018 年在北京三里屯推出了首家线下快闪店，故宫快闪店集中展示并销售故宫食品、朕的心意、故宫淘宝、故宫文化珠宝等。而将首次快闪店尝试设于三里屯，一方面其流量为故宫文创带来了不错的销售成绩，另一方面三里屯作为年轻群体聚集地，让更多年轻群体走近故宫文化、感受传统文化的魅力。

三　借助新媒体、新势力和新形式，赋予故宫文创新力量

（一）灵活运用社交媒体，塑造反差萌形象，拉近消费者距离

新媒体相较于传统媒体，其最大化地消弭了消费者与品牌之间的距离，品牌与消费者可以直接沟通互动。微信和微博作为两大社交媒体，在品牌传播上各有利弊。故宫文创便抓住微信和微博各自特色，通过活泼有趣的科普文、卖萌表情包以及个性化的语言展现出故宫文化的别样风趣，并通过与消费者积极互动，撒娇卖萌，走进了消费者的心。

故宫早在 2011 年便开始尝试用微博推广，2013 年开通故宫淘宝微信公众号，但内容多为科普或生硬的产品展示。2014 年 8 月故宫淘宝《雍正，感觉自己萌萌哒》一文走红网络，故宫开始以活泼的风格进入消费者视野，并赢得多数消费者的喜爱。此后，故宫淘宝"讲故事"的能力便不断精进，

通过对网络素材的组合拼贴，用活泼有趣的形式讲述历史人物故事、呈现文物介绍。如前期的《朕有个好爸爸》《都是倔强的男子》以及最近的《朕再不许别人说你土》等。既创造出了一张张生动有趣又极具标志性的表情包，又实现了文创产品的无缝植入，既拉近了历史与现实、文化与生活的距离，也塑造了故宫反差萌的形象。而故宫淘宝在微博上与粉丝的积极互动则是进一步增进了消费者与故宫文创的感情。故宫淘宝一方面积极转发评论消费者对故宫文创使用体验的微博，既是对故宫文创的背书式曝光，也为故宫文创发掘了新的使用方式，如用纸胶带贴出高级感的化妆品包装等；另一方面紧跟热点话题、熟练运用网络热词与消费者互动沟通。

故宫在推广文创产品时，通过创新内容形式打破了其严肃古板的形象，重新塑造了一个活泼有趣且消费者喜闻乐见的形象。并通过将历史人物动态化、表情包化，拉近了消费者与枯燥历史、严肃人物之间的距离；以极富趣味性和故事性的叙述，让消费者用轻松的方式了解历史、接触文化，实现了文创产品背后故事、背后文化的充分延展。

（二）借助"新势力"，扩大故宫文创传播声量，促进销售转化

在消费者注意力越发稀缺的信息时代，如何吸引消费者成为一大难题。借势营销不失为一个方法，借助这一"势"可以在短时间内聚集眼球，若能借好这一"势"可以实现"1 + 1 > 2"的营销效果。故宫博物院在其营销传播中也常常采用"借势"营销的手段，利用某一"势"适时推出新产品，利用"势"的影响力扩大故宫文创的传播声量和影响范围。

其一，故宫联手 KOL，利用明星效应带动文创销售。故宫不断尝试与KOL 或名人明星合作推出文创产品，一方面利用明星效应带货，另一方面也希望借助明星的影响带动故宫文化、传统文化在相应圈层中的影响力。如故宫与时尚博主黎贝卡合作推出文创产品"故宫·异想 2017 手账"，上线不足 4 小时，10000 册手账便销售告罄。2017 年，故宫携手无同设计和鹿晗工作室共同创意，推出"天禄琳琅"文具礼盒，利用鹿晗的名气提升传统文化在年轻人中的影响力。

其二，故宫联合各大品牌，打造网红文创产品，扩大传播声量。品牌与品牌的联合，可以有效聚集各方的优势资源。尤其是当品牌个性十足且风格迥异之时，更能吸引眼球。品牌联合避免了品牌单独作战的乏力感，通过品牌之间的碰撞，令营销活动充满趣味性，又能取得事半功倍的效果。如2016年故宫与手游《奇迹暖暖》合作，开设了故宫传统服务的专有板块，将故宫的精美服饰生动地展现在年轻消费者面前，一度成为网络热议话题。故宫与招商银行信用卡合作推出了定制款"奉招出行"的行李牌，有趣地将两个品牌内涵融合，并随着出境游，将故宫文创带出国门，将故宫文化也带往世界各地。故宫通过品牌联合打造出更加多元化的文创产品，并利用各自的品牌影响力将故宫文创的声量进一步扩大，也让故宫文化在品牌联合中得到丰富和延展。

其三，借助热点话题的能量，助力故宫文创的推广。热点话题具有高关注度与高知晓度，品牌借助热点话题有助于在短时间内获得大量曝光。故宫文创在借势营销上，一是借助话题热度，找到话题元素与故宫文化的契合点，多元化的开发文创产品。如随着《国家宝藏》大热，其中的《千里江山图》也被大众熟知与喜爱，消费者对于这类宝藏出周边的呼声也甚高。在这一势头下，故宫淘宝便陆续上架了以《千里江山图》的主题元素的手提袋、桌垫、便笺纸等，并和网易合作打造了以《千里江山图》为创作蓝本的解谜类游戏《绘真·妙笔千山》。

二是借助有关话题的热度直接带动销售。如2018年随着《延禧攻略》的热播，剧中的服饰等成为热议点之一，故宫文创凭借热议内容与其文创产品的相关性，适时推广。《延禧攻略》中娘娘的绒花在故宫淘宝中有同款，娘娘所使用的缂丝工艺的团扇与故宫博物院文创旗舰店的团扇十分相仿，引发了女性消费者纷纷购买。

（三）营销形式再创新，推出新式综艺营销，用文创为文化赋能

年轻族群是文化传承的核心基础，唯有让年轻人深入了解和喜爱中华文化，才能使其自发参与文化传承。因此故宫近年来，在与年轻族群的沟通上

花了不少工夫，例如借助新媒体平台与文创产品实现了形象的年轻化和亲民化，利用《我在故宫修文物》《国家宝藏》等内容实现了故宫文化内涵的延展与深化。

但对故宫而言这还不够。因此 2018 年，故宫联合北京卫视推出了一档文化季播节目《上新了·故宫》，引发广大关注。该节目从年轻人中来，到年轻人中去，以年轻人为源头，将文化知识点加工、发酵再输出传播到年轻受众中，采用"实地探索＋合理想象＋应用实践"的形式①，以"文化探秘"＋"文创运营"逻辑为核心，实现文化与人群的双向交互，展现文创的"前世今身"。《上新了·故宫》将传统文化解读与文创产品设计相结合，让观众在探秘、故事演绎、文化讲解中，感受故宫文创研发创意过程，感受文化的魅力，也刺激了消费者的购买欲。根据乾隆花园倦勤斋中的江南元素设计而成的美什件单日抢购达到 5000 套，结合乾隆时期的戏衣所设计的真丝睡衣，在淘宝众筹截至目前已超千万元，可见该节目对于故宫文创消费的带动力。《上新了·故宫》以文娱带文创，以文创反哺文娱，以商业化的文创形式为传统文化赋予了全新的能量。

四　故宫文创营销传播的问题与反思

（一）复杂架构、混乱管理将阻碍故宫文创发展，故宫需发展出适应市场的文创管理体系

故宫博物院在文创开发方面，对内成立了公共文化服务中心、经营管理处、故宫出版社和故宫文化传播公司等组织机构，专门从事文创工作的工作人员达到 150 多人，并且分布在文化创意产品策划、设计、生产、销售各个环节。对外故宫博物院投资了三家企业，两家显示注销，剩下的故宫博物院100% 持股的北京故宫文化服务中心便是最大的主力，而该公司又对外投资

---

① 艾蕊：《2018 文化综艺启示录，〈上新了·故宫〉用文创形式为传统文化赋能》，传媒官微信公众号，2018 年 12 月 1 日。

了 12 家企业分别处理不同的商业化内容。在对外合作上，故宫文创层面对外合作的窗口差不多有 7 ~ 8 个，并且在文创产品审核方面并没有统一的机构做处理。如此复杂的架构和人员分配以及对外窗口的不统一，可能成为故宫文创发展路上的一大隐忧。

2018 年出现的故宫口红之争，在一定程度上是"隐忧"的一种表现。口红之争的两位主角"故宫文创"和"故宫淘宝"，前者的经营主体是北京故宫文化传播有限公司，其出资人为故宫出版社；后者的经营主体是北京尚潮创意纪念品开发有限公司，由故宫文化服务中心授权开发。故宫文创管理体系的混乱致使同属于故宫文创但分属于不同部门管辖的平台在同一时间推出了相仿的故宫产品，上演了一场"皇家正统彩妆"身份的"嫡庶之争"，引发大量争议。尽管这一事件可能为故宫口红带来了一定的传播效应，但长此以往，"内斗"在促进竞争的同时也会加大故宫资源的消耗，有损故宫品牌形象。

（二）国内博物馆文创同质化，国外博物馆入局，故宫面临更大的创新压力

产品的不断发展创新是品牌发展延续的重要基础之一。对于文创产品、文创品牌而言亦是如此，在博物馆文化底蕴的基础上，如何把握不断变化的消费人群及消费市场，如何巧妙地将文化与市场需求相结合，无一不挑战品牌的创新能力。

其一，博物馆文创开发须坚守匠人之心，强化自身文化属性。首先，国内博物馆在文创开发上相较于国外博物馆发展较晚，还处于较为稚嫩的阶段，可以多向外界学习，但应避免抄袭行为，既失风范又损形象。例如在热议故宫口红时，有消费者怀疑故宫口红的包装盗取了此前网友用故宫贴纸贴化妆品的创意，而口红管又有模仿大牌的痕迹。故宫口红涉嫌抄袭引起广泛讨论并让消费者对文化底蕴深厚的故宫颇有微词。而在此前，故宫文创推出的"俏格格娃娃"被指出疑似抄袭国外某品牌，故宫文创停售下架。诚然，学习是必要的，但要避免抄袭。而如何真正摆脱抄袭之嫌，需要故宫文创打

造出中国文化特色的文创产品。其次，除抄袭外，产品质量上，故宫文创也遭消费者诟病。在销售平台的评论中差评、中评十分常见。而就在2018年推出的口红上市不足一月之际，故宫淘宝便因彩妆使用体验不够精细等原因宣布全线停产其系列彩妆。尽管这改正态度值得认可，但暴露出的却是产品推出前其工艺的不精细，其匠人之心的缺乏。因此不仅在需要在创新上继续探索与努力，在产品质量上也要配得上"故宫出品　必属精品"的名声。

其二，面对市场竞争，要加大创新力度，打造中国博物馆文创品牌。近年来，在政策利好和消费基础良好的环境下，各大博物馆纷纷开启了文创之路，文创产品不断涌现。但目前博物馆文创市场上，产品同质化现象严重，对馆藏文物的文化符号多为简单的复制粘贴和变形，造成千篇一律的胶带、钥匙扣、手账本等产品充斥着各家博物馆文创商店，地方性、特征性的设计还有待强化。同时随着大英博物馆等国外博物馆文创入局，打破了国内原有的市场格局。且大英博物馆在国内自其天猫店开业短短半月内，其数十种商品便卖断货。这一亮眼的成绩无疑也对国内博物馆造成了压力。因此在这一市场环境下，故宫博物院更应加大产品创新力度，输出强有力的中国博物馆文创品牌。

（三）散点太多成故宫文创开发难点，故宫需形成文创开发的生命力

故宫博物院拥有馆藏文物180余万件，丰富的馆藏文物可成为故宫文创开发源源不断的灵感来源。而这些数不胜数的文物既是故宫文创开发的潜在优势，但同时也成为故宫文创开发的难点。国内外文创开发较为成熟的博物馆，多选择从万千藏品中挑选出几件明星藏品来进行多元化的开发和打造，文物成为博物馆的代言人。例如大英博物馆以罗塞塔石碑为IP开发了60余种文化衍生品；台北故宫博物院以翠玉白菜为IP开发了200多个品种的文创。反观故宫，目前其文创开发较为零散，所开发的元素涉及历史人物、书画建筑、服饰等，让人感受到了各式各样的美与魅力，但却感受不到文物的张力、文化的贯通力。致使故宫尚未打造出一个真正意义上能代表故宫文化

的、具有代表性文物特征的文创产品。或许就像《神奈川冲浪里》之于美国大都会艺术博物馆，蒙娜丽莎之于卢浮宫，什么才能代表故宫呢？是万千文物？是紫禁城宫殿？还是一种匠人之心？这是故宫应该思考和寻觅的。若能觅得这样的代表便会给故宫文创产品注入真正的力量，让故宫文创真正具备文化上的穿透力。

（四）故宫文创在传播上应进一步丰富文化内涵

文创产品是博物馆展览功能和教育功能的延展，是实现将文化遗存与当代人的生活、审美、需求对接，让消费者"把博物馆带回家"的一种方式。因此文创产品不是简单的商品，文创的消费不仅是商品的消费，文创产品要对人的价值审美取向有引导作用，文创的消费要达到对文化的"消费"。因此故宫文创在开展营销传播时，不应仅停留在吸引消费者、刺激消费者购买这一层面上。不可否认，卖萌是一种让消费者了解故宫的有效手段，故宫文创通过萌化、平民化的策略拉近了高冷故宫与普通消费群体的距离，但卖萌不应是故宫文创的最终目的与长期手段。2018 年故宫推出的角楼咖啡馆、《上新了·故宫》等新的营销传播手段，均是营销传播层面上新的尝试与探索，它弱化了文创的"萌"与"实"，强调了文创的"精"与"美"。2017年单霁翔院长给故宫文创定下的两个新目标之一是"从馆舍天地到大千世界"，对文创产品开发及其营销传播提出了新的要求与内涵，即营销传播上也要注重大千世界之美的打造，注重大千世界蕴含的文化与意义的输出，进一步提升故宫文创的品牌品质。

Abstract

This book is the No. 9 of Blue Book of Advertisers. As an empirical research report on the systematic investigation of Chinese advertisers' marketing activities, the Blue Book of Advertisers is a collection of core findings of Advertising Research Institute of Communication University of China, which always draws attention of the industry and academic circles.

The Blue Book of Advertisers is led by Professor HUANG Shengmin, a well-known advertising expert, Dr. DU Guoqing and Dr. CHEN Yi, and is written by the research team of Advertiser Research Institute. The book focuses on advertiser marketing communication activities, from the perspectives of new media marketing communication operation, media strategy, industry research, and communication case, to understand and grasp the characteristics and trends of advertisers' marketing communication activities.

The leading report of the book is advertisers' marketing communication research, which provides insights and analysis on marketing communication operation of advertisers in various industries and hot fields. Compared with previous Blue Book of Advertisers, this book, focusing on the depth mining (strategic) and delicate performance (tactical) and having a more three-dimensional structure and richer layer, is the master of the leading edge and trend of the advertiser research field.

This book provides forward-looking perspectives, detailed cases and accurate data for professionals in the fields of marketing communication, advertising communication, public relations, which can help to better understand the trend of Chinese advertisers' marketing communication.

Contents

I　General Report

Abstract: There is still huge downward pressure on China's macro-economy from 2016 to 2018, and the advertising market, as a weather vane and barometer of the economy, is also under great pressure. From 2016 to 2018, the proportion of advertisers' marketing promotion expenses to sales has been running at a low level. In this context, how can advertisers' marketing communications break the game? Since 2018, advertisers' marketing concepts, basic marketing strategies, and media strategies have all undergone new changes, and advertisers have been innovating under pressure. Looking into the future, advertisers will focus on technology and data, brand upgrades and globalization, and cooperation models.

Keywords: Advertiser; Marketing Communication; Consumer Market

II　Sub-reports

Key Research

Abstract: The rapid development of the mobile Internet in 2016 −2018 has profoundly affected the consumer and communication fields. Advertisers have

connected online and offline data and gradually realized the digitization of consumer life trajectories. In this context, advertisers have realized datacization and intelligence in three dimensions: communication channel, communication form, and communication content. They optimize the consumer experience and upgrade the accuracy of advertising and the accuracy of effect evaluation. Specifically, advertisers rely on the three major marketing communication platforms of social, video and e-commerce to create an immersive experience, build new connections, and trigger user sharing through native and scene-based communication. In the future, advertisers will usher in the era of intelligent marketing; Chinese advertisers will face challenges such as value-added products and services, brand upgrades and global marketing; under the environment of accelerated technology iteration, new concepts emerging, and more generalized media, advertisers need to clarify the nature of communication , To welcome new transformations and models in cooperation with marketing communication service providers.

Keywords: Marketing Platform; Native Communication; Scene Communication; Marketing Trend

B. 3　Three Research on Advertisers' Views and
　　　Three Hot Spots　　　　　　　　　　　　　　　／050

Abstract: Facing the new situation of economic and social communication, advertisers are constantly adjusting in the process of marketing communication. At the level of marketing communication tools and methods, advertisers are faced with the choice between single choice and multiple choices, soft and hard, and at the level of marketing goals and effects, advertisers continue to balance between chasing and adhering, technology and creativity, precision and scale , And then formed a diverse and complex advertising concept.

Keywords: Advertising Concept; Media Portfolio; Advertising Creative; Precision Advertising

Abstract: With the widespread and in-depth development of digital media represented by the Internet in Chinese society, digital media for advertisers is experiencing a shift from digital marketing at the tool level to digital commerce at the strategic level. This kind of special promotion promotes its upgrading at the level of media operation, and digital marketing communication is placed with more strategic expectations. In terms of the choice of digital marketing platform, the selection of communication content and the use of access paths, the new features of more equal communication and value co-creation are presented.

Keywords: Digital Marketing; Digital Strategy; Value Co-creation

Industry Analysis

Abstract: Advertising is a barometer and weathervane of the economy. Under the new normal of economy, enterprises in various industries are actively adapting and adjusting to the new situation and new consumer markets. Advertisers' marketing communications and advertising strategies have also changed accordingly. This report selects five representative industries, including real property, automobiles, pharmaceuticals and dietary supplements, fast-moving consumer goods (FMCG), and finance, to outline the new characteristics of industry competition and new strategies of marketing communications.

Keywords: Industry Trend; Marketing Communication; Advertising

B. 6   Research on Automobile Advertisers' Marketing

Communication Activities   / 101

Abstract: Subject to changes in the macro economy and consumers, the automobile industry in China has faced a normal single-digit growth since 2015. The average double-digit growth in the past five years and even ten years has become history. Although at the end of 2015, the automobile industry in China was able to complete the final contrarian growth of production and sales under the economic downturn, it became an irreversible fact that the automobile industry in China entered a low-growth stage. Accompanied by the slowdown of the overall development speed of the automotive industry is the Internet development trend of automobiles. Innovations in technological means have intensified competition among automakers. As the mainstream consumers change in age, the personalized user needs of younger consumer groups have also led advertisers to create humanized marketing solutions centered around consumer needs and focusing on consumer experience.

Keywords: Consumers Regenerative; Product Innovation; Communication Strategy

B. 7   Research on Marketing Communication

Activities of Kitchen Appliance Industry   / 118

Abstract: The development of the home appliance industry has entered a mature period, and low-speed growth has become the norm in the market. However, the kitchen appliance sub-category has maintained relatively high market growth. The kitchen appliance industry is facing the changing trend of the young consumption market, consumption upgrade, and online consumption. Changes in the consumer market have driven kitchen appliances companies to upgrade in three areas: product innovation, sales channels, and brand communications. In the future, the concentration of kitchen appliance brands will further increase, market space is expected, channels will be further integrated and flattened, and products will be further deepened in the direction of intelligence.

Keywords: Product Intell; gence; Channel Fusion; High-end Brand

Abstract: In recent years, with the rapid popularization of the mobile Internet, technology empowerment, and consumption upgrades, building retail banks has become a common consensus among joint-stock commercial banks. In the transition to retail banks, product and process reengineering is the foundation. Various bank advertisers adjust their advertising budgets: Advertising of corporate image has gradually decreased, and advertisements for products and services have gradually increased. Advertisers pay more attention to "innovation spirit" and "service concept" in the communication. At the same time, pay more attention to communication with consumers, soliciting retail users with "professional", "service" and "discount".

Keywords: Retail Bank; Rebranding; Precision Marketing; Experiential Marketing

Communication Strategy

Abstract: Fitness and Sports competitions have got more and more attention nationally. Since the start of the Rio 2016 Olympic Games, the "Sports Marketing" has begun. A series of sports events, including the 2018 World Cup in

Russia, the 2020 Tokyo Olympics and the 2022 Beijing Winter Olympics, have all increased the popularity of sports marketing. Therefore, brand advertisers are also increasing the layout of the sports communication matrix. This article has conducted research by selecting some advertisers' sports events marketing and found that: Advertisers believe that sports event marketing is a "coexisting marketing effect and challenge" communication method. This research analyzes the selection strategies of advertisers in sports marketing operations and summarizes the marketing strategies of advertisers in sports marketing from three levels: strategic level, project level, and event level. Finally, it puts forward suggestions on advertisers' future sports marketing.

Keywords: Sports Marketing; Communication Strategy; Advertiser

B. 10 Research on Advertiser's Cross-platform Video Marketing Communication / 164

Abstract: The development of the mobile Internet and changes in consumers have brought about the advent of the era of cross-platform video, and the advent of the era of cross-platform video marketing communications for advertisers. With the advancement of advertising technology and the rapid development of the mobile Internet, advertisers' cross-platform video marketing communications have also shown a programmatic, mobile and cross-screen development trend. It is worth noting that in this type of marketing communication, advertisers also need to take a rational view of this well-developed form of media communication to avoid the misuse of cross-platform video marketing communication.

Keywords: Big Scree Video; Programming Trading; Mobility; Cross-screen

B. 11 Research on Advertisers' OTT Advertising Operation Strategy / 185

Abstract: With the increase in the number of OTT users, as an innovative form of large TV screens, some advertisers have begun to try to place OTT advertisements. Based on survey data from advertiser, this article analyzes the concepts and strategies of leading advertisers using OTT advertising.

Keywords: OTT Advertisement; Multi-screen Interactive; Family Scene

Case Study

Abstract: China's auto industry entered a mature period of low growth in 2015. Mercedes-Benz still showed strong growth in this environment, and won the luxury car sales championship in 2017. Behind this achievement of Mercedes-Benz is inseparable from its efforts in brand marketing and brand communication. On the one hand, Mercedes-Benz has deepened its product layout, optimized sales channels, and upgraded service experience to lay a solid foundation for its sales growth; on the other hand, it has reshaped consumers' brand awareness of Mercedes-Benz and established emotional bonds by means of innovating consumer experience platforms, exploring Chinese culture, and binding high-quality content. Although Mercedes-Benz has achieved good results at this stage, it is still on the road in the face of the speeding up of the "Four new trends"

Keywords: Product Upgrade; Cultural Experience; Emotional Connection

Abstract: As a well-known jewelry brand that has always led the industry's entertainment marketing tactics, I Do has been awarded the "Best Entertainment Marketing Case" in the "ENAwards" issued by Endata, the top authority in China's

entertainment industry, for four consecutive years since 2010, and won the "Annual Influential Fashion Event" award in the "2014 China Fashion Power" released by The Beijing News. In 2015, I Do began to use the new products of the Memorial Day series as an entry point to deeply lay out the emotional market after marriage, while entertainment marketing as the core marketing strategy of the brand has been consistent, and achieved a new leap under the guidance of brand strategy upgrade. This article starts with I Do's positioning, product, and channel upgrades, and combines the in-depth promotion of marketing strategies to discuss the changes and upgrades of its entertainment marketing strategy, and proposes relevant reflections.

Keywords: Diamond Jewelry; Entertainment Marketing; Strategy Upgrading

B. 14 Research on Marie Dalgar Brand Marketing Communication

Abstract: In recent years, the size of the Chinese Cosmetics market has continued to increase. As an important force of domestic cosmetics, Mary Dalgar has taken a different path from any international brand in terms of product creation and marketing. There are no famous celebrity spokespersons, and no huge advertising investment. How to better communicate with consumers and create links with more "people" is what Mary Dalgar values most. In addition to the demands for product functions, what new consumers need more is the resonance of values.

Keywords: Makeup; Content Marketing; Crossover Marketing; Strategy Upgrading

B. 15 Research on Xiaomi Mobile Phone Brand Communication Strategy

Abstract: Xiaomi was established in April 2010, and is a mobile Internet company focusing on independent research and development of smart products. On August 16, 2011, Xiaomi's mobile phone was officially released. On October 30, 2014, Xiaomi has surpassed Lenovo and LG to become the third largest smartphone manufacturer in the world, after Apple and Samsung. Xiaomi's mobile phone adheres to the design concept of "born for fever", researches and develops products based on massive big data analysis, uses social media to integrate marketing, builds fan culture, and opens up new paths for brand communication under the Internet thinking.

Keywords: Xiaomi; Brand Strategy; Fan Culture

B. 16 Research on Master Kong Instant Noodle Brand

Communication

Abstract: According to statistics from the World Instant Noodle Association, of the 97.7 billion instant noodles consumed in the world in 2015, the Chinese alone consumed 40.43 billion servings, ranking first, the sum of the needs of the eight countries behind it. Serving as Chinese instant noodles, Master Kong, a leading company in the industry, naturally contributed. In the age of consumption classification, Master Kong has adopted various innovative measures in terms of product ideas, marketing models, and channel promotion through insights into consumers. Facing fierce competition from peers and different brands, Master Kong started from the perspective of building health products to build a full range of brand communication, and was eager to break through the dilemma of the industry, trying to explore a transformation path for instant noodle companies. In addition, it is more committed to leading the instant noodle industry's transformation from "junk food" to "high-end healthy" lifestyle.

Keywords: Convenient Food; High Grade; Regenerative; Healthified

B. 17 Research on Brand Marketing Communication of

Cultural and Creative Products of the Palace Museum   / 265

Abstract: As a cultural symbol with a history of nearly 600 years, the Forbidden City has many palace buildings, cultural relics, and historical sites, which has become a typical symbol of traditional Chinese culture. With the profound development of the cultural and creative industries, the Forbidden City has also become an "Internet celebrity." Through the cultural and creative products of the Forbidden City, historical treasures were developed and disseminated in the form of art derivatives, not only show the concept of "gifts from the Forbidden City," but also leading art derivatives to enter the 2. 0 era. Based on the cultural and creative products of the Palace Museum, this article analyzes its marketing context from the aspects of consolidating the product foundation, creating multiple channels, and spreading with new forces, and explores the reasons behind its success. Combined with the current stage of marketing communication, this article summarizes the problems of complex internal organizational structure and insufficient aggregation of product systems, with a view to providing scientific references for the development of the cultural and creative products of the Palace Museum and the cultural and creative industries.

Keywords: Cultural and Creative Products of the Palace Museum; Brand Communication; Cultural and Creative Product 2. 0

皮 书

智库报告的主要形式
同一主题智库报告的聚合

✦ 皮书定义 ✦

皮书是对中国与世界发展状况和热点问题进行年度监测，以专业的角度、专家的视野和实证研究方法，针对某一领域或区域现状与发展态势展开分析和预测，具备前沿性、原创性、实证性、连续性、时效性等特点的公开出版物，由一系列权威研究报告组成。

✦ 皮书作者 ✦

皮书系列报告作者以国内外一流研究机构、知名高校等重点智库的研究人员为主，多为相关领域一流专家学者，他们的观点代表了当下学界对中国与世界的现实和未来最高水平的解读与分析。截至2020年，皮书研创机构有近千家，报告作者累计超过7万人。

✦ 皮书荣誉 ✦

皮书系列已成为社会科学文献出版社的著名图书品牌和中国社会科学院的知名学术品牌。2016年皮书系列正式列入"十三五"国家重点出版规划项目；2013~2020年，重点皮书列入中国社会科学院承担的国家哲学社会科学创新工程项目。

中国皮书网

（网址：www.pishu.cn）

发布皮书研创资讯，传播皮书精彩内容
引领皮书出版潮流，打造皮书服务平台

栏目设置

◆ 关于皮书

何谓皮书、皮书分类、皮书大事记、
皮书荣誉、皮书出版第一人、皮书编辑部

◆ 最新资讯

通知公告、新闻动态、媒体聚焦、
网站专题、视频直播、下载专区

◆ 皮书研创

皮书规范、皮书选题、皮书出版、
皮书研究、研创团队

◆ 皮书评奖评价

指标体系、皮书评价、皮书评奖

◆ 互动专区

皮书说、社科数托邦、皮书微博、留言板

所获荣誉

◆ 2008 年、2011 年、2014 年，中国皮书
网均在全国新闻出版业网站荣誉评选中
获得"最具商业价值网站"称号；
◆ 2012 年，获得"出版业网站百强"称号。

网库合一

2014年，中国皮书网与皮书数据库端口
合一，实现资源共享。

权威报告·一手数据·特色资源

皮书数据库
ANNUAL REPORT(YEARBOOK)
DATABASE

分析解读当下中国发展变迁的高端智库平台

所获荣誉

- 2019年，入围国家新闻出版署数字出版精品遴选推荐计划项目
- 2016年，入选"'十三五'国家重点电子出版物出版规划骨干工程"
- 2015年，荣获"搜索中国正能量 点赞2015""创新中国科技创新奖"
- 2013年，荣获"中国出版政府奖·网络出版物奖"提名奖
- 连续多年荣获中国数字出版博览会"数字出版·优秀品牌"奖

成为会员

通过网址www.pishu.com.cn访问皮书数据库网站或下载皮书数据库APP，进行手机号码验证或邮箱验证即可成为皮书数据库会员。

会员福利

- 已注册用户购书后可免费获赠100元皮书数据库充值卡。刮开充值卡涂层获取充值密码，登录并进入"会员中心"—"在线充值"—"充值卡充值"，充值成功即可购买和查看数据库内容。
- 会员福利最终解释权归社会科学文献出版社所有。

数据库服务热线：400-008-6695
数据库服务QQ：2475522410
数据库服务邮箱：database@ssap.cn
图书销售热线：010-59367070/7028
图书服务QQ：1265056568
图书服务邮箱：duzhe@ssap.cn

社会科学文献出版社 皮书系列
SOCIAL SCIENCES ACADEMIC PRESS (CHINA)

卡号：533397747774
密码：

基本子库
SUB DATABASE

中国社会发展数据库（下设 12 个子库）

整合国内外中国社会发展研究成果，汇聚独家统计数据、深度分析报告，涉及社会、人口、政治、教育、法律等 12 个领域，为了解中国社会发展动态、跟踪社会核心热点、分析社会发展趋势提供一站式资源搜索和数据服务。

中国经济发展数据库（下设 12 个子库）

围绕国内外中国经济发展主题研究报告、学术资讯、基础数据等资料构建，内容涵盖宏观经济、农业经济、工业经济、产业经济等 12 个重点经济领域，为实时掌控经济运行态势、把握经济发展规律、洞察经济形势、进行经济决策提供参考和依据。

中国行业发展数据库（下设 17 个子库）

以中国国民经济行业分类为依据，覆盖金融业、旅游、医疗卫生、交通运输、能源矿产等 100 多个行业，跟踪分析国民经济相关行业市场运行状况和政策导向，汇集行业发展前沿资讯，为投资、从业及各种经济决策提供理论基础和实践指导。

中国区域发展数据库（下设 6 个子库）

对中国特定区域内的经济、社会、文化等领域现状与发展情况进行深度分析和预测，研究层级至县及县以下行政区，涉及地区、区域经济体、城市、农村等不同维度，为地方经济社会宏观态势研究、发展经验研究、案例分析提供数据服务。

中国文化传媒数据库（下设 18 个子库）

汇聚文化传媒领域专家观点、热点资讯，梳理国内外中国文化发展相关学术研究成果、一手统计数据，涵盖文化产业、新闻传播、电影娱乐、文学艺术、群众文化等 18 个重点研究领域。为文化传媒研究提供相关数据、研究报告和综合分析服务。

世界经济与国际关系数据库（下设 6 个子库）

立足"皮书系列"世界经济、国际关系相关学术资源，整合世界经济、国际政治、世界文化与科技、全球性问题、国际组织与国际法、区域研究 6 大领域研究成果，为世界经济与国际关系研究提供全方位数据分析，为决策和形势研判提供参考。

法律声明

"皮书系列"（含蓝皮书、绿皮书、黄皮书）之品牌由社会科学文献出版社最早使用并持续至今，现已被中国图书市场所熟知。"皮书系列"的相关商标已在中华人民共和国国家工商行政管理总局商标局注册，如LOGO（▨）、皮书、Pishu、经济蓝皮书、社会蓝皮书等。"皮书系列"图书的注册商标专用权及封面设计、版式设计的著作权均为社会科学文献出版社所有。未经社会科学文献出版社书面授权许可，任何使用与"皮书系列"图书注册商标、封面设计、版式设计相同或者近似的文字、图形或其组合的行为均系侵权行为。

经作者授权，本书的专有出版权及信息网络传播权等为社会科学文献出版社享有。未经社会科学文献出版社书面授权许可，任何就本书内容的复制、发行或以数字形式进行网络传播的行为均系侵权行为。

社会科学文献出版社将通过法律途径追究上述侵权行为的法律责任，维护自身合法权益。

欢迎社会各界人士对侵犯社会科学文献出版社上述权利的侵权行为进行举报。电话：010-59367121，电子邮箱：fawubu@ssap.cn。

社会科学文献出版社